ADMINISTRATION

DES

HOSPICES CIVILS ET SECOURS

de la ville de Paris.

COMPTES GÉNÉRAUX

DE L'AN XI.

COMPTES GÉNÉRAUX

DES

HOPITAUX, HOSPICES CIVILS,

ENFANS ABANDONNÉS;

SECOURS A DOMICILE,

ET

DIRECTION DES NOURRICES,

de la ville de Paris.

RECETTE, DÉPENSE, POPULATION.

AN XI.

SE VEND, AU PROFIT DES PAUVRES,

A l'Imprimerie des Hopitaux et Hospices Civils,

rue Saint-Christophe, N°. 11.

AN XIII. — 1805.

EXTRAIT DU PROCÈS-VERBAL de la Séance du Conseil général d'Administration des Hospices civils de Paris, du 7 frimaire an XIII.

M. DELESSERT, *chargé de la surveillance de la Comptabilité*, présente au Conseil un registre contenant les Comptes détaillés des Recettes, Dépenses et Population des Hopitaux, Hospices, Enfans abandonnés; Secours à domicile et Direction des Nourrices, pendant l'an XI; rédigés par *M. Péligot, Chef du Bureau de la Comptabilité générale* de l'Administration des Hospices civils de Paris.

Sur le rapport de M. DELESSERT, le Conseil prend l'Arrêté suivant :

ARTICLE Ier.

La minute des Comptes généraux de l'Exercice an XI sera déposée aux Archives.

ART. II.

Ces Comptes seront imprimés conformément à l'article XIII du Réglement du Ministre de l'Intérieur, du 8 Floréal an IX.

ART. III.

Il sera écrit à *M. Péligot, Chef du Bureau de Comptabilité*, pour lui témoigner la satisfaction du Conseil; de l'ordre, de la clarté et de l'exactitude qu'il a mis dans la rédaction de ces Comptes.

Signé BIGOT-PRÉAMENEU, *Vice-Président.*

Signé MAISON, *Secrétaire général.*

NOMS DES MEMBRES composant le CONSEIL GÉNÉRAL d'Administration des Hospices civils et Secours de la ville de Paris.

MM.

FROCHOT. . . . . Conseiller d'État, Commandant de la Légion d'Honneur, Préfet du Département de la Seine ; PRÉSIDENT du Conseil.

DUBOIS. . . . . Conseiller d'État, Commandant de la Légion d'Honneur, Préfet de Police.

BIGOT DE PRÉAMENEU. Conseiller d'État, Grand-Officier de la Légion d'Honneur.

CAMET DE LA BONARDIÈRE, Membre de la Légion d'Honneur, et Maire du 11e. Arrondissement (1).

D'AGUESSEAU. . . . . . Sénateur, Commandant de la Légion d'Honneur.

DE BELLOY. . . . . Cardinal, Archevêque de Paris, Grand-Officier de la Légion d'Honneur, Sénateur.

DE LESSERT. . . . . . . Régent de la Banque de France, et Membre de la Chambre de Commerce.

DUQUESNOY. . . . . . . Membre de la Légion d'Honneur, Maire du 10e. Arrondissement.

FIEFFÉ. . . . . Membre du Corps Législatif.

MOURGUE. . . . . Ancien Ministre.

PARMENTIER. . . . . . Membre de l'Institut, de la Légion d'Honneur, premier Pharmacien des Armées.

PASTORET. . . . . Membre de l'Institut, et de la Légion d'Honneur.

RICHARD D'AUBIGNY. . Ancien Administrateur général des Postes.

THOURET. . . . . Membre de la Légion d'Honneur, Tribun, Directeur de l'École de Médecine.

(1) Remplaçant M. CAMUS, Membre de l'Institut, Garde des Archives Nationales, décédé le 11 brumaire an XIII.

NOMS DES MEMBRES composant la *Commission administrative* des Hospices civils de Paris, et *l'Agence des Secours à Domicile.*

MEMBRES DE LA COMMISSION DES HOSPICES.	MEMBRES DE L'AGENCE DES SECOURS.
MM. ALHOY.	MM. COULOMB (1).
DESPORTES. encore en fonction en 1815	MONTHOLON.
DUCHANOY. —— 1815	NICOD.
FESQUET.	
LEMAIGNAN.	

NOTA. Voyez, page 260, les noms des Chefs et Employés de l'Administration générale.

Les noms des Agens et Employés dans les Hopitaux et Hospices, sont à la suite du Compte de chaque Établissement.

(1) Remplaçant M. MOUSTELON, nommé l'un des Administrateurs des Droits-Réunis.

TABLE.

LES COMPTES que l'on présente sont divisés en trois Livres principaux :

LIVRE PREMIER.

Hopitaux, Hospices, Enfans abandonnés.

Ire. PARTIE. RECETTE.

TITRE Ier.

Revenus des Hopitaux et Hospices.

Chapitre 1. Revenus en Argent.

Chapitre 2. Revenus en Nature.

Chapitre 3. Revenus Variables.

Chapitre 4. RECETTES D'ORDRE.

TITRE IIme.

Revenus des Enfans abandonnés.

Chapitre I. REVENUS EN ARGENT.

Chapitre 2. REVENUS EN NATURE.

Chapitre 3. REVENUS VARIABLES.

x

TITRE IIIme.

Dépôts et Fonds de Remplacement.

Chapitre 1. Dépôts.

Chapitre 2. Fonds de Remplacement.

IIme. PARTIE. DÉPENSE.

TITRE Ier.

COMPTES des Entrepreneurs, Fournisseurs et Créanciers de toute nature.

Les dernières Colonnes du grand Tableau, F^o^. 288, sont la récapitulation de ce Titre.

TITRE IIme.

COMPTES PARTICULIERS des Hopitaux, Hospices, Etablissemens y relatifs, et Enfans abandonnés.

Chapitre 1. *HOPITAUX.*

Chapitre 2. *HOSPICES.*

Chapitre 3. *ÉTABLISSEMENS DE L'ADMINISTRATION.*

TROISIÈME PARTIE.

POPULATION.

TITRE Ier.

HOPITAUX.

TITRE IIme.

HOSPICES.

LIVRE DEUXIÈME.

Secours à Domicile.

Ire. *PARTIE.* RECETTE.

Titre Ier. Revenus fixes.

Titre II. Revenus variables.

Titre III. Dépôts et Fonds de Remplacement.

Titre IV. Recettes d'ordre.

IIme. PARTIE. DÉPENSE.

LIVRE TROISIÈME.

Direction des Nourrices.

FIN DE LA TABLE.

NOTE PRÉLIMINAIRE.

LA Direction des Hopitaux et Hospices civils était partagée, avant la révolution, entre les Administrations de l'Hopital général, de l'Hotel-Dieu, du Grand-Bureau des Pauvres, et de plusieurs autres petits Etablissemens.

Une Commission des Secours en l'an 2, et *le Ministre de l'Intérieur, en l'an* 4, furent successivement chargés de l'administration de tous les Etablissemens de ce genre, que la loi du 16 vendémiaire an 5 mit ensuite sous la direction d'une *Commission administrative*, composée de cinq Membres.

Enfin, l'Arrêté *des Consuls* du 27 nivose an 9, créa UN CONSEIL GÉNÉRAL D'ADMINISTRATION DES HOSPICES CIVILS DE PARIS, composé des deux Préfets et de onze Membres : ce Conseil prend tous les Arrêtés nécessaires pour la gestion et direction de ces Etablissemens ; l'exécution en est confiée aux cinq Membres de la Commission que créa la Loi précitée.

Un second arrêté *des Consuls*, du 29 germinal an 9, réunit aux attributions du Conseil la distribution des SECOURS A DOMICILE et le Bureau de la LOCATION DES NOURRICES. Il résulte donc de ces deux Arrêtés, que le Conseil général a sous sa direction tous les Etablissemens hospitaliers de la Ville de Paris, à l'exception cependant, des Hopitaux militaires du *Val-de-Grâce* et du *Gros-Caillou*, des Hospices des *Quinze-Vingts* et des *Sourds-Muets*.

Une des premières occupations du Conseil, fut de classer les Hopitaux et Hospices, et de donner à chacun une destination particulière. Le nombre des Etablissemens hospitaliers fut fixé à *Dix-neuf* ; *Onze* hopitaux et *Huit* hospices, dont on va donner le nom et la destination.

HOPITAUX.

HOTEL-DIEU, CHARITÉ, ST.-ANTOINE, NECKER, COCHIN, BEAUJON, pour les maladies non contagieuses. ST.-LOUIS, pour les maladies chroniques, ulcères, galles, etc. VÉNÉRIENS, pour les maladies syphilitiques. ENFANS MALADES, pour recevoir les Enfans malades qui étaient disséminés dans plusieurs hospices. MAISON DE SANTÉ, pour les malades en état de payer les frais de leur traitement. MATERNITÉ, qui forme deux établissemens; le premier, sous le nom *d'Accouchement* : pour recevoir toute femme grosse de huit mois, ou dans un péril imminent d'accoucher; le second, sous le nom *d'Allaitement*, pour les Enfans trouvés ou abandonnés par leurs parens.

HOSPICES.

BICÊTRE pour les *Hommes*, SALPÊTRIÈRE pour les *Femmes*, âgés de 70 ans ou infirmes. INCURABLES (faubourg St.-Martin) pour les *Hommes*, INCURABLES (faubourg St.-Germain) pour les *Femmes*, attaqués de maladies incurables. MÉNAGES pour les *Vieillards* des deux sexes qui ont vécu long-tems en ménage. ORPHELINS (rue St.-Victor), ORPHELINES (faubourg St.-Antoine) pour les *Enfans orphelins* de père et de mère, ou *Enfans abandonnés*, âgés de plus de deux ans. MAISON DE RETRAITE, à Montrouge pour les *Employés* des Hopitaux et Hospices, et les *Vieillards* infirmes qui peuvent payer une pension ou une somme déterminée.

LA BOULANGERIE GÉNÉRALE, rue de Scipion; et LA PHARMACIE CENTRALE, rue Neuve-Notre-Dame, fournissent *le Pain et les Médicamens* aux établissemens que l'on vient d'indiquer.

L'Hopital de *Charenton*, qui est sous une administration séparée, reçoit une partie des *aliénés*; l'autre partie est traitée dans des emplois particuliers de Bicêtre et de la Salpêtrière.

Le Conseil est chargé d'acquitter les dépenses de l'Hospice *de l'Inoculation de la Vaccine* et celles *de la Clinique* de l'Ecole de Médecine, quoique ces maisons ne soient pas sous sa direction immédiate.

Au tableau succinct que l'on vient de parcourir, il faut ajouter :

1°. 23 MAISONS DE BIENFAISANCE, dans les différens quartiers de Paris, où sont établis des dépôts de médicamens et des marmites à Bouillon pour les malades.

2°. LA MAISON DE LA FILATURE, qui donne à filer à près de 2,000 femmes indigentes, recommandées par les Bureaux de Bienfaisance.

3°. Le Bureau de la Location des Nourrices, ci-devant rue de Grammont, ensuite rue Sainte-Avoye, et maintenant rue Sainte-Appoline.

4°. Le Mont-de-Piété qui est sous une administration particulière, composée en partie des Membres du Conseil, et dont la moitié des bénéfices appartient aux hospices.

Le Conseil, après avoir classé ces divers établissemens, s'est occupé de diminuer les dépenses, qui jusqu'alors avoient excédé les recettes. A cet effet, il a établi : un Bureau central d'Admission, pour ne recevoir dans les hopitaux que les indigens vraiment malades; des Salles de Convalescens, afin de pouvoir renvoyer plus facilement ceux qui sont guéris; un Bureau de Placement d'Enfans, pour placer, soit chez des artisans, soit dans des manufactures, soit à la campagne, les enfans existant dans les hospices; des Pensions de 120 et 180 francs, pour les indigens admis dans les hospices, qui, au moyen de ce leger secours, peuvent retourner vivre dans leur famille; le rétablissement en partie du Régime direct à la place des Entreprises générales (1), etc., etc.

Ces diverses mesures ayant produit une grande diminution dans la dépense des hopitaux et hospices, ont permis d'adoucir le sort des malheureux qui sont reçus dans ces asiles. *Les Lits à Deux ont été supprimés totalement;* les salles et dortoirs, plus aérés, ont été reblanchis; les vêtemens renouvellés, et les lingeries remontées en partie. Dans les hospices de valides, on a établi de vastes ateliers où les indigens sont obligés de se livrer au travail.

Le régime a été amélioré; les bâtimens, mal disposés ou tombant en ruine, ont été remis en meilleur état. Enfin, en l'an 11, un ordre régulier de comptabilité a été assuré et des réglemens d'administration et de police ont été faits sur toutes les parties.

La dépense effective des hopitaux, y compris celle des Enfans abandonnés, l'entretien des Maisons locatives et des biens ruraux, s'est élevée, en l'an 9, à la somme de . . . . 7,780,000 fr.

En l'an 10, à celle de . . . . 6,803,000 fr.

Et en l'an 11, à celle de . . . . 6,055,000 fr.

Ce qui offre, comparativement avec l'an 9, une diminution de *Seize cent vingt-cinq mille fr.*

En ajoutant à la dépense des Hopitaux, en l'an 11, celle des Secours à domicile, qui a été, pendant la même année, de 1,188,636 fr. 21 cent., et celle du Bureau des Nourrices, montant à 488,713 fr. 47 c.; la totalité des dépenses des Etablissemens sous la direction du Conseil général, a été de 7,730,579 f. 01 cent.

(1) Les Entreprises ont été totalement supprimées au 1er. vendémiaire an 12.

SOMMAIRE DU LIVRE PREMIER,

contenant *la Recette, la Dépense et la Population des Hopitaux, Hospices et Enfans abandonnés.*

LE Livre premier est divisé en trois parties : RECETTE, DÉPENSE, POPULATION.

PREMIÈRE PARTIE. — RECETTE.

La RECETTE est subdivisée en trois Titres : *Revenus des Hopitaux et Hospices ; Revenus des Enfans abandonnés ; Dépôts et Fonds de Remplacement.*

Il résulte de cette dernière division, que les Revenus des Hopitaux et Hospices, en l'an 11, y compris la somme de 4,266,512 francs, accordée sur les produits de l'Octroi de Bienfaisance,

ont été de	6,192,769 10
Ceux des Enfans abandonnés, de	453,066 88
	6,645,835 98
Les Dépôts et Fonds de Remplacement, de	80,552 68
	6,726,388 66
A quoi il faut ajouter les Recettes d'Ordre (1), qui se sont élevées à	628,859 11
TOTAL.	7,355,247 77

Sur cette somme, il restait à recevoir, au 1er. Vendémiaire an 13, 797,080 francs 52 centimes, dont 555,333 francs, sur l'Octroi.

Afin de faire connaître, d'une manière positive, les revenus patrimoniaux des Établissemens hospitaliers de la ville de Paris, on donne l'état exact et nominatif de toutes les propriétés qu'ils

(1) On appelle Recettes d'Ordre, les articles qui forment entrées et sorties de caisse, telles que les avances faites par l'Administration, et qui lui sont ensuite remboursées, etc. Voyez les détails, pag. 25 et suivantes.

possèdent, avec le montant des Baux à loyer et à ferme. Cet état sera sans doute de quelque utilité dans un moment où la vente de toutes les maisons urbaines qui appartiennent aux Hopitaux et Hospices de Paris, vient d'être ordonnée par une loi (1).

DEUXIÈME PARTIE. — DÉPENSE.

La DÉPENSE, divisée en deux Titres, offre le Compte général des Hopitaux, Hospices et Enfans abandonnés, sous deux aspects conformes absolument, quant aux résultats, puisque le même tableau les récapitule; mais différens, quant aux données qu'ils contiennent.

Le Titre premier, divisé en autant de chapitres qu'il y a de natures de dépenses, indique le Compte particulier de chaque fournisseur, entrepreneur, rentier et pensionnaire de l'Administration.

Le Titre second, composé des mêmes élémens, établi avec les mêmes matériaux, suivi avec le même ordre, présente le compte particulier de chaque Établissement.

Le Tableau général qui résume ces Comptes, est dans la même forme que celui qui termine les Rapports faits sur l'exercice an 10 (2); mais on a senti, cette fois, qu'il ne suffisait pas de publier un Compte de dépenses en argent, faites dans le cours de tel ou tel exercice; qu'au bout de quelques années, ce compte serait inutile, pour ainsi dire, puisque son but principal était de pouvoir être comparé à ceux qui lui succéderaient, et que cette comparaison serait impossible ou fausse, s'il y avait variation dans le cours des denrées et autres objets de consommation.

En effet, qu'on ouvre, au hasard, un ancien compte, celui de l'an 10, par exemple; on trouvera que la Salpêtrière a dépensé 93,653 francs 56 centimes, pour achat de viande (3); mais, quelle est la quantité qui lui a été fournie? Quel est le prix de ce comestible en l'an 10? Le Compte se tait, et la comparaison cesse; au contraire, dans celui de cette année, on sait que cette maison a dépensé, pour cet objet, 206,570 francs 85 cent.; que cette somme est le montant de 538,071 liv. de viande, qui lui ont été fournies à divers prix (4); et comme sa population a été de 1,274,509 journées, il en résulte; 1°. Que chaque journée a coûté, pour la viande seulement, 16 centimes 20 millimes: 2°. Que chaque Indigent doit en avoir consommé 6 onces ½ par jour.

Ajoutons que d'après ces principes, on ne se bornera plus à comparer des résultats en argent à des résultats en argent; mais bien des résultats en nature à des résultats en nature, et à tel cours; ce qui est beaucoup plus important.

---

(1) Loi du 24 pluviose an 12. Voyez pag. 281, les produits et charges des maisons urbaines et biens ruraux.
(2) Tableau 54 des Rapports imprimés, sur l'an 10.
(3) Consommation des six derniers mois an 10, Tableau 29, des mêmes Rapports.
(4) Voyez Compte de la Salpêtrière, pag. 185.

Enfin

Enfin cette Partie est terminée par trois Tableaux. Le premier (page 285) dressé sur les comptes des Hopitaux et Hospices régis par l'Administration, indique *les Prix de Journées*, par nature de dépense; Le second (page 287) offre comparativement les prix de journées de tous les Hopitaux et Hospices, en l'an 11, avec la dépense moyenne de chaque Indigent.

Le troisième (page 289) contient la Récapitulation générale de la dépense des Hopitaux, Hospices, Enfans abandonnés et Établissemens de l'Administration. Il est combiné de manière que chaque ligne donne le résultat d'un chapitre de dépense; et chaque colonne, le compte général d'un Hospice ou Établissement.

Suivant ce dernier Tableau, *la Dépense totale* de l'an 11 a été de 6,946,737 fr. 29 cent.

SAVOIR:

	fr. c.	fr. c.
Hopitaux	1,841,837 76	4,759,116 95
Hospices	2,917,279 19	
Enfans abandonnés		677,484 47
Divers Établissemens à la charge de l'Administration		109,739 46
Perception des Revenus		515,888 45
TOTAL		6,053,229 33
Dépenses d'Ordre		893,507 96
Somme pareille		6,946,737 29

Le Prix commun de la Journée a été;

Pour les Hopitaux, de 1 fr. 56 c.
Pour les Hospices, de » fr. 96 c.

La Dépense moyenne de chaque indigent, a été;

Dans les Hopitaux, de 56 fr. 44 c.
Dans les Hospices, de 396 fr. 81 c.

TROISIÈME PARTIE. — POPULATION.

La POPULATION est divisée en deux Titres; *Hopitaux* et *Hospices*. Chaque Titre renferme autant de tableaux qu'il y a d'établissemens de ce genre, à Paris; et chaque tableau offre, mois par mois, les résultats de la Population d'un Établissement.

Le 1er. vendémiaire an 11, il existait dans les *Hopitaux* de Paris.		3,645	Indigens malades.
Entrés dans l'année.		34,256	
		37,901	
Sortis.	28,114	35,060	
Morts.	6,946		
Restant, le 1er. vendémiaire an 12		2,841	

Le nombre des Journées a été de 1,268,561.

La durée moyenne du séjour, de 36 jours $\frac{18}{100}$

Le nombre de Lits, de 5,870.

Il existait à la même époque, dans les *Hospices*.		8,977	Indigens valides.
Entrés dans l'année.		3,749	
		12,726	
Sortis.	2,907	4,158	
Morts.	1,251		
Restant, le 1er. vendémiaire an 12		8,568	

Le nombre des Journées a été de 3,042,634.

Le nombre moyen des Indigens, a été journellement de 8,311.

Le nombre des Lits, de 9,070.

PREMIÈRE PARTIE.

RECETTE.

TITRE PREMIER.

REVENUS DES HOPITAUX ET HOSPICES.

CHAPITRE PREMIER.

REVENUS EN ARGENT.

LOYERS DE MAISONS.

LOYERS DE MAISONS.

FAIT RECETTE L'ADMINISTRATION, de la somme de Huit cent quatorze mille cinq cent quatre-vingt-neuf Francs cinquante-trois centimes, montant des Baux des Maisons et Terrains appartenans aux Hopitaux et Hospices Civils de Paris, ainsi qu'il suit; (1)

SAVOIR;

			fr.	c.
Amandiers (des). . N°.	24	Chevet.	592	60
Anastase (St.). . .	1	Adry.	804	92
id.	2	Puthod.	410	»
id.	»	Guibert.	330	76
id.	5	Puthod.	380	»
id.	41	Puthod.	313	»
id.	»	Canto.	279	60
id.	42	Puthod.	370	»
André-des-Arts (S.).	33	Huguet.	849	40
id.	35	Bonnet.	1,878	52
id.	»	Varin.	555	57
Anjou (d').	12	Rupby.	1,742	24
Antoine (faub. S.).	11	Meders et Evers. . .	1,055	»
id.	11	Maurice.	1,002	48
id.	22	Veuve Olin.	710	»
id.	15	Desales.	904	08
id.	16	Weinling.	790	12
			12,968	29

			fr.	c.
		Ci-contre . . .	12,968	29
Antoine (faub. St.) N°.	16	Berthe.	710	»
id.	»	Riquier.	1,430	»
Antoine. (St.). . .	230	Lesbroussard.	1,012	36
id.	362	Buhot.	898	76
id.	»	Veuve Mabille. . . .	110	»
Abbaye (Encl. de l').	»	Courtois.	250	»
id.	»	Lamblin.	180	»
id.	»	Detroussel.	485	»
id.	»	Hezé.	380	»
id.	»	Vaudran.	355	»
Aumaire.	78	Veuve Leullot. . . .	750	64
id.	69	Faniert	740	»
Avoye (Ste).	149	Magimel.	2,483	96
id.	34	Després.	617	24
id.	»	Roque	590	80
Bacq (du).	557	Decheppe	3,950	60
» »	»	. . . .	»»	»
			27,912	65

(1) OBSERVATION GÉNÉRALE.

La première Colonne indique le nom des rues où sont situées les Maisons.
La deuxième, les numéros des Maisons.
La troisième, les noms des Principaux Locataires.
La quatrième, le montant des Baux.
Les récapitulations, à la fin de chaque Titre, présentent ce qui restait à recevoir sur l'Exercice an XI, au premier Vendémiaire an XIII.

			fr. c.
		De l'autre part. . . .	27,912 65
Bacq (du). . . N°.	559	Joly de Fleury (1).	» »
id.	558	Berenger.	3,170 36
id.	560	Berenger.	2,691 36
id.	»	Chatillon. . . . . (2)	» »
id.	607	Darene.	6,286 44
id.	612	Thiébaux	1,812 32
id.	613	Ravenaux	2,716 04
id.	1066	Perdereau	2,962 96
id.	635	Pascal.	1,787 64
id.	637	Vivier	2,024 68
id.	638	Raisson.	3,045 »
id.	639	Veuve Larivière. . .	3,950 60
id.	572	Stouf.	1,990 12
id.	573	Delaunoy.	2,370 36
id.	584	Boulle	997 52
id.	587	Lamauve.	1,200 »
id.	593	Laloue.	1,891 36
Bagneux (de)	»	Herenschwan	948 16
Basfour (Impasse) .	»	Vigué	4,459 24
Basfroy.	46	Lapipe.	1,481 48
Battoir (du)	2	Belot.	1,275 54
id.	»	Cte C.^{al} de Vacc. (3)	» »
id.	3	Paly.	1,297 76
id.	476	Demole	592 59
id.	»	Godefroy.	100 98
id.	480	Bacqueville.	294 78
id.	»	Desmagny	301 24
Beaubourg.	308	Jacobé.	1,020 »
id.	341	Lacroix.	530 20
id.	»	Bocquet	169 04
id.	»	Guyard.	1,235 »
Benoît (Carref. St.) .	»	Moreau	770 »
id.	»	Wast-Chevalier. . .	246 92
Benoît (St.).	790	Guyard	1,965 »
id.	790	Delamarche	2,000 »
			85,497 34

			fr. c.
		Ci-contre. . . .	85,497 34
Benoît (St.) . . . N°.	792	Guyard.	2,610 »
Bergère.	»	Flamand.	632 12
id.	1022	Leclercq.	592 60
id.	»	Groschin.	400 »
Bernardins (des) . .	11	Morin	901 »
Bercy (de).	9	Ledé.	515 »
Blancs-Mant. (des).	1	Dallée.	1,499 76
id.	2	Lebel	553 08
id.	4	Lapaire	704 20
id.	6	Silvain	640 »
id.	5	Violleau	847 40
id.	8	Delhotelle	815 80
Boucheries (des) . .	945	Chéron.	2,404 12
id.	53	Mutel	677 76
id.	90	Paris	1891 36
id.	»	Chedeville	1,210 »
Boulevard du midi. .	»	Leprince	197 56
id.	»	Cuvier, Genty, etc.	4,740 76
Bourgogne (de). . .	»	Pujin.	2,445 »
Bourgtibourg.	18	Coppin.	1,300 »
Bout-du-Mond. (du).	185	Chenot.	2,760 48
Brodeurs (des) . . .	100	Leblanc.	505 68
id.	810	Brunet	85 88
id.	817	Miolle	256 »
id.	825	Dreux	246 92
Bûcherie (de la). . .	11	Deville.	602 48
id.	12	Bollogniel.	133 32
id.	»	Duplessis.	611 »
id.	»	Rétif	510 »
id.	13	Romignac	900 »
id.	14	Carpentier	1422 24
id.	15	Letellier	1,020 »
id.	»	Laurent	59 28
id.	»	Derlon.	296 32
id.	22	Guyon.	400 »
			120,884 46

(1) Bail de 9 ans, moyennant 27,000 fr., dont 15,000 payables au décès de M. de Fleury, arrivé en l'an XI ; et 12,000 à l'expiration des neuf ans, ou trois mois après le décès de Madame de Fleury.

(2) Bail à vie, moyennant 30,000 fr. exigibles après le décès de Madame de Chatillon.

(3) L'Hospice de la Vaccine est dans cette maison.

			fr. c.
		Ci-contre. . . .	120,884 46
Bûcherie (de la) . N°.	23	Jamet.	518 52
id.	25	Wagner.	1,509 12
id.	26	Peuvrier.	890 88
id.	28	Le Bureau Central .	311 12
id.	31	Genois.	979 60
Buffault (de)	»	Cudot	180 »
id.	»	Constant.	269 76
id.	»	Balduc.	164 52
id.	»	Ménagé.	70 20
id.	»	Riboutté.	111 28
id.	»	Rolland	135 12
id.	»	David	153 52
id.	»	Constant	46 08
id.	»	Villeneuve.	110 64
id.	»	Leroux.	220 56
id.	»	Dumanoir	384 64
id.	»	Aiemé.	49 80
id.	»	Dijon.	71 12
Bussy (de)	409	Doscher	626 10
id.	»	Latte.	66 70
Carême-Prenant . . .	»	Lefevre	2,254 20
id.	»	Baudin.	1,045 52
Cassette.	839	Vitel.	1,910 »
Censier.	»	Brailly	4,148 16
Chaise (de la) . . .	526	Gillet et Pochard. .	3,545 68
id.	529	Quiblier et Lamauve.	2,696 32
id.	540	Joly de Fleury. . . .	1,106 20
Chapon.	18	Guyard.	1,112 »
id.	19	Ignard.	1,901 24
id.	20	Trouillon	1,770 »
id.	21	Monnais.	1,649 40
id.	22	Séjourné.	1,688 88
Cimetière St.-Jean. .	2	Genty	502 58
id.	»	Bernardote.	499 90
id.	4	Aubert.	493 84
Cléry (de)	274	Veuve Pons	1,777 76
Clocheperche	1	Desrez.	1,022 24
			156,877 66

			fr. c.
		Ci-contre. . . .	156,877 66
Clocheperche. . . . N°.	5	Delaborde.	1,029 12
id.	7	Légo.	898 76
id.	11	Deglaux.	2,020 »
id.	»	Simonnet.	255 »
id.	»	Gaulard.	85 76
Cœur-volant (du) .	609	Doscher.	616 »
id.	»	Magnier.	201 20
Colombe (de la) . .	3	Guyard.	960 »
id.	4	Guyard.	1,280 »
Cordiers (des) . . .	»	Dupuytren.	404 »
Cordonnerie (de la)	355	Gallais.	1,312 »
id.	351	Brunet.	1,640 »
Croix (de la)	»	Lefoulon.	2,844 44
Denis (St.).	7	Guérin.	316 04
id.	50	Boutet.	4,825 »
id.	14	Veuve Masse.	456 »
id.	98	Besançon.	1,499 76
id.	29	Turbert.	2,089 40
id.	28	Roger.	1,290 »
id.	28	Debailly.	1,650 »
id.	29	Dumas.	1,975 32
id.	29	Glot.	9,675 52
id.	29	Ménard.	1,610 »
id.	30	Parisel.	2,064 20
id.	30	Esnault.	760 »
id.	31	Perrier.	1,995 08
id.	31	Gourousseau.	810 »
id.	33	Aubié.	2,415 »
id.	31	Cheradame.	701 24
id.	34	Veuve Hayet.	1,995 08
id.	43	Renaudot.	1,875 »
id.	43	Mosselman.	5,945 68
id.	44	Tiron.	2,567 88
id.	94	Canet.	1,145 68
id.	96	Dupuis.	1,250 »
id.	285	Riquet.	1,234 56
id.	103	Mullot.	1,065 »
			221,475 38

	No.		fr.	c.
		De l'autre part. . .	221,475	38
Denis. (St.). . No.	103	Cotelle.	1,723	48
id.	106	Lefebvre.	1,222	»
id.	108	Veuve Santerre.	5,204	96
id.	110	Amand.	953	08
id.	115	Clerisseau.	1,639	52
id.	115	Pruneau.	429	64
id.	120	Leblanc et Allard.	987	64
id.	»	Sauvé.	818	»
id.	»	Salentin.	1,283	96
Deux - Anges (des).	801	Veuve Lesage.	1,837	04
id.	806	Veuve Lesage.	800	»
id.	808	Bonnaure.	844	44
id.	812	Boivin.	1,293	84
id.	814	Querut.	800	»
Deux-Boules (des).	3	Terisse.	1,135	80
Deux-Portes (des).	»	Ollivier.	403	»
Dominique (St.).	960	Pujin.	775	»
id.	961	Ladainte.	2,135	»
id.	963	Liégeon.	1,096	32
id.	966	Mistou.	1,888	52
id.	1051	Pillat.	2,680	»
id.	968	Mistou.	3,437	04
id.	»	Huguet.	2,030	»
Droits de l'hom. (des)	»	Guyard.	910	»
Ecole de Santé (de l')	11	Binoit.	280	»
id.	12	Binoit.	777	28
id.	13	Colas.	611	»
id.	14	Colas.	410	»
id.	15	Boulland.	1,002	84
id.	15	Templier.	446	90
Eloy (St.).	»	Heurtault.	315	»
Enfer (Barrière d').	»	Noirretier.	28	44
Esprit (Pass. du S.)	»	Bourdillat.	61	24
id.	»	Carillon.	30	87
id.	»	Happet.	94	71
id.	»	Samson.	74	06
id.	»	Beury.	55	60
			261,991	60

	No.		fr.	c.
		Ci-contre. . .	261,991	60
Esprit (Pass. du St.).	»	Lautruy.	100	»
id.	»	Rouvé.	24	»
id.	»	Drouin.	600	»
Eglise du St.-Esprit.	»	Trochon.	3,680	»
Etienne (neuve St.).	3	Précourt.	406	»
Féron.	994	Guyard.	1,140	»
Filles-Dieu (des).	349	Héritiers Flamand.	237	04
Filles S.-Thom. (des)	»	Narcillac.	3,634	56
Foin (du).	144	Gerdret.	434	56
id.	359	Charrier.	938	28
Fossés de la Lib. (des)	88	Grégoire.	530	»
id.	»	Huet.	319	36
id.	»	Pelet.	570	68
id.	75	Coffinier.	943	20
Fossés St.-Germ. (des)	17	Etienne.	1,234	56
Fossoyeurs (des).	34	Louis.	800	»
Fouare (du).	5	Leroy.	395	08
id.	7	Laperche.	296	28
id.	10	Meunier.	306	»
Four St.-Germ. (du)	91	Grégoire.	4,474	08
id.	223	Bellanger.	3,318	52
id.	338	Masson.	91	65
Fourneaux (des).	1608	Jeannin et Dulé.	296	32
id.	»	Veuve Bar.	355	56
Fromagerie (de la).	328	Sarrazin.	2,202	48
Gallande.	»	Laurencin.	1,715	»
id.	5	Berardan.	1,372	»
id.	7	Leyris.	843	24
id.	25	Merigot.	1,441	96
Geoffroy-l'Asnier.	34	Bonnery.	620	»
id.	»	Douarché.	1,610	»
Germ.-l'Auxer. (St.)	53	Bertrand.	1,797	52
id.	58	Lefaivre.	570	»
Gindre (du).	884	Meunier.	228	92
id.	891	Sannejouand.	800	»
Gravilliers (des).	70	Clavé.	1,735	»
id.	71	Bourgeois.	450	»
			302,503	46

			fr.	c.
		Ci-contre. . . .	302,503	46
Gravilliers (des). . N°.	72	Versogne.	602	48
Grenelle-St.-Honoré. .	»	Bonhomme.	2,333	»
Grenetat.	53	Amblard.	939	20
id.	53	Janlin.	1,577	48
id.	56	Thiberville.	1,002	48
id.	55	Deleau.	2,170	»
id.	57	Thiberville.	602	48
id.	59	By	1,595	04
id.	60	Bosquet.	825	»
id.	60	Rolin.	466	45
id.	61	Rabout.	1,310	»
id.	62	Masnel	402	02
id.	62	Georges.	409	»
id.	63	Morant.	2,220	»
id.	64	Hardy	1,312	»
id.	64	Hardy	622	24
id.	65	Dupré	884	44
id.	65	Barbery.	1,081	65
id.	66	Tiffy.	905	28
Grève (Place de). .	1	Leloir	105	»
id.	2	Henard.	2,222	24
id.	63	Bichonnier.	1,293	84
id.	71	Larcher.	1,220	»
id.	12	Guyard.	2,310	»
id.	13	Veuve Mô.	2,000	»
Guillaume (St.). . .	776	Béthune.	5,530	84
id.	996	Veuve Dodé.	910	»
Halle à la Viande. . .	»	Mussard.	353	52
Harley (du).	17	Leroyer.	1,825	»
id.	24	Courtois.	1,319	52
id.	18	Bourg	1,420	»
Harpe (de la). . . .	164	Dupré.	735	94
id.	170	Legras.	1,525	92
id.	249	Guyard.	4,530	»
Haute-Borne	»	Duchauffour.	59	26
Honoré (St.). . . .	»	Pujet.	100	»
id.	1439	Derouy	7,555	56
			358,780	34

			fr.	c.
		Ci-contre. . . .	358,780	34
Honoré (St.). . N°.	164	Mavré.	3,990	12
id.	17	Chimon.	49	40
Hopital (chantier de l')	»	Veuve Grillon.	1,646	32
Hop. S.-Louis(r. de l')	»	Lacour.	355	56
id.	»	Geoffroy.	197	52
id.	»	Granger	252	»
H. S. Louis (der. l').	»	Dumoutier.	222	20
id.	»	Choutiagnet.	78	72
Horloge (Q. de l').	10	Voglet.	404	»
id.	11	Caroché.	115	»
id.	12	Bailly.	158	22
id.	13	Doublet.	303	»
id.	14	Dathie.	170	»
id.	15	Cornu et Péron. . . .	176	96
id.	17	Nebel.	450	»
id.	19	Jamain.	460	»
id.	21	Maréchal.	340	»
id.	22	Henriot.	145	»
id.	23	Gourchon.	400	»
id.	26	Tournois.	401	»
id.	27	Godot.	361	48
id.	»	Bodson.	666	52
id.	32	Gourdin.	444	44
id.	»	Ury.	535	28
Huchette. (de la). .	12	Monard.	403	90
id.	12	Martin.	50	42
Indivisibilité (Imp.).	15	Leclerc.	1,145	»
id.	15	Richer.	746	36
Incurab. (encl. des).	»	Blois.	1,200	»
id.	»	Dégrave.	757	»
id.	»	De Soran.	1,009	40
id.	»	De Charencé.	270	12
id.	»	D'Estainges.	500	»
Jacob.	1185	Ogé.	2,997	52
id.	1186	Boudin.	1,140	»
id.	1188	Castel.	1,595	04
id.	»	Veuve Lepelletier. . .	2,483	96
			385,401	8[illegible]

			fr.	c.
		De l'autre part. . . .	385,401	80
Jacob. . . . . N°.	1191	Laurent.	2,191	60
id.	1200	Grévin	825	»
id.	1198	Grévin	1,510	»
id.	1200	Fourneau	840	»
id.	1201	Quesnot.	1,254	32
id.	1202	Bouhey	1,421	44
id.	1204	Bouverain.	3,770	»
id.	1204	Bertin.	210	56
Jacques (St.).	»	Cardet	2,206	18
id.	32	Laurens.	1,397	52
id.	570	Prevost.	1,310	»
Jacques (fauxb. St.)	32	Audebert.	720	69
Jardins (des). . . .	»	Durand	74	08
Jean-de-l'Epine . . .	18	Marotte.	1,070	»
Jean-Jacques.	375	Cagé.	4,717	24
Jean-Pain-Mollet. . .	»	Katterer.	1,037	04
id.	17	Dulieu.	1,040	»
Julien le-Pauvre (St.)	6	Courtois.	665	»
id. . . . . 10 —	11	Mourot.	538	28
id.	12	Caput	148	12
id.	13	Cavaignac.	535	32
id.	15	Susse.	888	88
id.	16	Marcilly.	470	»
id.	18	Gilles	1,051	84
id.	19	Veuve Bizet.	710	»
La Moignon (cour de)	1	Bousse.	919	»
id.	1	Giroux.	809	40
id.	4	Durant.	1,020	»
id.	6	Tranelle.	503	72
id.	39	Durand	134	32
Landry (St.)	10	Cabasset.	875	»
Laurent (St.). . . .	»	Lachenait.	1,036	04
Licorne (de la). . .	9	Perducet.	698	»
id.	11	Moreau	210	»
Lille (de).	646	Moret	1,480	»
Loi (de la).	899	Bataille.	3,015	»
Lombards (des). . .	22	Marin.	222	24
			426,927	63

			fr.	c.
		Ci-contre. . . .	426,927	63
Lombards (des). N°.	23	Fournier.	1,727	»
id.	25	Aubert	860	»
id.	26	Chané.	832	»
id	26	Delarue.	1,054	44
id	27	Bidegrain	5,585	20
Longe.-Avoine (de la)	52	Goblet	118	52
Louis au marais (St.)	410	Duval.	29	60
id.	»	Barrié.	225	»
id.	»	Viffry.	49	36
id.	»	Armand.	37	03
id.	»	Gascher.	49	36
id.	»	Grisard.	98	76
id.	»	Rebour	98	76
id.	»	Morinau	18	51
id.	»	Batte.	40	»
id.	»	Durand	39	52
Louis (r. et isle St.).	28	Veuve Brévin	835	»
Lyonnais (des) . . .	19	Veuve Catelle. . . .	283	48
id.	20	Ferrant.	311	12
Maine (chaussée du)	»	Veuve Auzoux. . . .	222	24
id.	»	Rocher.	123	48
Marche (de la). . .	2	Joly	1,749	12
id.	13	Massé.	632	12
Marché Palu.	7	Veuve Bichois. . . .	296	32
id.	8	Veuve Jeannin . . .	1,195	08
Marguerite (Ste.). .	429	Marais.	1,208	88
id.	429	Thibaut.	883	36
id.	954	Toullet.	3,249	40
id.	974	Roussel	825	»
id.	974	Roussel	1,688	88
id.	979	Duval	1,277	28
Marivaux	6	Quesnot	14	81
id.	»	Gautier.	23	72
id.	»	Allour	60	»
id.	»	Lavoiepierre.	20	»
id.	»	Vincent	79	»
id.	»	Gastée	71	12
			452,840	12

			fr.	c.
		Ci-contre. . . .	452,840	12
. . . .	»	. . . .	»	»
Marmouzets (des) .	N°. 3	Berthelemy	600	»
Martin (St.)	74	Chevalier.	750	64
id.	58	Féry.	1,520	»
id.	150	Chotard	376	32
Martyrs (des). . . .	13	Veuve Greliche . . .	2,686	44
Maubert (Place) . .	35	Montéage	1,931	24
Médéric (St.) . . .	470	Joret.	1,442	»
Minimes (chaus. des)	»	Ancelet	1,580	24
Miramionnes (Q. des)	»	Truton, Grandcour.	3,950	60
Montblanc (du). . .	»	Pernon.	790	12
id.	»	Bourboulon	316	08
id.	»	Bailly	948	16
id.	397	Puthod	4,483	96
id.	399	Costeau et Dussart. .	2,012	»
id.	400	Aumont.	2,385	20
Montmartre	58	Guyot	1,787	64
id.	89	Trouvé.	1,504	20
id.	255	Petit	1,777	76
Montmartre (faub. .	»	Héritiers Bertreche .	1,896	28
id.	»	Bournigal	948	16
id.	»	Duret	1,185	20
id.	»	Lefevre	1,027	16
id.	»	Héritiers Thomas. .	3,555	56
id.	925	Francastel.	553	08
id.	»	Godefert.	948	16
id.	»	Debauve.	632	12
id.	»	Lepine.	790	12
id.	18	Louis	711	12
id.	926	Boudet.	453	56
id.	»	Faucher	395	08
id.	»	Bes.	395	08
id.	212	Orbain.	4,232	12
id.	214	Remy	2,044	44
Montparnasse.	»	Guillon.	474	08
id.	1670	Fourderain.	296	32
Mortellerie (de la).	158	Denise.	1,030	»
			505,300	36

			fr.	c.
		Ci-contre. . . .	505,300	36
Mouffetard. . . .	N°. 398	Bailly.	306	»
id.	398	Javillard	148	32
id.	401	Chaudé.	627	16
id.	399	Chaudé.	604	77
id.	404	Tructin	225	»
id.	»	Guyard	4,345	68
Mouton. (du)	12	Patin	1,405	76
id.	80	Savary.	1,410	»
Nve. Notre-Dame. .	8	Penel.	918	52
id.	12	Hequembourg. . . .	908	64
id.	13	Lafond	610	»
id.	15	Perié	1,195	08
id.	16	Nerret	1,195	08
id.	17	Gendrin.	810	»
id.	18	Burat	987	64
id.	19	Burat	370	37
id.	20	Deben.	301	24
Neuve St.-Médard. .	602	Dumas	98	76
Nicolas (ch. d'Ant. S.)	592	Puthod	2,710	»
id.	609	Puthod	920	»
id.	628	Puthod	615	»
id.	607	Blondelot	660	»
id.	612	Veuve David. . . .	456	»
id.	613	Veulle.	1,240	»
id.	618	Trochon.	716	»
id.	621	Lardan.	355	»
id.	625	Lardan	275	»
id.	633	Lardan	325	»
id.	635	Jobert.	356	»
id.	637	Marais	656	»
Nonaindières (des). .	25	Arnoult.	672	60
id.	48	Robert	661	72
id.	48	Roguet	29	60
N.-D.-Nazareth . . .	115	Lachenait	572	84
N.-D.-des-Champs. .	»	Delaval	474	08
id.	1494	Debré.	2,187	68
Orléans S. Marcel (d')	7	Veuve Six.	296	32
			535,947	22

Rue	N°.	Nom	fr.	c.
		De l'autre part. . . .	535,947	22
Ormes (Quai des). .	N°. »	Groubon.	488	32
Ours (aux).	»	Berel, jeune.	850	»
Oursine (de l'). . .	»	Colombier.	237	04
id.	8	Coriot.	1,219	76
Pavée-St.-Sauveur. .	12	Guérin.	1,510	»
id.	»	Mutel.	1,576	44
Pères (Sts.).	48	Marc.	777	32
id.	28	Bouverain.	935	»
id.	32	Chapelas.	2,320	»
id.	32	Tilleur.	652	84
id.	34	Lebœufnoir	727	12
id.	34	Allais.	65	16
id.	37	Chapelas.	1,590	12
id.	38	Vermunte.	676	54
id.	38	Georges	951	88
id.	42	Romignac.	1,283	96
id.	44	Veuve Morisot. . . .	1,914	81
id.	44	Grégoire.	773	88
id.	1213	Moureau.	790	12
id.	1214	Ducros.	1,500	»
Petit-Bourbon (du)	559	Delahaye.	1,101	24
Petit-Carreau (du).	195	Legrand	2,015	»
Petit-Châtelet (du). .	»	Jacquart.	987	64
id.	2	Briban.	1,481	48
id.	3	Biord.	987	64
id.	3	Roussel	523	44
id.	4	Gobert.	499	34
id.	5	Heraux	1,481	48
Petits-Augustins (des)	11	Desbrieux.	3,012	44
id.	12	Garnaud.	2,760	»
id.	»	Veuve Pinel.	1,266	66
id.	»	Dlles. Pinel.	425	43
Pierre-au-Lard. . . .	386	Dangereux.	474	09
id.	»	Riché	128	75
Pre. Pt. aux choux (S.)	13	Delamecourt	395	08
id.	»	Dulac	395	08
Pilliers-d'Etain. . . .	»	Poisse.	2,412	»
			577,134	32

Rue	N°.	Nom	fr.	c.
		Ci-contre. . . .	577,134	32
Placide (Ste.). .	N°. 1208	St.-Jean.	429	64
Planche-Mibray . . .	»	Roccard.	563	72
Plâtre S. Jacq. (du).	11	Veuve Saulnois . . .	891	84
Poirier (du).	»	Mabran	138	28
id.	»	Monnier	131	26
id.	377	Roussel	272	60
Poitou (de).	24	Houdart.	1,343	24
Poliveaux.	»	Renaud	640	74
id.	»	Terreblanche	671	66
Pont-au-double (du)	»	Veuve Gauthier. . .	148	12
Pont Saint-Michel. .	5	Lecaillon.	651	88
Popincourt (de). .	11-12	Duchauffour.	118	52
Postes (des). . . .	49	Wibert.	651	88
Poterie (de la). . .	4	Henry.	1,236	56
Pourtour St.-Gervais.	1	Roulet.	722	08
id.	4	Delavaux.	1,410	»
id.	»	Carly.	81	36
id.	6	Veuve Galland . . .	1,990	12
Princesse.	188	Bernard.	1,839	»
Prouvaires (des). . .	512	Posnard.	710	»
Provence (de). . . .	»	Debreteuil.	316	08
Quatre-Vents (des).	647	Lefebure.	747	32
id.	648	Vuillemain.	660	»
Quincampoix.	18	Darlu	1,555	56
id.	19	Behier.	888	88
id.	51	Devaux	919	»
id.	53	Kaiffer.	760	»
Regard (du). . . .	623	Bompaux	2,074	08
id.	»	Voisin.	711	12
id.	67	Lecointre	474	08
id.	»	Boudet.	316	08
id.	74	Guinaud.	1,199	»
id.	77	Desbrieux	553	12
id.	78	Desessarts	474	08
id.	»	Gonthier.	173	84
id.	80	Letourneur	920	49
id.	»	Georges	609	75
			605,129	30

			fr. c.
		Ci-contre. . . .	605,129 30
Regard (du) . . . N°.	»	Rodey.	123 48
id.	»	Arthus.	197 52
id.	»	Grenier	148 14
id.	»	Fayolle.	98 76
id.	»	Lemarié	143 14
Réunion (de la). . .	700	Dijon.	950 12
Renaud-Lefebvre. . .	»	Thibaud.	775 »
Roquette (Encl. de la)	»	Ogé.	8,464 20
id.	»	Verpy	316 08
Rosiers (des). . . .	13	Desrues	1,110 »
id.	13	Collerat	213 44
id.	13	Reyner.	125 94
id.	29	Defresne et Noël . .	474 08
Roule (faubx. du) .	»	Vesque	240 »
id.	»	Convert	204 44
Salpêtrière (Encl. de la)	»	Cabouret.	2,781 75
Salpêtrière (près la)	»	Lafond et Chevalier	207 40
Santé (de la). . . .	»	Monot	790 12
id.	»	Léréville.	88 88
id.	»	Léréville.	98 76
id.	»	Guillotet.	128 79
id.	»	Decheppe	75 75
Sauveur (St.). . . .	35	Devoos.	1,315 »
Savoie (de).	22	Lecamus.	1,876 56
Scipion (de)	4	Levé. . .	801 41
Sépulchre (du). . .	668	Raveneau	1,745 »
id.	671	Veuve Metral. . . .	2,378 56
id.	675	Veuve Delessan. . .	2,737 »
id.	673	Raveneau.	948 16
id.	690	Baigne.	2,158 04
Serpente	20	Duchenay	620 »
Séverin (St.). . . .	104	Veuve Coste.	533 36
Sèves (de).	77	Cunot	44 44
id.	996	Grosjean.	1,200 »
id.	998	Calamel.	2,125 »
id.	998	Rolin.	498 20
id.	998	Grosjean.	1,540 76
			643,434 61

			fr. c.
		Ci-contre. . . .	643,434 61
Sèves (de). . . . N°.	999	Meunier.	187 68
id.	1004	Nicard.	632 12
id.	1264	Grison.	4,631 12
id.	1266	Jacob.	555 52
id.	1268	Goinard.	3,960 48
id.	1270	Martincourt.	790 12
id.	1276	Morelle.	790 12
id.	1275	Dandrieux.	948 16
id.	»	Guignard.	49 36
id.	»	Béchérias.	197 52
id.	1007	Fartin.	1,960 48
id.	1012	Beuchot.	1,207 92
id.	1019	Louis.	375 32
id.	1023	Dobigny.	395 08
id.	1023	Poirée.	285 »
id.	1027	Miolle.	898 76
id.	1030	Grelot.	2,118 52
id.	»	Denis.	493 84
id.	1110	Lambert.	3,367 88
Simon-le-Franc. . .	364	Colasse.	880 »
id.	375	Leroy.	814 84
id.	376	Heraux.	905 »
Sonnerie. (de la). .	3	Quesvin.	2,064 20
Taranne.	53	Mistou.	7,901 24
id.	748	Guyard.	2,660 »
id.	748	Boissel.	349 62
id.	749	Prault.	2,780 24
id.	750	Grégoire.	2,686 52
id.	751	Mira et Lebrun. . .	1,975 32
Temple (du). . . .	2122	Bouret.	1,059 26
id.	»	Roger.	33 33
id.	»	Veuve Faure.	103 71
id.	»	Collot.	81 48
id.	»	Bourdin.	81 48
id.	»	Lacouture.	96 27
id.	»	Thierry.	222 21
id.	»	Robin.	155 55
			692,029 88

			fr.	c.
		De l'autre part. . . .	692,029	88
Temple. (du). . N°.	»	Lioche.	192	60
id.	«	Garand.	74	07
id.	»	Boisselet.	96	27
id.	»	Legraud.	74	07
id.	»	Nécar.	88	89
id.	»	Legaye.	22	20
id.	«	Bellat.	259	26
id.	»	Dupasquier.	177	78
id.	»	Chantreau.	74	07
id.	»	Magere.	74	07
id.	»	Ferry.	74	07
id.	»	Thiémet.	133	33
id.	25	Pourchel.	1,227	»
id.	25	Decolonges.	333	52
Temple. (vieil. r. du)	124	Lapeyre.	430	»
id.	43	Veuve Renard. . . .	1,185	20
id.	»	Guyard.	3,140	»
id.	»	Collerat.	4,455	08
Thomas (St.). . . .	719	Renault.	632	12
Torigny (de). . . .	452	Guyard.	805	»
id.	536	Callou.	2,236	04
Tirechappe.	311	Guyard.	306	»
Tiron.	9	Guyet.	1,110	»
Tisseranderie (de la)	41	Blot.	933	36
id.	42	Thouvenel.	419	76
id.	44	Huon.	620	»
id.	45	Vestier.	632	12
id.	46	Estèbe.	500	»
id.	117	Cavrelle.	405	»
id.	6	Renoux.	503	72
id.	8	Morize.	1,590	12
id.	11	Bichons.	296	32
id.	51	Montigny.	1,809	60
Touraine. (de). . .	3	Rouvin.	660	»
id.	3	Robert.	140	»
id.	3	Valton.	1,110	»
»	»	. . . .	»	»
			718,850	52

			fr.	c.
		Ci-contre.	718,850	52
Touraine. (de). N°.	4	Gérard de Melcy. .	1,285	»
id.	8	Rousseau.	888	90
id.	»	Moliny.	255	»
id.	9	Perron.	865	»
id.	10	Delahaie.	1,309	64
id.	11	Quatrevaux.	799	»
id.	11	Folliart.	515	06
id.	80	Duhamel.	1,401	08
Tournelle (Q. d. la).	13	Malgras.	2,512	»
Trinité (Encl. de la).	»	Lefaivre.	9,000	»
id.	»	Rollin.	2,962	96
id.	17	Bouret.	275	»
id.	67	Evrard.	98	76
id.	74	Bouret.	426	»
Université (de l'). .	908	Decheppe.	2,730	»
id.	908	Coutil.	1,339	12
id.	909	Colin.	3,160	48
Vannerie (de la). .	21	Douvilliers.	948	16
id.	27	Bacot.	815	»
Vanvres (de). . . .	14	Bruslé.	142	24
Varennes (de). . .	650	Gourdain.	1,293	84
id.	653	Lachâtre et Jaucourt.	790	12
id.	655	Desalle - Delisle. . .	2,962	96
id.	»	Larochefoucault. . .	3,555	56
id.	665	Adhemar.	3,000	»
Vaugirard (de). . .	52	Teissier.	2,370	36
id.	»	Dumas.	474	08
id.	53	Guillemelle.	242	»
id.	61	Letourneur.	750	64
Vaugirard (du petit).	»	Caillou.	948	16
Vaugirard (de). . .	1639	Lozonet.	263	70
id.	90	Chosset, dit Pascal. .	1,264	20
id.	»	Bruslé.	49	38
id.	1493	Pauquet.	1,506	20
Verneuil (de). . . .	823	Mornay.	2,215	»
id.	824	Ogé.	2,172	84
Verrerie (de la). .	168	Poinciguon et Propice	2,370	36
			776,808	32

			fr. c.
		Ci-contre. . . .	776,808 32
Versailles (de). N°.	988	Fouché.	330 88
Vert-Bois (du). . .	4	Fevet, Ve. Lefoulon.	482 96
Victor (St.).	84	Roussel.	237 04
id.	»	Morisot.	118 52
Ve. Bouclerie (de la)	30	Cuisinier.	803 96
id.	128	Vill.	1,141 04
id.	28	Capillon.	374 93
id.	28	Morsaline.	443 07
Ve. Lanterne (de la).	»	Colon.	212 »
Ve. Monnoye (de la)	10	Cureau.	650 »
id.	10	Desplanches.	296 31
id.	11	Anguille.	730 »
id.	13	Bourdon.	1,516 08
id.	26	Aze.	565 52
Ves. Etuves (des). .	30	Boiron.	2,411 84
id.	570	Bouret.	1,310 »
Ves. Garnisons (des)	6-7	Veuve Parmentier. .	997 52
id.	9	Delobel.	1,051 84
id.	10	Bourgeois.	565 52
Ves. Tuileries (des)	106	Petit.	869 12
id.	»	Croullebois.	948 16
			792,864 63

			fr. c.
		Ci-contre. . . .	792,864 63
Ves. Tuileries (des) n°.	100	Renaud et Mansel. .	948 16
id.	»	Sevaux.	948 16
id.	115	Penassé.	798 84
id.	120	Fournier.	1,106 16
id.	124	Razat.	1,264 20
id.	228	Ducros.	632 12
id.	230	Bourdon.	404 »
Vx. Colombier (du)	361	Billardon.	1,738 28
id.	350	Thomas.	1,210 64
id.	352	Ruffié.	723 16
id.	355	Veuve Gallier. . . .	692 36
id.	356	Panvier.	1,111 »
id.	760	Bauchard.	1,590 12
Vignes (Imp. des).	»	Laboullaye.	888 88
Vosges (Place des).	296	Ducoudray.	2,962 96
id.	298	Vanin.	1,816 92
Zacharie.	58	Pauly.	654 52
Jard. de l'H. Baujon.	»	Duchesne.	500 »
id. de St.-Louis.	»	Brisset.	780 »
R. St. Jacques. . . .	136	Collette.	150 »
Accroissemens en l'an XII, sur l'an XI. . . .			804 42
			814,589 53

FERMAGES.

FAIT RECETTE L'ADMINISTRATION, de la somme de Cent-trois mille sept cent trente-cinq francs vingt-trois centimes, montant des Baux des Fermes, Terres et Jardins appartenans aux Hopitaux et Hospices Civils de Paris; affermés en argent, ainsi qu'il suit;

SAVOIR:

		fr.	c.
Amandiers. (Barrière des) Terres	Renou et Malessard	60	»
Anne. (Ste-) (Ferme à)	Dedouvre	3,160	49
Aubervilliers. (Bergerie d')	Hardy	204	»
Auxageux. (Terres à)	St.-Just	11	35
Bellay. (Ferme au)	Courtois	9,876	54
Belleville. (id. à)	Jolivet	33	19
id. (Jardin à)	Gastines	108	65
id. (Terres à)	Dauby	52	25
Bercagny. (Ferme à)	Saintard	3,358	02
Bicêtre. (Vidange de l'égoût de)	Bridet	100	»
id. (Jardin de)	Lanefranque-Dumont	400	»
id. (id.)	Herbinot	669	»
Boisfranc. (id.)	Bossu	3,950	62
Bouillancy. (Fruits des arbres à)	Racine	71	11
Boulevart barrière d'Enfer. (Ferme dite le Grand-Pressoir)	Chartier	812	84
Champrosai. (Jardins, Terres, Maison à)	Jean-Baptiste Hatesse	204	»
id. id.	L'Habitant	300	»
id. id.	Laisné	350	»
id. id.	Delaunay	205	»
id. id.	Héritiers Bertin	286	»
id. id.	Longuet et Laurent	304	»
		24,517	06

		fr.	c.
	Ci-contre. . . .	24,517	06
Champrosai. (Jardins, Terres, Maison à).	Nicolas Bertin.	156	»
id. id.	Decourt, jeune.	415	»
id. id.	Héritiers Bertin.	250	»
id. id.	Veuve de Jean-Baptiste Hatesse.	191	»
id. (Ferme à).	Dolimier	2,100	»
id. (Maison, Jardin, Vivier à).	Leroy.	308	15
id. (Maison et Jardin à).	Laperche.	59	28
id. id.	Terreblanche.	61	26
id. (Deux Pressoirs à).	Jean-Baptiste Hatesse	108	»
id. (Terres à).	Tamponnet	18	97
id. id.	Corbin.	18	97
id. id.	Cerisaye	18	97
Chapelle. (Terres à la).	Ruelle.	268	64
Charone. (Terres à).	Barry	265	»
Chatou. (Maison à).	Réal	204	»
Chaussée du Maine. (Terres).	Louvier.	426	66
Clos Piquet. (Passage dans le).	Denevers, l'aîné.	100	»
id.	Fréminville.	39	51
Colombes. . . . . . . (id. à)	Leclerc.	14	81
Colombe. (Ste-) (Cinquième d'un Fermage à)	Odye	161	58
Compans. (Ferme à).	Veuve Boucher.	6,577	78
Corbeil. (Château de).	Damas-Guyard	408	»
id. (Jardin à).	Hamouy.	60	»
id. (Greniers à)	Rabier	98	77
Corbins. (Ferme aux).	Papillon.	14,814	81
Courbevoie. (Maison et Jardin à).	Carreau.	110	62
Creteil. (Ferme à)	Michaux	4,938	27
id.	Daix	4,246	92
Gentilly (id.)	Lambert.	408	»
Germain-en-Laye. (Maison à Saint-)	Armagis	430	»
Guitry. (Friches à).	Laisnay	8	89
Issy. (Terres à)	Valentinois.	414	81
Ivry. (id. à)	Langlois.	118	52
Massy. (Ferme à)	Baron.	6,725	93
Mitry. (id.)	Veuve Boucher	3,595	67
Montparnasse. (Terres au)	Dalibon.	142	23
Montrouge. (Moulin, plaine de)	Micoud.	500	»
		73,302	02

		fr. c.
	De l'autre part. . .	73,302 02
Montrouge. (Terres à).	Chenu	305 »
Morangis. (Ferme à).	Grondart.	4,938 27
Moussy-le-Vieux. (Terres à)	Robinet.	3,200 »
Ognes. (Ferme à).	Lefevre.	4,705 37
Saint-Pierre-le-Vigier. (Terres à)	Anquetil.	1,325 »
Roissy. (Terres à).	Ducrocq	197 53
id.	Veuve Ducrocq.	1,000 »
Salpêtrière. (Clos de la).	Caussin.	948 60
Salpêtrière. (Deux Moulins près la).	Domaille	1,229 10
Thour. (Terres au).	Dugué	3,358 02
Tillay. (Ferme au)	Maillard	5,822 »
Tremblai. (Maison au Petit-)	Coquar.	52 94
Vanvres. (Terres à)	Lhoiez.	7 90
Vinantes. (Ferme à)	Chartier	1,850 »
Saint-Wast. (Terres à)	Corbey.	1,481 48
Accroissement en l'an XII, sur l'exercice an XI.		12 »
		103,735 23

RENTES FONCIÈRES.

FAIT RECETTE L'ADMINISTRATION, de la somme de Six mille sept cent trente-deux francs cinquante-un centimes, montant de cent-quatorze Rentes foncières (1).

SAVOIR:

49 Rentes, Montant à 2,095 fr. 94 c. ; hypothéquées sur immeubles situés à Paris : ci.	2,095 94
Et 65 id. Montant à 4,636 fr. 57 c. ; hypothéquées sur immeubles situés hors Paris : ci	4,636 57
	6,732 51

(1) La plupart de ces Rentes étant très-faibles, on a jugé inutile d'en donner le détail, qui se trouve aux folios 118 à 145 du grand-livre des Recettes de l'an XI.

RENTES SUR L'ÉTAT.

FAIT RECETTE L'ADMINISTRATION, de la somme de Quatre cent onze mille quatre cent-quatorze francs, montant de cinquante-quatre Inscriptions, 5 pour % consolidé; ci. . . . . 411,414 fr. »

RENTES SUR PARTICULIERS.

FAIT RECETTE L'ADMINISTRATION, de la somme de Trois mille huit cent cinquante-cinq francs soixante centimes, montant de sept Rentes dues par divers; ci. . . . . 3,855 fr. 60

CHAPITRE DEUXIÈME.

REVENUS EN NATURE.

LOYERS DE MAISONS.

FAIT RECETTE L'ADMINISTRATION, de la somme de Treize cent-cinquante-deux francs cinquante-six centimes; montant des Baux des Maisons situées dans Paris, affermées en nature;

SAVOIR:

		Qx.	liv.		m.	kilo.	f.	c.
Prés de l'Hopital	Vial	41	67	—	204	»	430	67
Oursine (rue de l')	Lascour	21	»	—	112	79	210	51
Récollets (rue des)	Pivert	60	»	—	293	70	595	53
Roquette (rue de la)	Mau	11	65	—	57	»	115	85
		134	32		667	49	1,352	56

FERMAGES.

FAIT RECETTE L'ADMINISTRATION, de la somme de Cent quarante-neuf mille sept cent quarante-un francs trente-sept centimes, montant des Baux des Fermes, Terres, Prés, etc. affermés en nature ;

SAVOIR :

			Qx. liv.	my. kil.	fr. c.
Arcueil.	(Terres à)	Lambert	8 79 —	43 »	93 14
Avernes.	id.	Rayer	21 » —	102 79	208 32
Belleville.	id.	Renou.	9 » —	44 05	90 36
Bicêtre.	id.	Salles	60 » —	293 70	601 75
Blanchefouace.	(Ferme à)	Rabourdin.	603 » —	2,951 72	5,509 88
Bouillancy.	id.	Guénot	326 86 —	1,600 »	2,987 63
id.	id.	Taupin.	1,251 26 —	6,125 »	11,194 02
id.	id.	Lenfant.	250 25 —	1,225 »	2,239 21
Brie-sur-Yères.	id.	Yvonnet	15 » —	73 42	139 77
id.	id.	Neuilly	412 » —	2,016 76	3,801 17
Castillon.	(Terres à)	Lefèvre.	62 » —	303 49	614 85
Champrosai.	(Clos.)	Biot	85 80 —	420 »	872 58
id.	(Ozeraye.)	Guilloton.	2 » —	9 79	20 33
id.	(Clos.)	Mainsant.	63 » —	308 38	573 87
Champlan.	(Terres à)	Angouillant	18 » —	88 11	183 26
Charmantrai.	(Ferme à)	Béjot.	618 99 —	3,030 »	5,658 91
Charmont.	id.	Pajot.	374 86 —	1,835 »	3,544 74
Chatou.	(Prés à)	Decampes (1)	» » —	» »	210 »
Corbeil.	(5 Moulins)	Hamouy et Boucher.	1,115 » —	5,458 03	14,207 77
id.	(6 id.)	Damas.	1,440 23 —	7,050 »	17,869 99
id.	(Terres à)	Hallé	41 » —	200 69	406 50
			6,778 04 —	33,178 93	71,028 05

(1) 633 Bottes de Foin.

			Qx. liv.		my. kil.	fr. c.
		De l'autre part. . . .	6,778 04	—	33,178 93	71,028 05
Essarts.	(Ferme aux).	Fagot.	1,756 87	—	8,600 »	15,717 22
Eves.	id.	Lacour	440 »	—	2,153 82	4,372 92
Fossomartin.	id.	Tronchon.	122 57	—	600 »	1,097 18
Gentilly.	(Terres à).	Guézard.	13 68	—	67 »	136 18
Gonesse.	(Ferme à).	Bureau	960 15	—	4,700 »	6,962 97
Grigny.	id.	Cabouret (1).	252 »	—	1,233 52	2,008 57
Interville.	id.	Grandrille	680 »	—	3,328 64	6,213 17
Ivry.	(Terres à).	Cordey	110 11	—	539 »	1,092 48
Rachée.	(Ferme à la)	Filou	300 »	—	1,468 52	3,459 49
Marcoussy.	id.	Houdon.	50 »	—	244 75	457 05
Marly-la-Ville.	id.	Hannoteau.	832 »	—	4,072 69	7,631 74
Mesnil-Aubry.	(Terres à).	Perreau	162 »	—	793 »	1,580 49
Mitry.	(Ferme à).	Benoît	142 »	—	695 10	1,424 43
Montrouge.	(Terres à).	Leblanc	18 39	—	90 »	181 91
id.	id.	Duval.	5 »	—	24 47	42 »
id.	id.	Verset	11 44	—	56 »	121 31
Noues.	(Ferme aux).	Delahaye.	488 »	—	2,388 78	4,374 49
Nourrard.	(Terres à).	Gueudet.	70 »	—	342 65	694 08
Outreville.	(Ferme à).	Pinguet.	326 86	—	1,600 »	2,987 62
Petit-Plessis.	id.	Marcille	122 57	—	600 »	1,121 15
Roule.	(Terres au).	Josset.	20 »	—	97 90	198 18
Saint-Gobert.	(Ferme à).	Courtier (2).	910 »	—	4,454 50	8,472 69
Saint-Ouen.	(Terres à).	Debray	10 22	—	50 »	104 13
Saint-Mêmes.	(Ferme à).	Taveaux.	264 »	—	1,292 29	2,398 90
id.	id.	Taveaux.	214 50	—	1,050 »	1,919 29
Torcy.	(Prés à).	Gendret.	6 43	—	31 47	64 02
Vanvres.	(Terres à).	Divot	11 24	—	55 »	111 79
Vaugirard.	id.	Fondary	10 83	—	53 »	114 82
			15,088 90	—	73,861 03	146,088 32

(1) Les 252 Quintaux, formant 1233 Myriagrames 52 Kilogrames, se composent;

SAVOIR :

63	Quintaux.	308 38	Bled.
63	———	308 38	Seigle.
63	———	308 38	Orge.
63	———	308 38	Avoine.

(2) Y compris 10 Quintaux d'Avoine.

			Qx. liv.	my. kil.	fr. c.
		Ci-contre . . .	15,088 90 —	73,861 03	146,088 32
Verlegrand.	(Ferme à)	Marion (1)	191 » —	934 96	1,197 18
Vinantes.	id.	Roche	245 14 —	1,200 »	2,241 25
Vitry.	id.	Chaumont	17 36 —	85 »	184 13
Wisols.	(Terres à)	Baloche	3 » —	14 68	30 49
			15.545 40 —	76,095 67	149,741 37

RENTES FONCIÈRES.

FAIT RECETTE L'ADMINISTATION, de la somme de Trois cent trente-cinq francs trente-six centimes, montant de deux Rentes dues par divers, et payables en nature ;

SAVOIR:

	Qx. liv.	my. kil.	fr. c.
Taté	11 52 —	56 39	115 85
Dumez	21 88 —	107 10	219 51
	33 40 —	163 49	335 36

(1) Les 191 quintaux se composent ;

SAVOIR :

86 quintaux de bled.
54 ———— de seigle.
51 ———— d'avoine.

CHAPITRE TROISIÈME.

REVENUS VARIABLES.

PRODUITS

De la Halle au Vin, de Paris (1), Et de la Halle au Bled, de Corbeil.

FAIT RECETTE L'ADMINISTRATION, de la somme de Onze mille deux cent quatre-vingt-dix-neuf francs deux centimes; montant du produit des Halles au Vin, de Paris, et au Bled, de Corbeil.

SAVOIR:

			f.	c.
Paillette,	Receveur de la Halle au Vin, de Paris.		10,788	80
Nicole,	id.	de la Halle au Bled, de Corbeil.	510	22
			11,299	02

(1) Sur le produit de la Halle aux Vins, il faut déduire les contributions et réparations, évaluées à 5,000 francs. — Voyez les notes à la fin de l'ouvrage.

RENTES ABANDONNÉES

POUR ADMISSION DANS LES HOSPICES (1).

FAIT RECETTE L'ADMINISTRATION, de la somme de Trente-deux mille cinq cent-soixante-seize francs quatre-vingt-huit centimes; montant de 138 Rentes perpétuelles ou viagères, cédées ou transportées par divers admis dans les Hospices d'Incurables-Hommes et Femmes, des Ménages et de Montrouge, pour obtenir leur admission dans lesdits Hospices; ci. . 32,576 88

INTÉRÊT DE CAPITAUX

PLACÉS AU MONT-DE-PIÉTÉ.

FAIT RECETTE L'ADMINISTRATION, de la somme de Cinquante-deux mille soixante-dix-huit francs vingt-neuf centimes, montant des Intérêts d'une somme de 741,064 fr. placée à diverses époques, au Mont-de-Piété; ci. 52,078 29

(1) On a pensé que le détail de ces rentes était inutile; si on le désire, on peut consulter les folios 170 à 189 du Grand-Livre des recettes de l'an XI.

BÉNÉFICES DANS L'EXPLOITATION

DU MONT-DE-PIÉTÉ.

FAIT RECETTE L'ADMINISTRATION, de la somme de Deux cent-quatorze mille trois cent-cinquante-huit francs cinquante centimes, montant des Bénéfices à elle revenant, dans l'exploitation du Mont-de-Piété. ci . . . . 214,358 f. 50

VENTE DE BOIS.

FAIT RECETTE L'ADMINISTRATION, de la somme de Quarante francs, montant d'une vente d'arbres, faite aux sieurs Piault et Aubert; ci . . . . 40 f. »

PRODUIT DES JOURNÉES

DE LA MAISON DE SANTÉ.

FAIT RECETTE L'ADMINISTRATION, de la somme de Trente-six mille six cent soixante-douze francs, montant du produit des journées de la Maison de Santé;

SAVOIR:

1997	journées à 3 fr. 00 c.	5,991 fr.	»
8064	——— à 2 00	16,128	»
9686	——— à 1 50	14,529	»
	Deux femmes en couches, à 12 fr.	24	»
19747 journ.		36,672 fr.	»

PENSIONS

D'ÉLÈVES SAGE-FEMMES DE LA MATERNITÉ.

FAIT RECETTE L'ADMINISTRATION, de la somme de Vingt-neuf mille trois cent quatre-vingt-dix-huit francs cinquante-huit centimes, montant des Pensions payées par diverses, à cause de leur admission, en l'an XI, aux cours d'accouchement de la Maternité; ci. . . . . 29,398 f. 58 c.

RECETTES DIVERSES.

FAIT RECETTE L'ADMINISTRATION, de la somme de Cent soixante-douze francs dix centimes, montant de diverses Recettes, faites en l'an XI; ci. . . 172 fr. 10

OCTROI (1).

FAIT RECETTE L'ADMINISTRATION, de la somme de Quatre millions deux cent soixante-six mille cinq cent douze francs, montant du crédit ouvert en l'an XI, sur les produits de l'Octroi, par le Conseil municipal de la Ville de Paris, pour le service des Hopitaux et Hospices civils, pendant ledit Exercice ; ci . . . . 4,266,512 fr. »

NOTA. Observe l'Administration que, sur cette somme, il n'a été versé dans la caisse des Hopitaux que celle de 3,711 178 fr. 88 c., et qu'il restait dû 555,333 fr. 12 c., à l'époque du 1er. vendémaire an XIII.

SECOURS
DU GOUVERNEMENT.

FAIT RECETTE L'ADMINISTRATION, de la somme de Soixante mille francs, montant de pareille somme accordée par le Ministre de l'Intérieur, en l'an XI, à titre de secours extraordinaire ; ci . . . . 60,000 fr. »

(1) Établi par la loi du 27 Vendémiaire an VII.

CHAPITRE QUATRIÈME.

RECETTES D'ORDRE.

REMBOURSEMENT DE PAIN.

FAIT RECETTE L'ADMINISTRATION, de la somme de Cinquante-un mille cent-soixante-quinze francs soixante-dix centimes; montant du Pain fourni par la Boulangerie générale, aux Etablissemens des Sourds-muets, des Quinze-vingts, et de la Communauté des Filles Saint-Paul, qui en ont ou doivent en rembourser le montant; ci. 51,175 70

REMBOURSEMENT DE MÉDICAMENS.

FAIT RECETTE L'ADMINISTRATION, de la somme de Treize cent-un francs quatre-vingt-neuf centimes; montant des Médicamens fournis par la Pharmacie centrale, tant à la Prison de Bicêtre, qu'à divers Bureaux de Bienfaisance, qui en ont remboursé le montant; ci. 1,301 89

REMBOURSEMENS DIVERS.

FAIT RECETTE L'ADMINISTRATION, de la somme de Vingt-six mille trois cent quatre-vingt-un francs cinquante-deux centimes; montant de divers Remboursemens faits à cause des sommes dues par des Comptables en débet, etc. ci. 26,381 52

EMPRUNTS SUR DIVERS EXERCICES.

FAIT RECETTE L'ADMINISTRATION, de la somme de Cinq cent cinquante mille francs; montant des Emprunts faits et restitués à divers Exercices;

SAVOIR:

	fr.	
Exercice an XI.	430,000	550,000
an XII.	120,000	

RÉCAPITULATION

DES REVENUS DES HOPITAUX ET HOSPICES.

SITUATION au 1er. Vendémiaire an XIII.

		REVENUS.		Sommes recouvrées en l'an XI et en l'an XII.		Reste à recouvrer au 1er. vendémiaire an XIII.	
		f.	c.	f.	c.	f.	c.
CHAPITRE Ier. — REVENUS EN ARGENT.	Loyers de Maisons	814,589	53	742,731	96	71,857	57
	Fermages	103,735	23	55,469	17	48,266	06
	Rentes foncières	4,638	08	2,149	06	2,489	02
	Id. sur l'Etat	411,414	»	411,364	»	50	»
	Id. sur Particuliers	3,855	60	1,916	20	1,939	40
		1,338,232	44	1,213,630	39	124,602	05
CHAPITRE II. — REVENUS EN NATURE.	Loyers de Maisons .. 1,352 f. 56 c. ; Fermages ...... 149,741 37. ; Rentes foncières... 335 36.	151,429	29	86,189	51	65,239	78
		f.	c.	f.	c.	f.	c.
CHAPITRE III. — REVENUS VARIABLES.	Halle aux Vins de Paris	10,788	80	10,788	80	»	»
	Halle aux Bleds de Corbeil	510	22	333	17	177	05
	Rentes pour Admission	32,576	88	22,206	97	10,369	91
	Intérêts de Cap. placés au M. de Pté.	52,078	29	52,078	29	»	»
	Bénéf. d'exploitation du Mt. de Pté.	214,358	50	214,358	50	»	»
	Vente de Bois	40	»	40	»	»	»
	Maison de Santé	36,672	»	32,759	61	3,912	39
	Pensions d'Elèves Sage-femmes	29,398	58	29,398	58	»	»
	Recettes diverses	172	10	172	10	»	»
	Octroi	4.266,512	»	3.711,178	88	555,333	12
	Secours du Gouvernement	60,000	»	60,000	»	»	»
		4,703,107	37	4,133,314	90	569,792	47

Suite de la Récapitulation d'autre part.

		REVENUS.	SOMMES recouvrées en l'an XI et en l'an XII.	RESTE à recouvrer au Ier. vendémiaire an XIII.
		f. c.	f. c.	f. c.
CHAPITRE IV. RECETTES D'ORDRE.	Remboursement de Pain	51,175 70	20,604 76	30,570 94
	—— de Médicamens	1,301 89	1,301 89	» »
	—— divers	26,381 52	26,381 52	» »
	Emprunts	550,000 »	550,000 »	» »
		628,859 11	598,288 17	30,570 94

RÉSUMÉ.

CHAPITRE Ier. REVENUS EN ARGENT	1,338,232 44	1,213,630 39	124,602 05
2e. —— EN NATURE	151,429 29	86,189 51	65,239 78
3e. —— VARIABLES	4,703,107 37	4,133,314 90	569,792 47
	6,192,769 10	5,433,134 80	759,634 30
4e. RECETTES D'ORDRE	628,859 11	598,288 17	30,570 94
	6,821,628 21	6,031,422 97	790,205 24

TITRE II.

REVENUS

DES ENFANS ABANDONNÉS.

CHAPITRE PREMIER.

REVENUS EN ARGENT.

LOYERS DE MAISONS.

FAIT RECETTE L'ADMINISTRATION, de la somme de Quatre-vingt-treize mille neuf cent quarante-trois francs dix-sept centimes, montant des Baux des Maisons et Terrains appartenans aux Enfans abandonnés;

SAVOIR:

			fr.	c.
Antoine. (du F. St.) n°.	»	Aubert et Piault. . .	1,378	48
id.	»	Yon	747	32
id.	220	Aubert.	651	88
id.	220	Leduc	651	88
id.	221	Chanet.	691	36
id.	221	Chassandre	602	48
id.	222	Veuve Duchesne . .	800	»
id.	223	Delmas.	454	32
id.	224	Duclos.	414	»
id.	225	Piault	1,007	40
id.	225	Delaitre	701	24
id.	226	Fouquet.	651	88
id.	226	Piat.	804	92
id.	227	Bourlon	1,214	80
id.	227	Vallot.	721	»
			11,492	96

			fr.	c.
		Ci-contre. . . .	11,492	96
Baillette . . . . N°.	7	Guibert	1,590	12
Cloître St.-Jacques .	6-10	Riou	103	72
Cigne (du)	6	Berardan.	405	»
id.	6	Doublet	271	56
id.	9	Paviot	745	68
id.	10	Paviot.	300	»
id.	10	Martin.	241	26
id.	11	Cousin.	1,605	80
id.	12	Paviot.	795	08
id.	13	Veuve Sulfort. . . .	800	»
id.	14	Forestier.	621	12
id.	16	Paviot.	548	16
id.	19	Lacroix	257	52
id.	15	Alluines.	187	68
Cossonnerie (de la).	597	Veuve Maréchal . .	1,293	84
			21,259	50

			fr.	c.
		De l'autre part. . . .	21,259	50
Denis. (Saint-). . . N°.	»	Baret.	493	94
id.	50	Rouy.	2,962	96
id.	52	Liautaud	4,408	52
id.	»	Grusse.	2,370	36
id.	»	Mossion.	2,962	96
Enfans-Rouges (des)	2	Beurlier	970	»
id.	2	Tanchou.	496	68
id.	3	Brunet.	460	»
Enfer-S.-Michel (d')	»	Dép. de la Guerre. .	125	92
Geoffroi-l'Asnier. . .	51	Troncy	617	28
Grenier St.-Lazare. .	681	Savary.	1,046	92
id.	»	Anfry-Duparc.. . .	296	30
id.	»	Main.	840	75
Grève. (Place de). .	59	Darmanson.	1,481	48
id.	60	Moreau.	1,777	76
Guérin-Boisseau. . .	18	Honoré.	606	»
Honoré. (St.). . . .	713	Sallambier..	987	64
Jacques. (Cloître S.).	»	Carpentier.	158	04
id.	»	Main..	1,343	20
id.	1	Dumaige.	488	88
id.	2	Houdouart.	2,206	72
id.	3	Alluines.	1,070	»
id.	4	Veuve Paillard. . .	1,275	»
id.	5	Formanoir.	210	»
id.	6-7	Briden.	1,530	88
id.	8	Henry.	681	48
id.	9	Besse.	1,975	32
id.	11	Bouvet.	1,491	36
id.	12	Couard.	903	68
			57,499	53

			fr.	c.
		Ci-contre.	57,499	53
Jacques. (Cloître S.) N°.	13	Guyard	610	»
id.	14	Carrand	814	84
id.	15	Manuel.	1,210	»
id.	16	Dangell.	1,210	»
id.	16	Lecuyer.	1,580	24
id.	17	Constant.	1,530	88
id.	18	Leclerc.	424	12
id.	20	Lamarre.	197	52
id.	20	Gladenne	98	76
id.	16	Riou.	2,627	16
Jean-Lantier.	7	Gallo.	750	64
Marché-Palu. (du).	12	Veuve Bailly. . . .	2,400	»
Martin. (St.). . . .	222	Boutin.	2,225	»
Mauconseil.	19	Gaultron.	2,088	88
id.	21	Gannichon.	1,110	»
Mondétour.	11	Mouquet.	1,975	32
Mortellerie. (de la).	134	Lebrun	1,728	40
Palais de just. (Sal. du)	36	Durand.	98	76
Prouvaires. (des). .	553	Simonnin.	1,182	»
Temple. (du). . . .	17	Pourchel.	1,145	68
Tonnellerie. (de la).	634	Angar.	2,019	76
Traversière. (S. Ant.)	15	Veuve Dubois. . . .	610	»
Truanderie (de la gde.)	9	Leblond.	2,321	»
id.	10	Gueroux.	1,037	04
id.	11	Martignon.	2,587	64
Jardins des Orphelins.	»	Pelletier-Chambure.	2,000	»
id. de la Maternité.	»	Demangeot et Sicar.	250	»
id. de la Bourbe. .	»	Noël et Auger. . .	610	»
» »	»	. . . .	»	»
			93,943	17

FERMAGES.

LES ENFANS-TROUVÉS n'ont point de Fermages en argent; ci. . . . *Mémoire.*

RENTES FONCIÈRES. (1)

FAIT RECETTE L'ADMINISTRATION, de la somme de Quatre cent cinquante-neuf francs huit centimes; montant des Rentes dues par divers à l'Hopital des Enfans-Trouvés; ci. 459 08

RENTES SUR PARTICULIERS.

FAIT RECETTE L'ADMINISTRATION, de la somme de Onze cent trente-cinq francs quatre-vingts centimes, due par divers ci-après dénommés.

SAVOIR;

	fr. c.	fr. c.
Caussin	148 15	1,135 80
Le Mont-de-Piété	987 65	

RENTES SUR L'ÉTAT.

FAIT RECETTE L'ADMINISTRATION, de la somme de Cent trente-trois mille trois cent cinquante-sept francs cinquante centimes, montant de Six Inscriptions, 5 pour % Tiers consolidé, appartenantes aux Enfans-Trouvés; ci. 133,357 50

(1) La plupart de ces Rentes étant très-faibles, on a jugé inutile d'en donner le détail qui se trouve aux folios 128 à 145 du grand-livre des Recettes de l'an XI.

CHAPITRE DEUXIÈME.

REVENUS EN NATURE.

FERMAGES.

FAIT RECETTE L'ADMINISTRATION, de la somme de Neuf cent-vingt-trois francs quarante-cinq centimes; résultant du Bail de la Ferme de Mitry, appartenant aux Enfans-Trouvés, louée au Sieur Fournier 101 quintaux de Bled représentant 494 myriagrammes 40 kilogrammes, qui ont été évalués, suivant les mercuriales de l'an XI, à . . . . 923 fr. 45

CHAPITRE TROISIÈME.

REVENUS VARIABLES.

AMENDES.

FAIT RECETTE L'ADMINISTRATION, de la somme de Vingt mille huit cent soixante-treize francs vingt centimes, montant des Amendes prononcées au profit des Enfans-Trouvés, tant par les Bureaux de Police municipale et les Tribunaux, que par l'Administration de l'Octroi; ci . . . . 20,873 fr. 20 c.

SECOURS DU GOUVERNEMENT.

FAIT RECETTE L'ADMINISTRATION, de la somme de Deux cent mille francs, montant des Secours accordés par le Gouvernement aux Enfans abandonnés; ci. 200,000 f. »

DÉCOMPTES

A CAUSE DES ENFANS RETIRÉS PAR LEURS PARENS.

FAIT RECETTE L'ADMINISTRATION, de la somme de Deux mille trois cent soixante-quatorze francs soixante-huit centimes ; montant des sommes payées par divers, qui ont retiré, en l'an XI, leurs enfans de l'Hospice de la Maternité, ci. . . . . . . 2,374 fr. 68 c.

RÉCAPITULATION

DES REVENUS DES ENFANS ABANDONNÉS.

SITUATION au Ier. vendémiaire an XIII.

		REVENUS.		Sommes recouvrées en l'an XI et en l'an XII.		Reste à recouvrer au Ier. vendémiaire an XIII.	
		f.	c.	f.	c.	f.	c.
CHAPITRE Ier. — REVENUS EN ARGENT.	Loyers	93,943	17	88,013	29	5,929	88
	Fermages	»	»	»	»	»	»
	Rentes Foncières	459	08	173	85	285	23
	——— sur Particuliers	1,135	80	1,135	79	»	01
	——— sur l'Etat	133,357	50	133,357	50	»	»
		228,895	55	222,680	43	6,215	12
CHAPITRE II.	Revenus en nature	923	45	506	25	417	20
CHAPITRE III. — REVENUS VARIABLES.	Amendes	20,873	20	20,873	20	»	»
	Décomptes	2,374	68	2,374	68	»	»
	Secours du Gouvernement	200,000	»	200,000	»	»	»
		223,247	88	223,247	88	»	»

RÉSUMÉ.

CHAPITRE Ier.	Revenus en argent	228,895	55	222,680	43	6,215	12
——— 2e.	——— en nature	923	45	506	25	417	20
——— 3e.	——— variables	223,247	88	223,247	88	»	»
		453,066	88	446,434	56	6,632	32

TITRE III.

DÉPÔTS

ET FONDS DE REMPLACEMENT.

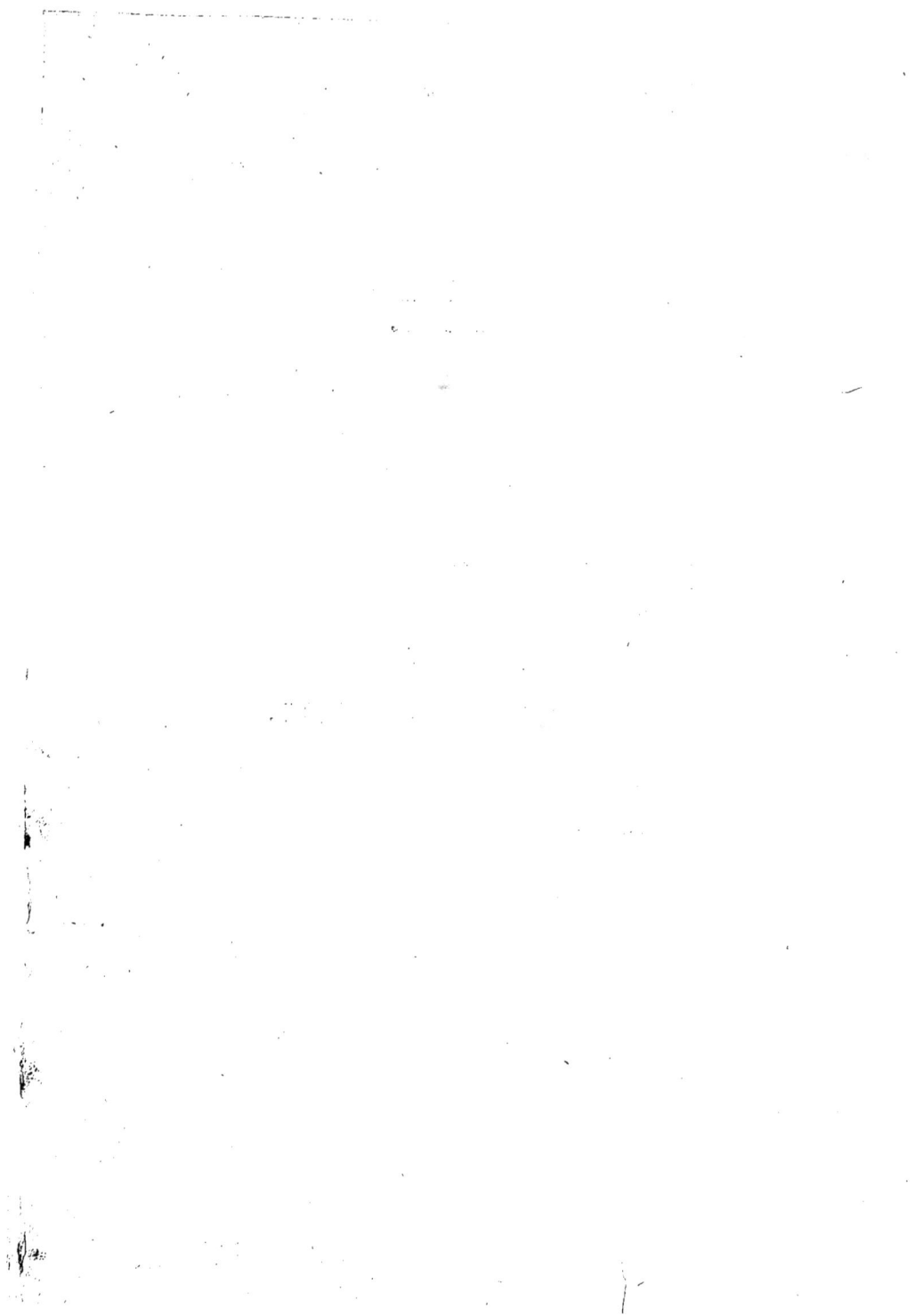

CHAPITRE PREMIER.

DÉPÔTS.

LOYERS D'AVANCE.

FAIT RECETTE L'ADMINISTRATION, de la somme de Quarante-quatre mille deux cent quatre-vingt-onze francs trente-huit centimes, montant des Loyers d'avance, payés par divers, à cause des nouvelles Adjudications faites en l'an XI ; ci. 44,291 38

DENIERS DE MINEURS.

FAIT RECETTE L'ADMINISTRATION, de la somme de Mille cent cinquante-quatre francs soixante-douze centimes, montant des Sommes versées dans sa caisse, pour le compte des Mineurs ci-après désignés ;

SAVOIR :

	f.	c.	
Bourdon	147	84	1,154 72
Partageot	150	»	
Constantin	341	88	
Guinlault	15	»	
Vaudard	500	»	

CHAPITRE DEUXIÈME.

FONDS DE REMPLACEMENT.

AUMÔNES.

FAIT RECETTE L'ADMINISTRATION, de la somme de Mille quatre cent quatre-vingt-douze francs trente-sept centimes montant des Aumônes faites par divers, en l'an XI, ainsi qu'il suit;

SAVOIR:

DIVERS, pour lits de Baux	580 f.	c.
DIVERS, à titre d'Aumônes	912	37
	1,492	37

LEGS.

FAIT RECETTE L'ADMINISTRATION, de la somme de Trois cents francs, montant d'un Legs fait par M. Prévost; ci . . . . 300 fr.

REMBOURSEMENS DE CAPITAUX.

FAIT RECETTE L'ADMINISTRATION, de la somme de Deux mille cent trente-trois francs trente-trois centimes, montant de divers Remboursemens, faits par les ci-après dénommés;

SAVOIR:

		f. c.
DESGLOS	A valoir sur le capital d'une rente de cinq cents livres	1,975 31
BERCHER-LEROY	Capital au denier 20, d'une rente de sept livres dix sous	148 14
BENOIST		9 88
		2,133 33

VERSEMENS POUR ADMISSIONS.

FAIT RECETTE L'ADMINISTRATION, de la somme de Dix-sept mille cent quatre-vingt-quatorze francs quatre-vingt-dix-huit centimes, montant des sommes payées comptant par divers, à cause de leur admission, dans les Hospices en l'an XI; ci. . . 17,194 f. 98 c.

SUCCESSION DES PAUVRES.

FAIT RECETTE L'ADMINISTRATION, de la somme de Douze mille cent six francs soixante-neuf centimes, montant de la Vente des effets appartenans à Divers admis dans les Hospices, décédés en l'an XI; ci. . . . . 12,106 fr. 69 c.

VENTES DIVERSES.

FAIT RECETTE L'ADMINISTRATION, de la somme de Mille huit cent soixante-dix-neuf francs vingt-un centimes, montant de diverses Ventes faites en l'an XI;

SAVOIR:

	f.	c.
Vente de vieux Matériaux	203	75
Vente de l'Orgue de l'Hotel-Dieu	1,675	46
	1,879	21

RÉCAPITULATION

DES DÉPENSES ET FONDS DE REMPLACEMENT.

SITUATION AU 1er VENDÉMIAIRE AN XIII.

		REVENUS. f.	c.	SOMMES recouvrées en l'an XI et en l'an XII. f.	c.	RESTE à recouvrer au 1er. vendémiaire an XIII. f.	c.
DÉPOTS ET FONDS DE REMPLACEMENT.	Loyers d'avance	44,291	38	44,291	38	»	»
	Deniers de Mineurs	1,154	72	1,154	72	»	»
	Aumônes	1,492	37	1,492	37	»	»
	Legs	300	»	300	»	»	»
	Remboursemens de Capitaux	2,133	33	2,133	33	»	»
	Versemens pour Admission	17,194	98	17,194	98	»	»
	Succession des Pauvres	12,106	69	11,863	73	242	96
	Ventes diverses	1,879	21	1,879	21	»	»
		80,552	68	80,309	72	242	96

RÉCAPITULATION

GÉNÉRALE DE LA RECETTE.

SITUATION AU 1er. VENDÉMIAIRE AN XIII.

	REVENUS.		SOMMES recouvrées en l'an XI et en l'an XII.		RESTE à recouvrer au 1er. vendémiaire an XIII.	
	fr.	c.	fr.	c.	fr.	c.
HOPITAUX ET HOSPICES.	6,192,769	10	5,433,134	80	759,634	30
ENFANS ABANDONNÉS	453,066	88	446,434	56	6,632	32
	6,645,835	98	5,879,569	36	766,266	62
DÉPOTS ET FONDS DE REMPLACEMENT.	80,552	68	80,309	72	242	96
	6,726 ,38866		5,959,879	08	766,509	58
RECETTE D'ORDRE (1)	628,859	11	598,288	17	30,570	94
	7,355,247	77	6,558,167	25	797,080	52

(1) Formée avec le Chapitre IV des Recettes des Hopitaux et Hospices.

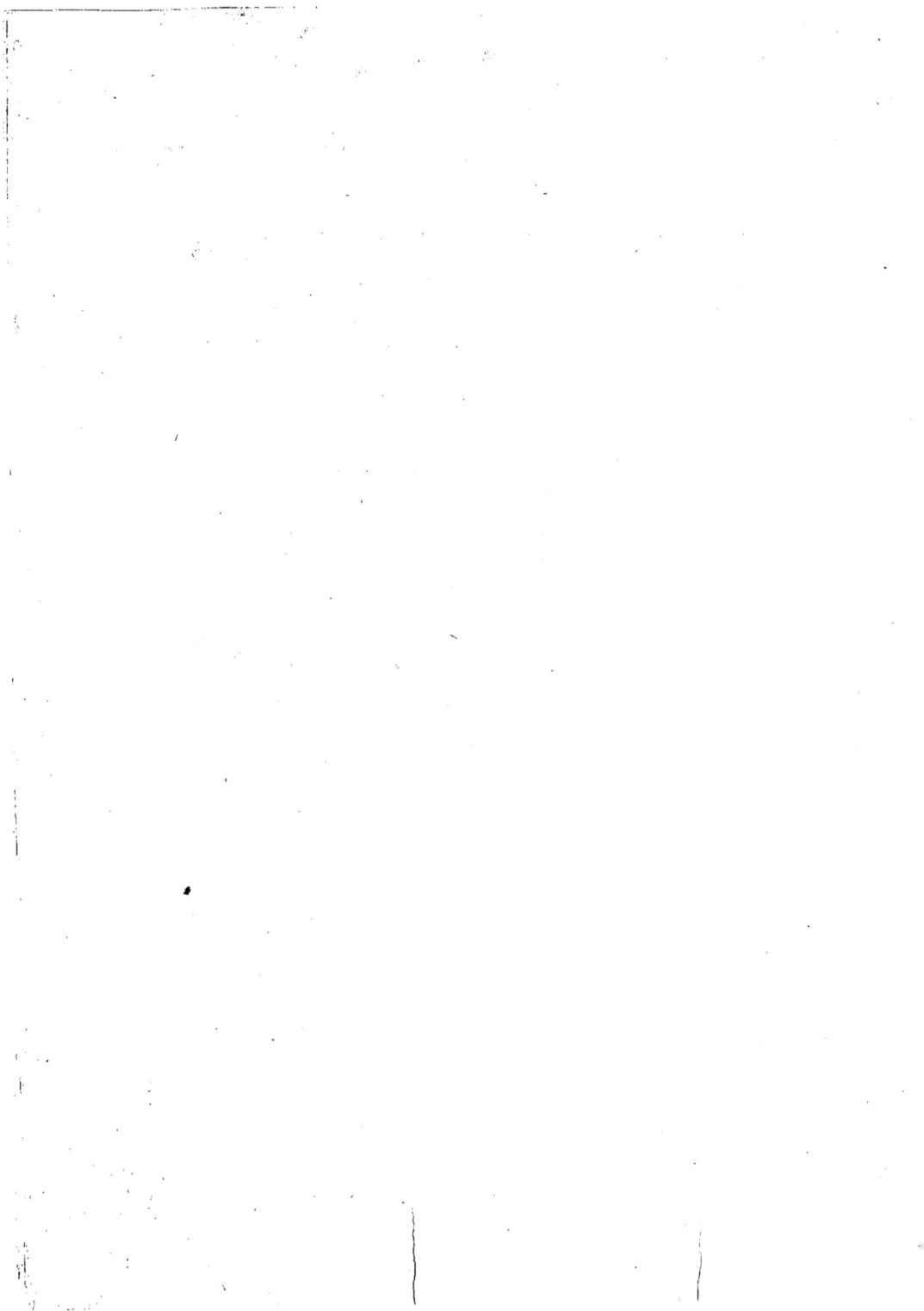

DEUXIÈME PARTIE.

DÉPENSE.

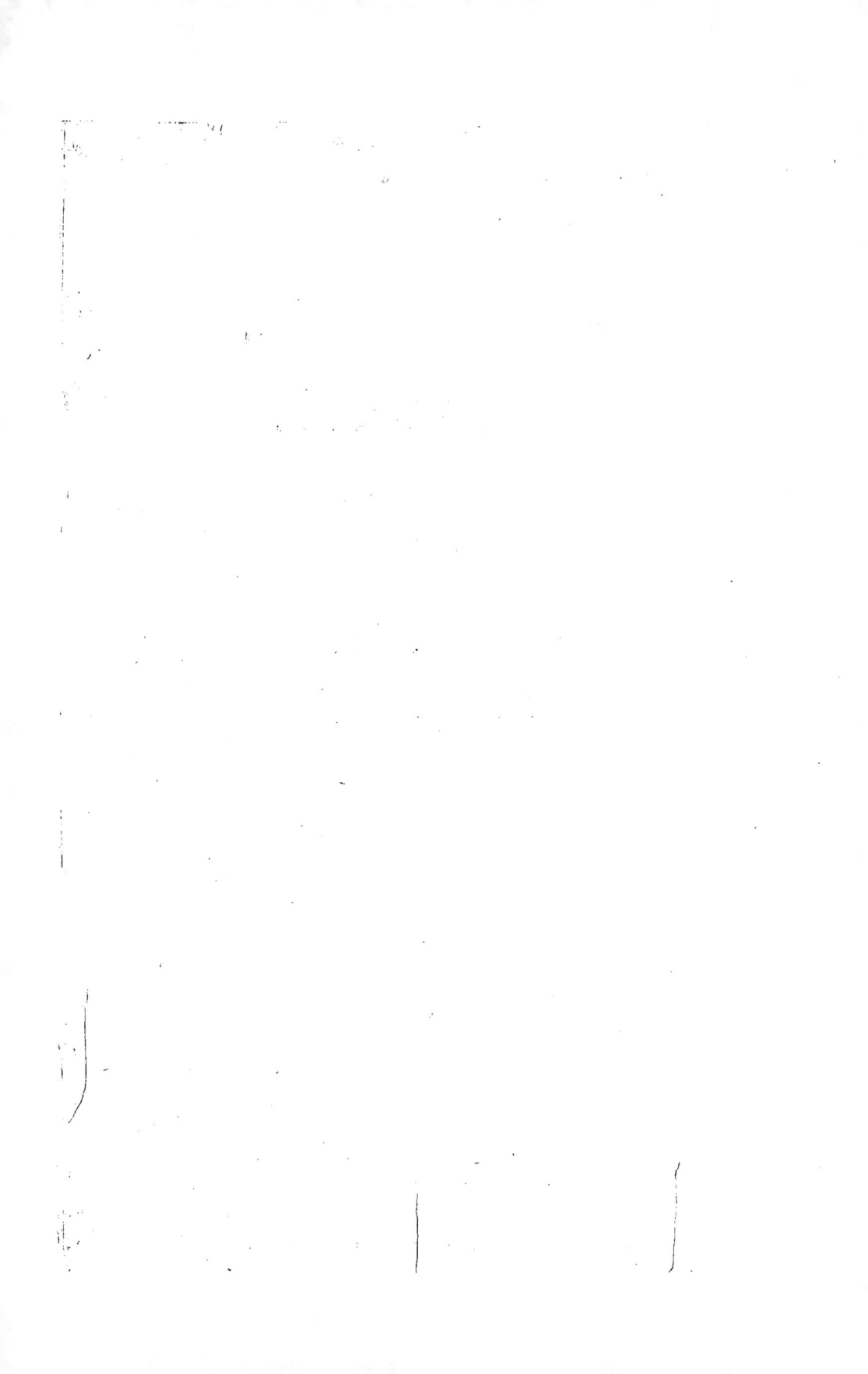

TITRE PREMIER.

COMPTES

DES ENTREPRENEURS, FOURNISSEURS ET CRÉANCIERS, DE TOUTE NATURE.

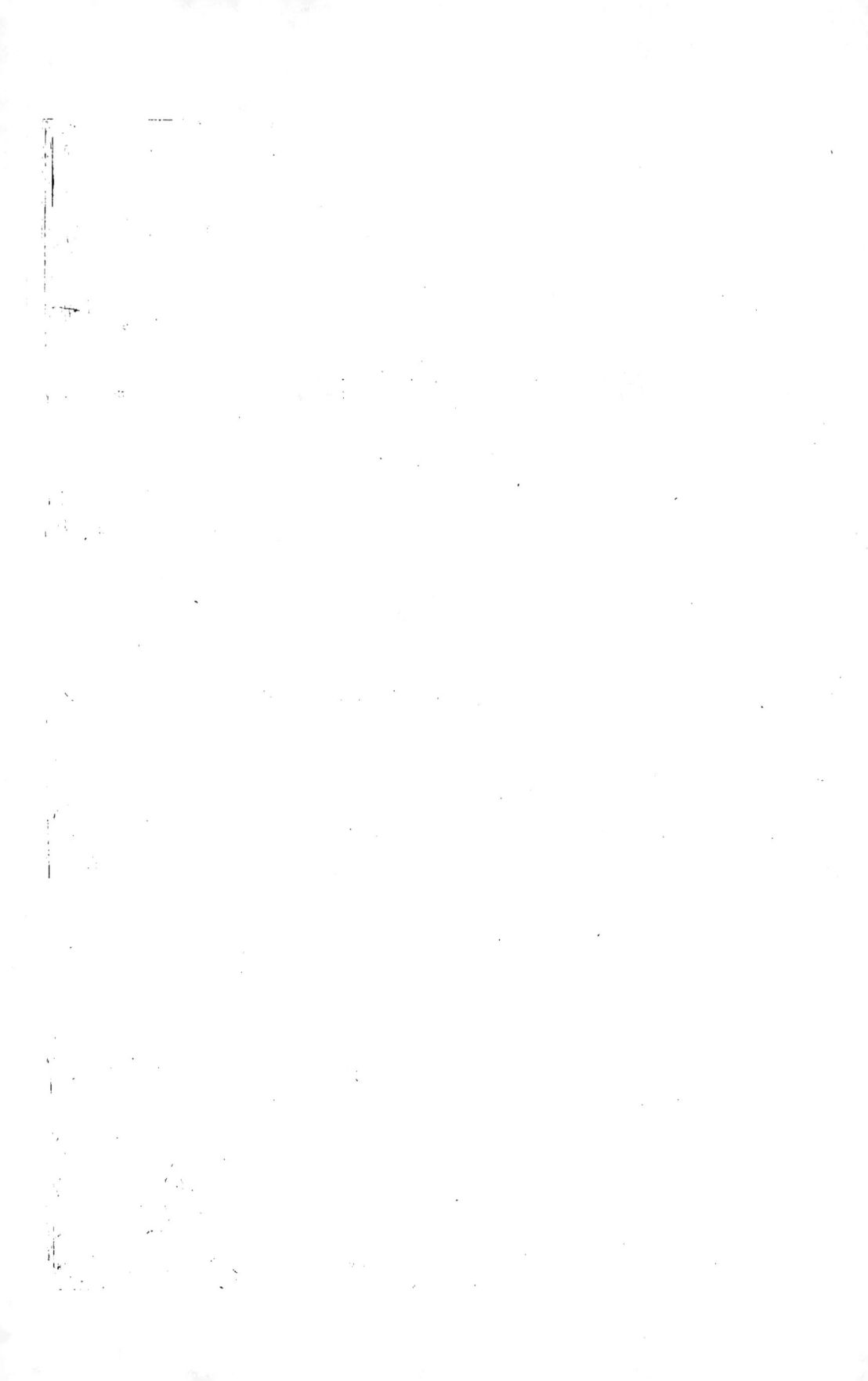

CHAPITRE PREMIER.

CONSTRUCTIONS ET RÉPARATIONS D'ENTRETIEN.

FAIT DÉPENSE L'ADMINISTRATION, de la somme de Trois cent quatre-vingt-deux mille sept cent quatre-vingt-quinze francs cinquante-cinq centimes, montant des Constructions et Réparations d'entretien, faites dans le cours de l'an XI, tant dans les bâtimens hospitaliers, que dans les propriétés qui appartiennent auxdits Etablissemens; le tout conformément aux Autorisations, Devis et Soumissions, et suivant les Mémoires vérifiés et réglés par qui de droit, produits par les Entrepreneurs de Bâtimens, ci-après désignés; SAVOIR:

MAÇONNERIE.

	fr.	c.
Beugé	3,498	04
Belet	860	«
Billiaud	8,916	51
Bourdon	3,577	35
Bureau	12,907	53
Callon	3,493	48
Caubert Moret	6,086	05
Cossonneau	3,821	43
Desbrieux	4,892	66
Deslignières	3,350	»
Duchêne	191	93
Fournier	19,778	31
	71,373	34

	fr.	c.	
Ci-contre	71,373	34	
Gérard	1,531	64	
Géry	2,053	90	
Georges	19,745	28	
Grevin	120	53	
Jacob	11,427	66	
Hue	3,909	98	
Le Batard	2,359	62	130,350 02
Letrosne	6,103	39	
Maizeau	3,790	»	
Ogé	6,911	46	
Sandrié	509	94	
Stouf	513	28	
	....	...	

	fr. c.	fr. c.
De l'autre part. . . .		130,350 02

CHARPENTE.

Bouillette.	1,719 64	
Dabrin.	53 90	
Delaunay.	1,673 89	
Deschamps.	107 09	
Dedde.	742 10	14,451 92
Goisnard.	3,609 18	
Perroud.	2,888 27	
Salvi.	432 80	
Tirel. (Veuve).	3,225 05	

COUVERTURE.

Bellet.	11,374 77	
Charrier.	4,727 75	
Debesse.	2,245 24	
Gaudelet.	2,059 47	
Guillemelle.	2,738 64	46,751 58
Hunout.	99 67	
Jenvrin.	13,273 16	
Tencé.	6,541 07	
Voisin.	3,691 81	

SERRURERIE.

Bancel.	1,614 51	
Bertin.	940 01	
Bickel.	935 »	
Castel.	963 53	
Chalot.	1,763 83	
Chatelle.	4,574 43	
Delecq.	100 »	
Desouches.	2,578 40	
Faucounier.	1,837 57	
Guerou.	600 13	
Jullien.	2,361 94	
Leffe.	1,264 86	
	19,534 21	191,553 52

	fr. c.	fr. c.
Ci-contre. . .		191,553 52

Suite de la Serrurerie.

	fr. c.	
Ci-contre. . .	19,534 21	
Letellier.	1,116 51	
Leyris.	4,637 68	26,318 19
Planson.	39 60	
Taillant.	441 11	
Travers.	549 08	

MENUISERIE.

Alluines.	339 54	
Archer.	4,469 86	
Bacqueville.	4,032 77	
Burgade.	1,694 »	
Estebe.	1,417 59	
Hamard.	945 »	
Lanoa.	180 »	32,816 30
Leconte.	516 10	
Lemarchand.	759 87	
Moureau.	911 97	
Pascal.	5,068 30	
Perronel.	1,109 06	
Rouchousse.	10,104 98	
Tesson.	1,267 26	

PEINTURE.

Baillet.	202 08	
Dandrieux.	308 65	
Doyen.	298 71	
Gillin.	86 73	
Jolly.	836 92	
Masson.	7,772 90	10,376 82
Morvanches.	33 89	
Pugin.	77 47	
Royer.	759 47	
. . . .	» »	
. . . .	» »	
. . . . . .		261,064 83

		fr. c.
Ci-contre. . . .		261,064 83

VITRERIE.

Blée.	583 69	
Blondeau	305 »	
Chartier.	1,334 94	
Gilet.	38 60	5,600 01
Leviel.	1,187 17	
Lemaire.	1,011 92	
Meniel.	955 97	
Vestier.	182 72	

PLOMBERIE.

Barbier.	296 52	
Blin.	2,553 79	
Chappey.	104 15	
Farcy	4,306 99	
Galland. (Mère).	1,008 46	12,400 27
Galland. (Fils).	710 05	
Gendre.	51 18	
Lenoble.	2,095 48	
Maignan.	1,208 65	
Maubertier.	65 »	

PAVAGE.

Barmont	1,002 40	
Fromentin.	152 02	
Laurent Deplace.	609 76	
Leridais.	9,428 25	15,317 57
Montaigne.	775 70	
Paisnel.	2,167 98	
Potier.	1,181 46	

CARRELAGE.

Boudet.	135 »	
Connetable.	700 »	
Jacob.	723 25	2,786 61
Paris.	1,086 60	
Retout.	141 76	
. . . .		297,169 29

		fr. c.
Ci-contre. . . .		297,169 29

FONDERIE.

Frady.	39 10	827 10
Mougin.	788 »	

MARBRERIE.

Fournier.	978 21	4,234 14
Gilet.	3,255 93	

POELIERS FUMISTES.

Borgnis-Desbordes.	20,710 55	
Cottiny.	40 25	
Cottiny et Guillaume.	4,002 60	27,089 55
Goumont.	2,068 20	
Houel.	114 »	
Meller.	153 95	

POMPIER FONTAINIER.

Gaudelet	» »	4,521 15

EPINGLERIE.

Maruy.	41 99	781 78
Santerre (Veuve).	739 79	

TERRASSE.

Albert.	490 »	
Colomb	45 60	601 60
Rimblot.	66 »	

VIDANGE.

Bouillerot.	19,665 50	
Maubertier.	2,955 »	22,706 75
Simon	86 25	

BIENS RURAUX. — 357,931 36

Maçonnerie.	18,525 77	
Couverture	2,501 90	
Charpente.	2,108 41	
Serrurerie	744 66	24,864 19
Menuiserie.	845 63	
Peinture.	107 60	
Pavage.	30 22	
TOTAL.	» »	382,795 55

CHAPITRE DEUXIÈME.

IMPOSITIONS FONCIÈRES.

FAIT DÉPENSE L'ADMINISTRATION, de la somme de Deux cent cinquante-deux mille trois cent soixante-onze francs soixante-un centimes, montant des Impositions foncières, mises en l'an XI, tant sur les Hopitaux et Hospices que sur les Propriétés qui leur appartiennent;

SAVOIR;

				fr. c.	
IMPOSITIONS FONCIÈRES DES HOPITAUX, HOSPICES ET PROPRIÉTÉS, SITUÉS DANS PARIS.	1er. Arrondissement.	M. Goetz.	Receveur.	4,396 »	
	2e.	M. Ledoux.	id.	3,091 70	
	3e.	M. Tiron.	id.	5,512 10	
	4e.	M. Blondel.	id.	5,562 90	
	5e.	M. Linden.	id.	21,806 25	
	6e.	M. Potier.	id.	21,619 40	
	7e.	M. Delamery.	id.	14,611 65	205,703 35
	8e.	M. Decret.	id.	10,127 90	
	9e.	M. Robert.	id.	19,354 »	
	10e.	M. Dutremblay.	id.	48,979 80	
	11e.	M. Chenié.	id.	16,638 70	
	12e.	M. Puissant.	id.	34,002 95	
IMPOSITIONS FONCIÈRES DES BIENS SITUÉS HORS PARIS.	Commune de Gentilly.			2,376 08	
	Commune de Montrouge.			1,248 45	46,668 26
	Biens Ruraux.			43,043 73	
					252,371 61

CHAPITRE TROISIÈME.

FRAIS DE VOYAGE.

IL n'y a point eu de frais de voyage en l'an XI. Ceux accordés aux Architectes et au Commis voyageur ayant été payés, mois par mois, et compris dans les appointemens; ci. . . *Mémoire*

CHAPITRE QUATRIÈME.

FRAIS DE PROCÉDURES.

FAIT DÉPENSE L'ADMINISTRATION, de la somme de Huit mille quatre cent quarante francs soixante-onze centimes ; montant des Frais de procédures et d'actes conservatoires, faits en l'an XI, ainsi qu'il suit ;

SAVOIR :

Leroux.	Avoué de l'Administration, près le Tribunal de première Instance.	5,231	47
Lecacheur	id. . . . . id. . . . . près le Tribunal d'Appel	285	75
Sapinaut	Huissier.	1,505	76
Guérin (Père).	Chef du Bureau du Domaine ; (Frais d'affiches).	207	60
Colin.	(Payement de dépens adjugés contre l'Administration).	572	58
Narcillac.	. . . . idem.	556	»
Salambier	(Remboursement de Frais, à cause de demande de réparations.	42	»
Duhamel.	(Apposition de scellés après la disparution du Sr. Soyer Agent de surv. de St.-Antoine).	34	55
Saudrier	(Frais d'actes judiciaires, pour démolition ordonnée par la Police).	5	»
		8,440	71

CHAPITRE CINQUIÈME.

RENTES PERPÉTUELLES ET VIAGÈRES.

FAIT DÉPENSE L'ADMINISTRATION, de la somme de Quatre-vingt-un mille six cent soixante-dix francs six centimes; montant des Rentes Perpétuelles et Viagères, dues à divers, ci-après dénommés, suivant leurs titres visés et approuvés par qui de droit;

SAVOIR:

RENTES PERPÉTUELLES.

		fr. c.
Alau	Hospice d'	1,975 30
Andouville	Commune d'	197 50
Armey	Jean-Baptiste	167 88
Avon	Charité d'	418 77
Barré	Catherine-Geneviève	65 84
Barré	Elisabeth-Sophie	65 84
Barré	Robert	230 44
Barré	Sébastien-François	65 84
Brives	Hopital de	11,851 84
Beaucerf	Germain-François	223 60
Beaucerf	Marie-Honorine	108 82
Bertin	Jean-Baptiste	325 92
Bertin	Louis-Joseph	325 92
		16,023 51

		fr. c.
	Ci-contre	16,023 51
Brochant	Héritiers	823 03
Carré	Elisabeth-Blanche-Marcelle	543 20
Caussin		19 52
Chaumont	Charles-François	1,233 24
Chauvigny	Angélique-Catherine	118 52
Chosset-Pascal	Jean-Antoine	458 27
Cochin	Jacques-Denis	543 20
Cuny	Claudine	148 14
Curiau	Michel	157 82
Debauve	Catherine-Victoire	161 96
Debauve	Marie-Françoise	131 6
Debauve	Marie-Victoire	49 38
		20,411 47

		fr. c.
	De l'autre part. . . .	20,411 47
Debauve.	Geneviève-Léonard, Jean-François et Angéliq.-François.	114 56
Delamarre	Les Mineurs	493 82
Delaune	Antoine-Louis	82 96
Delion	Marguerite	275 24
Dommerville.	Jean-Bap.-Alexis, Paul Langlois. .	533 32
Dupreuil	Pierre	1,018 22
Driaucourt	Héritiers	194 22
Fauquet	Antoine.	49 38
Gigot.	Marie Franç.-Josephe.	148 14
Goujon.	Jean.	355 54
Guérin.	Louis-Charles.	125 84
Guillion	Marie-Jeanne.	355 54
Hamelin	Pierre-Nicolas et Jean-Aquilain	50 32
Hennequin.	Françoise-Geneviève . .	63 22
Hoyeau.	François-Michel	49 38
Hoyeau.	Jean-Michel	49 38
Hoyeau.	Joseph-Michel	49 33
Hoyeau.	Marie-Suzanne.	148 16
Kronen	Louis-Jacques	420 16
Landry.	Claude-Nicolas.	76 38
Langlier.	Louis et sa femme Garbet.	65 84
Leflamand	Jean-François.	59 26
Leger.	Marie-Marguerite. . . .	284 44
		25,474 17

		fr. c.
	Ci-contre. . . .	25,474 17
Lenfant.	Marie-Anne	118 50
Lenoble.	Héritiers.	1,184 68
Lionnet.	Claude-Nicolas.	151 40
Longat.	Marie-Blanche-Elisabeth.	152 74
Loquin	Marie-Reine	90 16
Loquin	Suzanne-Françoise . . .	50 90
Mathas	Héritiers.	474 18
Peroche	Jean-Baptiste	50 34
Pontorson	Hôpital de.	442 46
Popel	Marie-Thérese	41 09
Rossignol	Antoine-François. . . .	126 10
Saint-Leu-d'Esserens. . .	Commune de	296 30
Sainte-Pallaye	Jean-Baptiste-Clément.	395 06
Sandrin.	Julie	433 68
Sasserie.	Héritiers	474 08
Saucourt.	Héritiers	1,234 56
Savouret	Jacques.	98 76
Savouret	Nicolas.	98 76
Selles.	Hospice de.	1,072 20
Simonnot.	Jean-Louis	271 94
Sion	Charles-Antoine	335 80
Thibert.	Jean-Baptiste.	167 88
Villevielle	Claude	296 30
Vitry	Charité de	1,652 92
		35,184 96

RENTES VIAGÈRES.

		fr.	c.
Alleau	Nicolas	74	66
Amy	Jeanne	88	88
Ansel	Charlotte-Jeanne	44	44
Ansel	Charlotte-Jeanne	44	44
Archangé	Agnès-Renée	1,635	54
Audous	Catherine-Elisabeth	106	66
Audry	François	44	44
Barré et Scolar	Jeanne	462	20
Barré	Jeanne	177	76
Beaucerf	Jeanne-Brigitte	59	26
Beausse	Marie Charlotte	347	04
Beausse	Marie-Charlotte	213	32
Berson	Lucrèce	266	66
Bliche	Dominique Louis	928	88
Boulanger	Marie-Geneviève	44	44
Bourgeois	Marie-Cath.-Renée	711	10
Brallet	Marie-Catherine	888	88
Brault	Jean-Baptiste	186	66
Breuillard	Christophe	177	70
Brouet (1)	Nicolas	1,097	50
Buteux	Marie-Catherine	45	32
Caille	Marie-Jeanne	110	66
Caron	Marie-Magdeleine	346	66
Cazin	Julie	533	32
Cazin	Marie-Anne-Calixte	533	32
Cazin	Magdeleine	533	32
Champigny	Marie	479	98
		10,183	04

		fr.	c.
	Ci-contre	10,183	04
Charlotteau	Marguerite	266	66
Charpy	Pierre-Christophe et sa femme	1,706	66
Châtelier	Thérèse-Marie	15	12
Chesse	Pierre	177	76
Clereau (2)	Anne-Jacques	85	78
Colette	Elisabeth	592	58
Colette (3)	Jean-Baptiste	592	58
Colette	Josephe-Magdeleine	592	58
Colette	Marie-Anne	14	22
Corbeau	Jeanne-Pierrette	35	54
Corbey	Benoît et femme Lanier	66	66
Corel	Denis-Michel	59	24
Corps	Anne-Marguerite	728	46
Couturier	Marguerite	309	14
Cressonnier	Antoinette	48	»
Crevecœur	Nicolas	266	66
Daragon	Magdeleine-Angélique	181	32
Daubrespin	Nicolas-Tyr-Pelicier	266	66
Debeyne	Alexis-Félix	65	32
Decosui (3)	Jeanne-Françoise	95	54
Decusacque	Jacques-Hyacinthe	343	71
Delacour	François	395	06
Delagonelle	Marie-Geneviève	53	32
Denevers	Marie-Anne	197	52
Denisot	Marie-Françoise	71	98
De Saint-Denis	Ambroise-Michel, Jean-Jules-César et Samuel-Franç.-Louis	266	68
		17,677	79

(1) Décédé le 4 ventose an XI. La Rente était de 2,567 fr. 90 c.
(2) Le 19 pluviose an XI. . . . idem . . . de 222 22
(3) Le 18 prairial an XI. . . . idem . . . de 133 32

		fr.	c.
	De l'autre part. . . .	17,677	79
Desportes	Anne.	53	34
Doron	Marie-Gabrielle.	88	88
Dubois.	Marie-Marguerite-Agnès	98	76
Dubuisson	Marie-Denise.	43	98
Dufossé.	Marie-Claude.	395	06
Duguet.	Damien	1,066	66
Durand.	Françoise-Geneviève . .	533	32
Duvernet de Roquefort .	Elisabeth - Charlotte. .	88	88
Fage	Lucie, Jeanne et Cath.	133	32
Falotte.	Marie-Anne	177	76
Fargo.	François	148	14
Favera	Antoine	98	75
Favera	Louis-Edme.	197	51
François	Marguerite-Geneviève .	197	52
François	Marguerite - Geneviève.	25	»
Fromancour	Magdeleine-Charlotte . .	80	»
Gallois	Marie-Elisabeth.	987	64
Gaudron.	Léonard.	177	76
Gérard.	Anne.	118	50
Gérard	Charlotte-Marguerite . .	106	66
Gervais.	Marie-Magdeleine . . .	64	34
Goislard.	Louise-Thérèse.	533	32
Gouet.	Marie-Françoise et Marie-Louise.	355	54
Goussaux	Urbain et sa femme. . .	177	76
Grateloup	Marie-Françoise	423	70
Grifluth	Marie	370	34
Grillot	Marie	88	88
Guénepin.	Marie-Reine	148	14
Guinon.	Anne	179	54
Hamille.	Marie-Magdeleine . . .	47	98
Hennard.	Marie-Cécile.	783	98
Herbault	Marie-Louise Perette .	88	88
Houdart de la Motte . .	Catherine-Charlotte. . .	987	64
Houdart de la Motte. . .	Marie-Sophie.	987	64
		27,732	91

		fr.	c.
	Ci-contre. . . .	27,732	91
Jorand	Geneviève - Antoinette.	443	80
Jourdain	Anne-Louise	39	98
Jublot	Thomas-Augustine. . .	613	32
Krable	Anne-Marie.	88	88
Laboullée.	. . . .	255	»
Lacloche	Anne-Marguerite. . . .	266	66
Laisnet.	Magdeleine	88	88
Lamblot	Jeanne	21	34
Lapostolle	Jean-Charles.	197	51
Lebreton (1)	Pierre-Claude.	65	42
Legrand	Bernard	148	14
Lejumel	Louise-Thérèse	395	06
Lepelley.	M[rie].-Mich.-Magdeleine.	23	70
Lerable.	Marie-Magdeleine . . .	35	56
Leroy.	Pierre-Nicolas	1,144	88
Lesieur.	Nicolas	148	14
Lesieur	Pierre.	148	14
Lieutaud	Anne-Barbe	83	54
Luce	Jeanne-Louise	184	34
Mahu.	Nicolas.	373	32
Marc.	Anne-Christine.	88	88
Marc	Marie-Cath.-Rosalie . .	177	76
Marchand	François	77	32
Martin	Jean-Baptiste.	177	76
Mathieu	Jean.	266	66
Mathieu.	Marie Charlotte	44	44
Maubert	Elisabeth	240	»
Mauduy	Catherine.	1,283	94
Mazeau.	Anne	222	22
Morel.	Geneviève.	177	78
Morin.	Mélanie.	148	14
Moyrin.	Charles-Antoine	592	58
Nodin	Anne-Claude.	88	88
Nodin (2).	Marie-Jeanne	23	06
		36,107	94

(1) Décédé le 3 ventose an XI. La Rente était de 105 fr. 32.

(2) Le 7 germinal an XI. . . . idem . . . de 44 44.

		fr. c.
	Ci-contre. . . .	36,107 94
Noguet.	Michelle-Geneviève. . .	88 88
Pagès.	Veuve Dejean	300 »
Pallandot	Marie-Anne	88 88
Panet (1)	Marie-Françoise	455 »
Pellé	Marguerite	71 10
Péroche	Marie-Magd.-Thérèse.	355 54
Petit.	Anne-Françoise	115 54
Pichegru	Louis	42 66
Poitreneau	Sylvain	177 76
Potelet	Etienne-François	693 32
Raguet	Jean-Nicolas-Joseph . .	177 76
Renoir	Marie-Geneviève	177 76
Renouard . . .	Jean-Baptiste et Etienne-Antoine.	790 12
Rigault	Marie-Louise.	226 66
Rolland.	Magdeleine-Eugénie . .	592 60
		40,461 52

		fr. c.
	Ci-contre . . .	40,461 52
Rossignol.	Suzanne.	44 44
Saboureux	Louise-Hélène.	724 26
Servan.	Michel-Antoine-Joseph.	329 18
Simon	Jeanne Thérèse	395 06
Sommesson	Pierre-Henry	115 54
Vague.	Jean-Baptiste-Philippe.	266 68
Verne	Jeanne-Françoise. . . .	213 32
Verpaux.	Agathe	90 66
Verron	Anne-Josephe	444 44
Vestu de Nercy	Claude-Joseph	177 76
Veydis.	Jean-Baptiste.	91 84
Vigné	Henry-Aubin.	177 76
Vinot.	Marguerite	127 98
Waubert.	Héritiers	2,469 12
Wibart.	Marie-Elisabeth.	355 54
		46,485 10

RÉCAPITULATION.

		f. c.	
RENTES	PERPÉTUELLES.	35,184 96	81,670 06
	VIAGÈRES	46,485 10	

(1) Décédée le 13 fructidor an XI. La rente était de 477 fr. 52 c.

CHAPITRE SEPTIÈME.

PENSIONS REPRÉSENTATIVES D'ADMISSION DANS LES HOSPICES.

FAIT DÉPENSE L'ADMINISTRATION, de la somme de Quarante-quatre mille quarante francs soixante-douze centimes, montant de 441 Pensions (1) accordées à divers admis dans les Hospices, lors de leur sortie de ces Maisons; conformément à l'Arrêté du Conseil général du 16 brumaire an X; ci . . . . 44,040 fr. 72 c.

NOTA. Tout Indigent admis dans les Hospices, peut, aux termes de l'arrêté précité, opter entre le séjour dans l'Hospice et une pension représentative de la place qui lui a été accordée, en indiquant la famille où il prétend se retirer, et en rapportant la preuve de son consentement.

Les pensions sont de cent-vingt francs, pour les Hospices de Bicêtre et la Salpêtrière; de cent quatre-vingts francs, pour les Incurables et le Préau des Ménages; et de cent cinquante francs, pour l'Hospice des Ménages.

Ces pensions sont payées tous les trois mois, et d'avance; il n'est jamais pourvu au remplacement des lits vacans par cette sortie, attendu que l'Indigent peut rentrer, au bout de trois mois, si cela lui convient.

(1) On a jugé inutile de donner ici le compte particulier des 441 Pensionnaires ci-dessus indiqués: en parcourant la Dépense des Hospices, on saura quel est le montant de la Pension, qui varie de 120 à 180 francs par mois. — Si l'on désire s'assurer de l'exactitude de ce Chapitre, on peut consulter le Livre particulier, établi par le Bureau de la Comptabilité générale, pour cette nature de dépense.

CHAPITRE SIXIÈME.

PENSIONS (1)

ACCORDÉES POUR ANCIENNETÉ DE SERVICE.

FAIT DÉPENSE L'ADMINISTRATION, de la somme de Dix mille six cent vingt-un francs cinquante centimes, montant des Pensions accordées à divers, pour ancienneté de service; SAVOIR:

		fr.	c.
Amidieu	Nicolas	200	»
Aubry	Gilles	400	»
Brocq	Jean-Baptiste	200	»
Cazin	Marie-Magd.-Calixte	200	»
Chapuis	Bonaventure	200	»
Deformanoir	Louis-François	200	»
Deschamps	Louis	150	»
Dommey	Jean-François	1,800	»
Dubois	Marguerite	92	»
Fauvel	Angelique	100	»
Fourncrot (2)	Pierre-Remy	86	50
Gascard	Jeanne	88	»
Groro, veuve Lavalette	Marie-Ursule	200	»
Hagnion	J an-Antoine	1,400	»
Honnet	Thérèse-Françoise	500	»
Jard	Veuve Goursaud	500	»
		6,316	50

		fr.	c.
	Ci-contre	6,316	50
Jubert	Marguerite-Jeanne	150	»
Lamarre	Jean-François	200	»
Langlois	Pierre	300	»
Laquille	Catherine	104	»
Leblanc	Benoît	150	»
Lebrun	Claude	181	»
Lecuyer, veuve Badouet	Marie	150	»
Leleu	Noël	1,400	»
Leverrier	Jacques	240	»
Mathé	Nicolas	400	»
Moins	Marie	80	»
Moulis	Pierre	200	»
Robert	Jacques	100	»
Robin	Marie-Elisabeth	300	»
Rubier, dit Hector	Pierre-Joseph	150	»
Schneider	Marie-Barbe	200	»
		10,621	50

(1) Ces Pensions étaient plus fortes autrefois; elles ont été réduites aux sommes portées ci-dessus, par arrêté du Conseil général d'administration, du 4 pluviose an X.

(2) Sa Pension est de 190 fr., réduite à 173 fr., à cause de son admission à la Maison de Retraite, le premier germinal an XI.

CHAPITRE HUITIÈME.

TRAITEMENS,

APPOINTEMENS, GAGES ET SALAIRES.

FAIT DÉPENSE L'ADMINISTRATION, de la somme de Cinq cent cinquante-huit mille cent quarante-neuf fr. quatre-vingt-seize c., montant des Traitemens, Appointemens, Gages et Salaires des Chefs, Employés et Gens de service, des Hopitaux, Hospices et Etablissemens y relatifs; ainsi qu'il suit; SAVOIR:

HOPITAUX.

	fr. c.	fr. c.
Hotel-Dieu	70,141 96	
Saint-Louis	27,194 18	
Vénériens	19,792 38	
La Charité	21,752 34	
Saint-Antoine	11,811 44	
Necker	3,393 13	230,710 20
Cochin	9,716 24	
Baujon	10,450 01	
Enfans Malades	11,058 55	
Maison de Santé	9,741 11	
Maternité	35,658 86	

HOSPICES.

	fr. c.	fr. c.
Ci-contre		230,710 20
Bicêtre	27,760 56	
Salpêtrière	77,730 23	
Incurables-Hommes	6,549 96	
id Femmes	7,882 40	
Ménages	6,993 32	156,767 62
Montrouge	4,474 08	
Orphelins	18,615 42	
Orphelines	6,761 65	
	" "	
		387,477 82

ETABLISSEMENS.

	fr. c.	fr. c.
Secrétariat	11,400 »	
Bureaux de la Commission	66,540 46	
Bureau d'Admission	11,799 96	
Direction des Bâtimens	25,600 08	170,672 14
Caisse	30,000 »	
Contrôle	6,000 »	
Pharmacie Centrale	14,931 60	
Scipion	4,400 04	
TOTAL	» »	558,149 96

CHAPITRE NEUVIÈME.

ENFANS ABANDONNÉS.

(DÉPENSES PARTICULIÈRES AUX (1)

FAIT DÉPENSE L'ADMINISTRATION, de la somme de Quatre cent vingt-huit mille deux cent trente neuf francs trente-cinq centimes, montant des Mois de Nourrices, Pensions, Frais de Départ, Gages de Nourrices sédentaires, et autres dépenses ci-après détaillées, faites particulièrement en l'an XI, pour le service des Enfans abandonnés ; suivant les Bordereaux des Meneurs, les Comptes des sieurs Hombron et Hucherard, Agents de Surveillance de la Maternité, et ainsi qu'il suit ; SAVOIR :

		MOIS de NOURRICES.		PENSIONS.		TOTAL.	
		f.	c.	f.	c.	f.	c.
Aubry.	Meneur	22,579	54	1,779	»	24,3[illegible]8	54
Bertier.	id.	10,855	20	4,291	03	15,146	23
Blavier.	id.	»	»	746	47	746	47
Carpentier.	id.	5,199	84	1,294	80	6,494	64
Caron.	id.	422	75	»	»	422	75
Chauvin.	id.	3,604	48	2,531	87	6.136	35
Cornu.	id.	14,141	11	424	20	14,565	31
Dejouy.	id.	337	55	»	»	337	55
Devismes.	id.	7,080	21	807	75	7,887	96
		64,220	68	11,875	12	76,095	80

(1) Voyez ci-après, Titre II, le Compte général des Dépenses des Enfans abandonnés

Suite des Dépenses particulières des Enfans abandonnés.

		MOIS de NOURRICES.		PENSIONS.		TOTAL.	
		f.	c.	f.	c.	f.	c.
De l'autre part		64,220	68	11,875	12	76,095	80
Foulon	Meneur	9	»	457	20	466	20
Fauqueux	id.	23,729	09	7,052	40	30,781	49
Gouard	id.	»	»	802	25	802	25
Grenier	id.	134	»	1,416	77	1,550	77
Lallemand	id.	17,788	02	758	20	18,546	22
Lally	id.	15,543	53	»	»	15,543	53
Lebrasseur	id.	6,479	36	2,842	«	9,321	36
Lefevre. (Normand)	id.	4,250	28	1,460	50	5,710	78
Lefevre. (Picard)	id.	4,413	58	933	24	5,346	82
Loquet	id.	15,005	61	4,785	37	19,790	98
Marel	id.	9,463	14	4,480	32	13,943	46
Pinte	id.	15,967	47	1,805	30	17,772	77
Raulin	id.	252	31	»	»	252	31
Saguier	id.	31,849	96	1,849	39	33,699	35
Saussier. (Nicolas)	id.	12,730	81	2,302	50	15,033	31
Saussier (Louis)	id.	11,334	47	3,195	88	14,530	35
Taconnet	id.	13,442	66	2,280	60	15,723	26
Turquin	id.	4,250	86	646	80	4,897	66
Vallée	id.	19,242	15	3,633	72	22,875	87
		270,106	98	52,577	56	322,684	54
Frais de Départ						70,344	»
Cours d'Elèves Sage-Femmes, à la Maternité (1)						35,210	81
						428,239	35

(1) Voyez le Compte des Dépenses d'ordre, où cette somme est portée.

CHAPITRE DIXIÈME.

DÉPENSES D'ÉCONOMAT.

FAIT DÉPENSE L'ADMINISTRATION, de la somme de Deux cent douze mille huit cent cinquante-huit francs soixante-quinze centimes, montant des dépenses faites en l'an XI, par les Agens de Surveillance, et autres comptables ci-après dénommés, suivant leurs comptes vérifiés par le Bureau de la Comptabilité générale, et approuvés par le Conseil général;

S A V O I R :

			fr.	c.
Henry	Chef	de la Pharmacie	6,034	»
Regnard	Agent de Surveillance	de Scipion	»	»
Lordelot	id.	de l'Hotel-Dieu	207	48
Pitre	id.	de l'Hotel-Dieu	127	06
Bailly	id.	de Saint-Louis	18,066	64
Boïeldieu	id.	des Vénériens	6,002	86
Turquie	id.	de la Charité	100	»
Soyer	id.	de Saint-Antoine	600	»
Genois	Commis-Contrôleur.	dudit Hopital	578	90
Carrier	Successeur du s[r] Soyer.		8,322	87
Clavelot (Mme.)	Agent de Surveillance.	de Necker	5,646	»
Galland (Mme.)	id.	de Cochin	2,900	»
Chamoin (Mme.)	id.	de Baujon	2,512	50
Remy	id.	des Enfans-Malades	825	20
Auvray	id.	de la Maison de Santé	7,077	»
Wilheim	id.	de la Maison de Santé	38,864	40
			97,864	91

			fr. c.
		De l'autre part	97,864 91
Hombron	Agens de Surveillance	de la Maternité	17,238 98
Hucherard			5,601 64
Laporte-Lalanne	id.	de la Salpêtrière	140 25
Hemey	Econ.-Garde-Magasin.	dudit Hospice	71,462 49
Letourneau	Agent de Surveillance.	de Bicêtre	3,916 07
Baudin	id.	des Incurables-Hommes	3,314 52
Maillet	id.	——— Femmes	200 »
Symonnot	id.	. . . . . . des Ménages	» »
Frochot	id.	. . . . . . de Montrouge	2,048 14
Cossé (1)	id.	. . . . . . des Orphelins	10,886 72
Périgois	id.	. . . . . . des Orphelines	185 03
			212,858 75

(1) Dans le compte de cet Agent, ne sont point comprises les Recettes et Dépenses des atteliers de l'Hospice des Orphelins.

CHAPITRE ONZIÈME.

PRÉAU DE L'HOSPICE DES MÉNAGES.

(DÉPENSES PARTICULIÈRES AU (1)

FAIT DÉPENSE L'ADMINISTRATION, de la somme de Quarante-six mille quatre cent-dix francs trente centimes, montant des Secours en Argent et en Viande de boucherie, délivrés aux Indigens du Préau de l'Hospice des Ménages, suivant les comptes approuvés et arrêtés de l'Agent de Surveillance chargé de la distribution des Secours en Argent, et les factures du sieur Lavauverte, chargé de la fourniture de la Viande.

SAVOIR :

		fr. c.	fr. c.
SYMONNOT, Agent de surveillance.	127,660 Journées, à 30 centimes par jour.	38,298 »	40,804 10
	Augmentation de Paye, à cause de versemens de Fonds.	2,028 20	
	Passes de sac et perte sur la monnaie de cuivre	270 65	
	Menues Dépenses.	207 25	
LAVAUVERTE, Régisseur.	7,480 liv. de Viande de boucherie. . à 0 365 m. la liv.	2,730 20	5,606 20
	6,830 liv. idem. . . . . à 0 40 c. id. .	2,732 »	
	Indemnité au Boucher.	144 »	
			46,410 30

(1) Voyez ci-après, Titre II, Hospice des Ménages, le compte général de cet Etablissement.

CHAPITRE DOUZIÈME.

TRAITEMENT DES FOUS, A CHARENTON (1).

FAIT DÉPENSE L'ADMINISTRATION, de la somme de Cinquante-un mille six cent quarante-trois francs cinquante centimes; montant, à un franc cinquante centimes par journée, de Trente-quatre mille quatre cent vingt-neuf journées de Fous envoyés à l'Hospice de Charenton, tant par l'Administration que par le Préfet de Police; le tout suivant l'arrêté du Ministre, du 28 fructidor an X, et les Etats produits par M. Decoulmier, Directeur général; lesdits vérifiés et approuvés; ci. . . . . 51,643 fr. 50 c.

(1) Voyez, Titre II, le compte général de cet Etablissement.

CHAPITRE TREIZIÈME.

VACCINE.

(DÉPENSE PARTICULIÈRE A LA (1)

FAIT DÉPENSE L'ADMINISTRATION, de la somme de Deux mille six cent soixante-deux francs neuf centimes; montant des Comptes produits par Mad. Dubois, Directrice dudit Etablissement; lesdits vérifiés, approuvés et divisés ainsi qu'il suit;

SAVOIR:

	fr. c.	fr. c.
Menues Dépenses	987 09	2,662 09
Appointemens	1,675 »	

(1) Voyez Titre II, le Compte général de cet Etablissement.

CHAPITRE QUATORZIÈME.

CLINIQUE.

(DÉPENSE PARTICULIÈRE A LA (1)

FAIT DEPENSE L'ADMINISTRATION, de la somme de Dix mille sept cent quatre-vingt-douze francs cinquante centimes; montant, à un franc vingt-cinq centimes, de Huit mille six cent trente-quatre journées de malades traités à l'Hospice de l'Ecole de Médecine; le tout suivant l'arrêté du Ministre de l'Intérieur, du 6 germinal an X, et les Etats de journées, produits et certifiés par M. Thouret, Directeur général, lesdits vérifiés et arrêtés; ci . . . 10,792 . 50 c.

(1) Voyez, Titre II, le Compte général des dépenses de cet Etablissement.

CHAPITRE QUINZIÈME.

PLACEMENT D'ENFANS.

(DÉPENSES PARTICULIÈRES AU (1)

FAIT DÉPENSE L'ADMINISTRATION, de la somme de Vingt-trois mille cinq cent trente-trois francs cinquante centimes, montant des Etats de Journées des Enfans placés en apprentissage chez divers manufacturiers ci-après nommés; de la rétribution accordée au Chef du Placement: le tout conformément aux autorisations et pièces voulues par le réglement; et ainsi qu'il suit;

SAVOIR:

						fr.	c.
Sevelinges.	Chef du Placement, pour Placement de 627 Enfans. .	à	3 f.	» c.	chaque.	1,881	»
Rupby.	Manufacture de dentelles à St.-Mandé. 27,801 Journées.	à	»	50	par jour.	13,900	50
Latour-d'Auvergne et Fromont.	id. id. à Chaillot . 15,855 Journées .	à	»	40	id.	6,342	»
Rogier et Sallandrouse.	id. de Tapisserie. Pension de 6 Orphelins. . . .	à	250	o	par an.	900	»
Poinsignon Veuve Langlois. . .	Pension pendant 3 ans, (à compter de l'an X, compris) pour avoir retiré son fils des Orphelins, par an.					50	»
Bouille.	Indemnité pour avoir eu soin de deux Orphelins à lui confiés					30	»
Pension de la nommée Bette,	aux Sourds-Muets					430	»
						23,533	50

(1) Voyez ci-après, à la fin du Titre II, le Compte général du Placement d'Enfans.

CHAPITRE SEIZIÈME.

FRAIS DE BUREAU,

VOITURES, IMPRESSIONS, etc.

FAIT DÉPENSE L'ADMINISTRATION, de la somme de Quarante-deux mille six cent soixante-quatre francs soixante-dix-neuf centimes, montant des frais de bureau, de voitures, impressions, etc., faits en l'an XI, suivant les mémoires produits par les ci-après nommés; vérifiés, réglés et approuvés, ainsi qu'il suit; SAVOIR:

		fr. c.
Tasse	Ports de lettres	283 25
Demagny	Achat de lois	42 55
Masson	Ports de lettres	133 »
Guérin	Menues dépenses	1,287 19
Commission Administrative	Frais de voitures (1)	7,500 »
Emery	Papeterie	320 »
Durand	Ports de lettres	32 50
Lucas	Imprimeur	266 »
Levasseur	Papeterie	16,983 69
Chaigneaux	Imprimeur	3,087 »
Prault	idem	1,024 »
Lucas	Directeur de l'Imprimerie des Hospices (2)	10,245 61
Ridant	Papeterie	260 »
Imprimerie des Sourds-Muets		1,200 »
		42,664 79

(1) Par l'arrêté du Ministre de l'Intérieur, du mois de germinal an X, il a été alloué à chaque Membre de la Commission administrative, une somme de Quinze cents francs par an, pour frais de voitures.

(2) En germinal an X, le Conseil général, pour diminuer les frais énormes des impressions, ordonna l'établissement d'une Imprimerie. (Voyez les Notes).

CHAPITRE DIX-SEPTIÈME.

ENTREPRISES GÉNÉRALES (1).

FAIT DÉPENSE L'ADMINISTRATION, de la somme de Neuf cent trois mille huit cent vingt-sept francs cinquante-un centimes, montant des états de journées des Entrepreneurs du service général des Etablissemens ci-après désignés; lesdits états certifiés par les Agens de Surveillance, vérifiés par le Bureau de la Comptabilité générale, et arrêtés par les Membres de la Commission : le tout conformément au cahier des charges du premier germinal an X, et aux arrêtés du Conseil général du 29 ventose précédent, et ainsi qu'il suit;

SAVOIR:

					fr. c.
Brisset, Entrepreneur général du service		de l'Hopital Saint-Louis			160,271 46
Herbinot	id.	de l'Hospice de Bicêtre			429,268 31
Pelletier-Chambure	id.	des Enfans malades	66,804 50		
		des Orphelins	206,560 52	}	314,287 74
		des Orphelines	40,922 72		
					903,827 51

NOTA. Le Compte de chacun des Etablissemens ci-dessus contient les détails de ce Chapitre.

(Voyez ci-après, Titre II.)

(1) Voyez les notes à la fin de l'Ouvrage.

CHAPITRE DIX-HUITIÈME.

RÉGIE INTÉRESSÉE (1).

FAIT DÉPENSE L'ADMINISTRATION, de la somme de Sept cent soixante-six mille sept cent quatre-vingt-onze francs cinquante-deux centimes, montant des Etats de Journées, produits, pour l'Exercice an XI, par les Régisseurs généraux des 5 établissemens ci-après désignés; lesdits Etats certifiés par les Agens de Surveillance, vérifiés par le Bureau de la Comptabilité générale, et arrêtés par les Membres de la Commission; le tout conformément aux cahiers des charges du 1er. germinal an X, et à l'arrêté du Conseil général, du 29 ventose précédent, et ainsi qu'il suit;

SAVOIR:

	fr.	c.
Hotel-Dieu	377,191	04
Charité	83,548	14
Ménages	97,117	43
Incurables-Hommes	139,839	05
——— Femmes	66,367	04
Pharmacie centrale. (Nourriture des Garçons de la)	2,728	82
	766,791	52

NOTA. Le Compte de chacun des Etablissemens ci-dessus contient les détails de ce Chapitre. (Voyez ci-après, Titre II).

(1) Voyez les notes à la fin de l'Ouvrage.

CHAPITRE DIX-NEUVIÈME.

ACHAT DE FARINES,

ET FRAIS DE MANUTENTION DE PAIN (1).

FAIT DÉPENSE L'ADMINISTRATION, de la somme de Neuf cent cinquante-quatre mille douze francs quatre-vingt-cinq centimes; montant des Fournitures de Farines et Manutention d'icelles, faites à la Boulangerie générale, en l'an XI, par les ci-après nommés, suivant les Autorisations, Marchés, Récépissés et Factures, rapportés, vérifiés et arrêtés ainsi qu'il suit;

SAVOIR:

	fr.	c.		
Carrié, Fournisseur de Farines	505,854	»	886,578	»
Simonin. . . . . . id.	23,850	»		
Beudker. . . . . . id. Caution Vanlerberghe	249,938	»		
Evaluation des restans en magasin, de l'an X	106,936	»		
St.-Martin, Manutentionnaire général			67,434	85
			954,012	85

(1) Voyez ci-après, le Compte général de la Boulangerie, contenant les prix du Pain, en l'an XI; les quantités fournies aux Établissemens hospitaliers, etc.

CHAPITRE VINGTIÈME.

VIANDE.

FAIT DÉPENSE L'ADMINISTRATION, de la somme de Trois cent trente-quatre mille deux cent cinquante francs quatre-vingt-douze centimes ; montant des Fournitures de Viande, faites en l'an XI, par le sieur Bayard, aux Hopitaux et Hospices régis directement, en exécution de ses divers marchés, et suivant les récépissés et factures par lui rapportés ; lesdits vérifiés et approuvés ;

SAVOIR :

			fr. c.	fr. c.
212,937 Kilog. 08 décag. ou 435,004 livres ½.	à	365 m^{es}. la livre.	158,776 62	334,250 92
213,343 Kilog. 54 décag. ou 435,833 livres. . .	à	76 c. ⅛ le kilog.	163,474 30	
Indemnité accordée sur ses fournitures de l'an XI.			12,000 »	

CHAPITRE VINGT-UNIÈME.

VIN.

FAIT DÉPENSE L'ADMINISTRATION, de la somme de Cent trente-sept mille huit cent-cinquante francs quatre-vingt-dix-sept centimes; montant des Fournitures de Vin, faites en l'an XI, par les sieurs Aubry Brunet et Colas, aux Hopitaux et Hospices régis directement, en exécution de leur marché du 29 ventose an X, et suivant les factures, billets d'ordre et récépissés par eux rapportés; lesdites pièces vérifiées, arrêtées et approuvées;

SAVOIR:

			fr. c.	fr. c.
131,800 Litres 59 Centilitres de Vin de Malades. . . .	à	60 cent. le litre. . .	79,080 31	137,850 97
117,541 Litres 41 Centilitres de Vin de Valides. . . .	à	50 cent. le litre. . .	58,770 66	

CHAPITRE VINGT-DEUXIÈME.

COMESTIBLES DIVERS.

FAIT DÉPENSE L'ADMINISTRATION, de la somme de Cent quarante-un mille soixante-deux francs quatre-vingt-six centimes, montant des comestibles divers fournis en l'an XI, par les ci-après nommés, en exécution de leurs marchés, et conformément aux billets d'ordre, factures, récépissés par eux rapportés; lesdites pièces vérifiées et arrêtées, ainsi qu'il suit;

SAVOIR :

				fr.	c.		fr. c.	fr. c.
Colas.	20,391 livres. . . .	Beurre demi-sel. . .	à	67	50	le cent. .	. . . .	13,763 88
Duquesne. . . .	8,067 décalitres. .	Haricots.	à	3	»	le décal.	24,201 »	37,758 »
	4,519 décalitres. .	Lentilles	à	3	»	le décal.	13,557 »	
Duquesne. . . .	64,835.	OEufs.	à	47	50	le mille.	3,079 65	5,766 05
	74,164.	OEufs.	à	36	»	le mille.	2,669 90	
	500.	OEufs.	à	33	»	le mille.	16 50	
Lenclud	10,146 douzaines ⅓	Fromage de Marolle.	à	1	45	la douz.	. . . .	14,712 18
Maire.	46,418 livres 12 onc.	Fromage de Comté .	à	48	3333m	le cent.	. . . .	22,435 82
Hardon.	75,272 litres. . . .	Lait.	à	»	20	le litre.	. . . .	15,054 40
Vial.	27,280 litres ½ . .	Lait.	à	»	20	le litre.	. . . .	5,456 10
Cabouret.	18,165 litres 07. .	Lait.	à	»	20	le litre.	. . . .	3,633 12
Cabouret	119,751 livres. . . .	Plantes potagères. . .	à	5	»	le cent.	5,987 55	6,888 93
	Indemnité sur le	dernier trimestre. . .				. . . .	788 61	
	3,759 livres. . . .	Pommes-de-terre . .	à	3	»	le cent.	112 77	
								125,468 48

								fr. c.
						De l'autre part		125,468 48
				f.	c.		fr. c.	
Noël	8,853 livres.	Légumes verts	à	5	»	le cent.	442 65	453 15
	70 litres.	Pois verts	à	»	15	le litre.	10 50	
Carreau	501 kilogr. 42.	Huile à manger	à	1	43	le kil.	717 03	738 85
	2	Barils					21 82	
Dufresne	646 kilogr. 59.	Huile d'œillet	à	1	40	le kilo.		905 19
Gendron	137 livres ½	Huile id.	à	»	70	la livre.		96 25
Gendron	6,930 livres.	Sel	à	5	»	le cent.		346 50
Adon. des Salines.	16,300 livres	Sel	à	3	75	le cent.		611 25
Colomb.	1,629 livres.	Morue	à	»	50	la livre.		814 50
Kock	6,156 livres.	Vermicel	à	42	50	le cent.	2,616 28	2,622 88
	12 livres.	Idem	à	55	»	le cent.	6 60	
Delondre.	Diverses Épiceries							1,699 74
Denis.	Diverses. idem.							6,899 »
Duchesne	3,416 livres.	Légumes frais	à	»	10	la livre.	341 60	407 07
	1,309 livres.	Idem	à	»	05	la livre.	65 47	
								141,062 86

CHAPITRE VINGT-TROISIÈME.

COMBUSTIBLES.

FAIT DÉPENSE L'ADMINISTRATION, de la somme de Cent trente-six mille huit cent quarante-huit francs quatre-vingt-douze centimes, montant des fournitures de combustibles, faites en l'an XI, par divers ci-après nommés, en exécution de leurs marchés, et conformément aux billets d'ordre, factures et récépissés par eux rapportés; lesdites pièces vérifiées et arrêtées, ainsi qu'il suit;

SAVOIR:

				fr. c.	fr. c.
Barry et Cornisset . .	5,032 stères $\frac{2}{3}$ . . .	Bois neuf.	à divers prix . . .	74,689 75	83,996 05
	734 stères	Bois flotté	à idem.	9,306 30	
Marcellot	294 double-stères $\frac{1}{2}$	Bois neuf	à 32 f. » le d.-stère.	9,424 »	10,441 63
	11 double-stères .	idem	à 35 » idem . .	385 »	
	Frais de voiture et cordage.		. . . .	632 63	
Dufresne et Gendron.	886,054 heures de lumière		à » 16 m l'heure.	14,176 81	24,449 81
	790,231 heures idem		à » 13 m l'heure.	10,273 »	
Vincent	40,603 heures idem		à » 175 m l'heure.	. . . .	710 53
Dufresne et Gendron.	Pour huile à brûler.		à divers prix . . .	. . . .	1,490 60
Gendron.	620 voies $\frac{1}{2}$ . . .	Charbon	à 5 » la voie . .	3,102 50	3,421 50
	58 voies.	idem.	à 5 50c la voie. .	319 »	
Bayard	50 livres	Chandelles	à 1 f. » la livre. .	. . . .	50 »
Pelletier.	60	Lampions	à » 50 pièce. . .	. . . .	30 »
Lavauverte	2,693 voies	Charbon	à 4 40 la voie. .	11,849 20	12,070 20
	110 voies $\frac{1}{2}$ . . .	Poussier	à 2 » la voie. .	221 »	
Saint-Martin	Pour le transport de 880 voies de Charbon. . .		à » 22 par voie. .	. . . .	193 60
					136,853 92

CHAPITRE VINGT-QUATRIÈME.

OBJETS D'HABILLEMENT ET COUCHER.

FAIT DÉPENSE L'ADMINISTRATION, de la somme de Trois cent quatre-vingt mille trente-sept francs quatre-vingt-neuf centimes; montant des Fournitures en Toiles, Draps, Layettes, etc., faites en l'an XI, par divers ci-après nommés, en exécution de leurs marchés et suivant les billets d'ordre, factures et récépissés par eux rapportés; lesdites pièces vérifiées et arrêtées ainsi qu'il suit;

SAVOIR:

			fr. c.
Godet frères	Toiles	diverses qualités et prix	115,312 34
Tremeau	Draperie	id.	54,285 86
Lenot	Toiles, Draps de lit et Layettes.	id.	40,476 14
Moignon	id.	id.	37,057 64
Chaigneau	Layettes	id.	11,764 17
Lelong	Toiles	id.	12,709 80
Thomas	id.	id.	10,579 67
Maricourt	Toiles, Mousselines	id.	8,993 29
Roussel	Toile-Serpillière	id.	5,212 22
Gravet	Anvoiles	id.	1,868 98
Dallichamp	Siamoises	id.	8,033 87
Guenet	Blanchissage de Toiles	id.	1,185 »
Narbault	Tixeranderie de Bicêtre	id.	4,359 45
Agence de Secours	Achat de Fils	id.	10,042 82
			321,881 25

		fr. c.
	De l'autre part. . . .	321,881 25
Duval.	Laine à Matelas	2,764 65
Pouillère.	Bonneterie.	7,230 30
Crappier.	id.	6,733 90
Bacot.	Couvertures de Laine.	3,906 »
Marlin.	id.	11,747 25
Herbinot et Compagnie. . .	Bas de Laine.	608 66
Andry.	Fils, Rubans, etc.	2,288 19
Pelletier-Chambure.	Trousseaux.	2,765 85
David.	Toiles.	8,986 88
Herbinot.	id.	3,000 »
Belcour.	id.	100 »
Paulmier.	id.	592 98
Delastre.	Epingles, Aiguilles, etc.	99 03
Albert.	Souliers.	1,639 20
Rigaudit.	id.	2,321 25
Meunier.	id.	411 30
Auger.	Sabots.	2,800 »
François.	Façons d'habits.	161 20
		380,037 89

CHAPITRE VINGT-CINQUIÈME.

BUANDERIE.

FAIT DÉPENSE L'ADMINISTRATION, de la somme de Trente-sept mille deux cent quatre-vingt-quinze francs cinquante-six centimes, montant des journées de blanchissage et fourniture de Savon et Potasse, faites par les divers ci-après nommés, en exécution de leurs marchés, et suivant les billets d'ordre, factures et récépissés par eux rapportés, vérifiés et arrêtés, ainsi qu'il suit ;

SAVOIR :

					fr. c.		fr. c.	fr. c.
Corriot	245,470	journées de blanchissage	des Malades	à	» 06	par journée	14,728 20	15,311 37
	16,662	journées idem	d'Elèves Sage-femmes	à	» 035m	idem	583 17	
Veron	168,268	journées idem	de Malades	à	» 06	idem		10,096 08
Chomet	15,451	journées idem		à	» 06	idem		927 06
Letourneur	4,404	journées idem		à	» 06	idem		264 22
Delondre	Pour Savon, Soude et Potasse, diverses qualités et prix							2,621 52
Denis	Pour idem							8,075 31
								37,295 56

CHAPITRE VINGT-SIXIÈME.

ACHAT DE MEUBLES, USTENSILES, etc.

FAIT DÉPENSE L'ADMINISTRATION, de la somme de Cinquante-six mille huit cent soixante francs soixante-sept centimes; montant des Fournitures faites en l'an XI, par les ci-après nommés, suivant leurs Marchés, Billets d'ordre, Récépissés et Factures, vérifiés et arrêtés ainsi qu'il suit; SAVOIR:

		fr.	c.
Delché	Chaudronnerie	5,303	98
Guillaumot	id.	96	»
Legrand	id.	11,622	50
Dussaussoir	Poterie d'étain	16,518	61
Liesse	Quincaillerie	4,136	75
Corbie	id.	181	50
Marentin	id.	1,245	»
Voyenne	id.	2,577	40
Fouche	Balancier	232	25
Bois	Ferblanterie	441	29
Viart	id.	437	16
Dessaint	Tonnellerie	406	60
Manière	Vannerie	649	65
Mongenot	Tourneur	1,075	45
Thomas, jeune	id.	148	90
Forestier	id.	740	35
		45,813	39

		fr.	c.
	Ci-contre	45,813	39
Dubuisson	Ameublement	300	»
Levasseur	Tenture	611	»
Hermann	Verres à vitrer	608	64
Béchérias	Paillassons	42	40
Pique	Balais	1,537	01
Houdé	Pépiniériste	176	10
Fournier, jeune	Librairie	862	50
Méquignon	id.	126	»
Briban	Corderie	516	28
Aubert	Boissellerie, Brosserie	4,898	75
Acqueloque	Fayence	87	40
Lorry	Horlogerie	899	»
Monnot	id.	102	»
Deville	id.	18	»
Delondres	Couleurs	234	20
Pigneau	Raccommodage de Courroyes	28	»
		56,860	67

CHAPITRE VINGT-SEPTIÈME.

FRAIS D'ÉCURIE, CHARRONNAGE, etc.

FAIT DÉPENSE L'ADMINISTRATION, de la somme de Douze mille neuf cent quarante-six francs soixante centimes ; montant des Fournitures faites en l'an XI, par les ci-après nommés, suivant leurs marchés, billets d'ordre, récépissés, factures, vérifiés et arrêtés ainsi qu'il suit ;

SAVOIR:

		fr. c.
Bureau	Fourrages	12,499 60
Rameau	Bourrelerie	447 »
		12,946 60

CHAPITRE VINGT-HUITIÈME.

ACHAT D'INSTRUMENS DE CHIRURGIE ET BANDAGES.

FAIT DÉPENSE L'ADMINISTRATION, de la somme de Neuf mille six cent cinquante-huit francs ; montant des Fournitures faites en l'an XI, par les ci-après nommés, suivant leurs marchés, billets d'ordre, récépissés, factures, vérifiés et arrêtés ainsi qu'il suit ;

SAVOIR :

		fr.	c.
Ronsil.	Bandages	9,508	»
Bernard.	Sondes élastiques	150	»
		9,658	»

CHAPITRE VINGT-NEUVIÈME.

PHARMACIE CENTRALE.

(DÉPENSE PARTICULIÈRE A LA (1)

FAIT DÉPENSE L'ADMINISTRATION, de la somme de Cent-cinquante-un mille neuf cent soixante-dix-sept francs quarante-quatre centimes; montant des Fournitures faites en l'an XI, par les ci-après nommés, suivant leurs marchés, billets d'ordre, récépissés, factures, vérifiés et arrêtés ainsi qu'il suit;

SAVOIR:

		fr. c.
Delondres (Pierre)	Drogueries	127,669 96
Mouquet et Pontarlier	Plantes et Fleurs	10,950 59
Demole	Vins	12,778 15
Par un Comité de Bienfaisance	Drogues en nature, rendues	578 74
		151,977 44

(1) Voyez Titre II, le Compte général de cet Etablissement.

CHAPITRE TRENTIÈME.

DÉPENSES DIVERSES.

FAIT DÉPENSE L'ADMINISTRATION, de la somme de Trente-six mille sept cent soixante-deux francs soixante-quatre centimes ; montant des Indemnités, Gratifications, Remboursemens, etc., faits en l'an XI, à divers, ainsi qu'il suit ;

SAVOIR :

	fr.	c.
Indemnités à divers Employés réformés	733	32
Gratifications à divers Employés, pour travaux extraordinaires	5,305	»
Indemnités accordées à divers Locataires, pour cause de non-jouissance. (Maisons de ville)	5,290	82
Indemnités id. à divers Fermiers, pour id. (Biens ruraux)	2,674	69
Remboursemens divers	9,105	68
Indemnités à diverses Indigentes de la Salpêtrière, pour sortie de cet hospice sans pension	1,020	»
Inspection des travaux des acqueducs dudit hospice	1,028	»
Nourriture d'Indigens de Bicêtre, employés à blanchir les salles de l'Hôtel-Dieu	1,068	40
Echénillage d'arbres de Bicêtre	100	»
Loyer de deux chambres à l'usage de l'hopital des Vénériens	200	»
Fondation. Payement au Sieur Dufour	300	»
Intérêts à 6 pour % de 40,000 francs, montant du cautionnement du Receveur, en l'an XI	2,400	»
Solde de la réduction des Comptes arriérés	4,500	»
Balayage	13	50
Destruction des Rats, par le Sieur Ancelin. (Abonnement annuel)	1,200	»
Enlevement de gravois	58	75
Gages de Garde-Bois	1,764	48
TOTAL	36,762	64

CHAPITRE TRENTE-UNIÈME.

DÉPENSES D'ORDRE (1).

FAIT DÉPENSE L'ADMINISTRATION, de la somme de Huit cent quatre-vingt-treize mille cinq cent-sept francs quatre-vingt-seize centimes; montant des dépenses d'ordre pendant l'Exercice an XI, ainsi qu'il suit;

SAVOIR:

PLACEMENT DE FONDS AU MONT-DE-PIÉTÉ.

	fr. c.	fr. c.
A cause des sommes placées, en l'an XI, au Mont-de-Piété; ci.	215,801 59	645,801 59
EMPRUNTS.		
A cause des Emprunts faits par l'an XI aux Exercices antérieurs, lesdites sommes restituées; ci.	430,000 »	

A QUOI IL FAUT AJOUTER celle de Deux cent quarante-sept mille sept cent six francs trente-sept centimes, montant des articles ci-après détaillés, résultant des sommes trop payées, ou d'avances faites par l'Administration et restituées à sa caisse, suivant quittances rapportées;

SAVOIR:

CHAPITRE Ier. — CONSTRUCTIONS ET RÉPARATIONS.

	fr. c.	
Restitution faite par divers Entrepreneurs de Bâtimens, à qui il avoit été trop payé. . . (2).	33 87	
	33 87	
		645,801 59

(1) On a compris sous ce titre, toutes les sommes dépensées et payées par l'Administration, qui ne font qu'entrer et sortir de caisse. Ce chapitre est une preuve de l'ordre qui a regné, en l'an XI, dans toutes les parties de la comptabilité.

(2) Cette somme est comprise dans le total du chapitre premier, montant à 387,795 francs 55 centimes. Voyez folio 53.

De l'autre part . . . . fr. c. 645,801 59

De l'autre part . . . . fr. c. 33 87

CHAPITRE IIme. . . . . . IMPOSITIONS FONCIÈRES.

L'Administration s'étant pourvue en dégrèvement d'impositions, il résulte du travail fait avec la Commission des Contributions, que les Receveurs particuliers des 12 arrondissemens de Paris ont reçu, de plus qu'il n'est définitivement dû, une somme de Dix-huit mille cinq cent cinquante-cinq francs vingt-cinq centimes; laquelle sera imputée sur l'an XII; ci. . . . . (1). . 18,555 25

CHAPITRE Vme. . . . . . RENTES.

Restitution faite par deux Rentiers qui avoient été trop payés. . . . . (2) . . 144 25

CHAPITRE IXme. . . . . DÉPENSES PARTICULIÈRES AUX ENFANS ABANDONNÉS.

La somme de Trente-cinq mille neuf cent soixante-seize francs soixante centimes; montant des Cours d'Elèves Sage-Femmes, de Nivose et Messidor an XI, est portée en Dépenses d'ordre, attendu le remboursement qui en a été fait à la Maternité, et suivant les comptes rendus par MM. Hombron et Hucberard, Agens de surveillance . . . . (3) . . 35,210 81

CHAPITRE Xme. . . . . . DÉPENSES D'ÉCONOMAT.

A cause des Versemens en caisse, par les Agens ci-après nommés, des débets résultans de leurs comptes en deniers pour le présent Exercice;

SAVOIR:

			fr. c.
MM.	Henry	Chef de la Pharmacie centrale.	23 15
	Turquie . . .	Agent de Surveillance de la Charité.	29 85
	Galland . . .	idem de l'Hopital Cochin.	170 73
	Auvray. . . .	Pour versement d'une partie des produits de la Maison de Santé, étant porté ci-après comme débiteur de l'excédant.	3,146 61
	Wilhem . . .	Successeur d'Auvray, à la Maison de Santé, pour versement en caisse des produits de cette Maison.	29,613 »
	Hombron. . .	Agent de surveillance de la Maternité	51 70
	Hemey. . . .	Econome-Garde-Magasin de la Salpêtrière	181 57
	Maillet. . . .	Agent de Surveillance des Incurables-Femmes	102 60
			33,319 21

53,914 18

645,801 59

(1) Cette somme n'est point comprise dans le total du chapitre deuxième. Voyez folio 54.
(2) Cette somme n'est point comprise dans le total du chapitre cinquième. Voyez folio 61.
(3) Cette somme est comprise dans le total du chapitre neuvième. Voyez folio 66.

	fr. c.	fr. c.
Ci-contre.		645,801 59
Ci-contre.	53,944 18	

AGENS EN FAILLITE

ET QUI N'ONT POINT RENDU DE COMPTE.

		fr. c.	
	Ci-contre.	33,319 21	35,976 65 (1)
Soyer	Agent de Surveillance de Saint-Antoine	600 »	
Auvray	idem de la Maison de Santé	2,057 44	

CHAPITRE... XIme. PRÉAU DE L'HOSPICE DES MÉNAGES.

A cause d'une somme trop payée à l'Agent de surveillance de l'Hospice des Ménages, et par lui versée en caisse . . . (2) 152 09

CHAPITRE XIXme.... BOULANGERIE GÉNÉRALE.

A cause du pain cédé à divers ci-après nommés, qui en ont ou qui doivent en rembourser le montant ;

SAVOIR :

		mil.		fr. c.	
323,147 liv.	Pain blanc cédé aux Entrepreneurs et Régisseurs.	à 1,528	la liv.	49,376 91	149,888 15 (3)
266,063	Idem aux Aveugles des Quinze-Vingts.	à 1,528	id.	40,654 43	
60,554	Idem aux Sourds-Muets.	à 1,528	id.	9,252 65	
7,260	Idem aux Ouvrières Saint-Paul.	à 1,528	id.	1,109 33	
3,294	Idem à l'Agent de surveil. et au Contrôleur de Scipion.	à 1,528	id.	503 10	
Evaluation des restans en magasin à Scipion, au 1er. Vend[re]. an XII				48,991 73	

CHAPITRE XXIIIme.. COMBUSTIBLES.

A cause des restans en magasin, du Charbon déposé à l'Hôtel-Dieu ;

SAVOIR :

		f. c.			
1,415 voies.	Charbon.	à 4 40	la voie.	6,358 »	6,574 » (4)
105 voies ½	Poussier.	à 2 »	id.	211 »	
Trop payé à M. Bayard, sur la chandelle, et par lui restitué.				5 »	

246,535 07	645,801 59

(1) Cette somme n'est point comprise dans le total du chapitre dixième. Voyez folio 68.
(2) Cette somme n'est point comprise dans le total du Chapitre onzième. Voyez folio 69.
(3) Cette somme est comprise dans le montant du chapitre dix-neuvième, folio 77.
(4) Compris dans le montant du Chapitre vingt-troisième. Voyez folio 82.

			fr. c.
De l'autre part.			645,801 59
		fr. c.	
De l'autre part.		246,535 07	
CHAPITRE XXIVme... OBJETS D'HABILLEMENT ET COUCHERS.			
Restitution faite par la dame Maricourt, d'une somme de dix centimes, à elle trop payée. . .	(1)	10	
CHAPITRE XXVIme... ACHAT DE MEUBLES ET USTENSILES.			
Restitution faite par les Srs. Forestier et Viart, de quarante-six centimes qui leur avaient été trop payées ; ci	(2)	» 46	
CHAPITRE XXIXme.. PHARMACIE CENTRALE.			247,606 37
A cause du Remboursement fait à un Bureau de Bienfaisance, pour Drogues par lui rendues à la Pharmacie centrale.	(3)	578 74	
CHAPITRE XXXme.... DÉPENSES DIVERSES.			
A cause de Remboursemens de dépôts :			
1°. Au sieur Delaune. . . . 240 »	(4)	592 »	
2°. Au sieur Jacquemin . . . . 352 »			
			893,507 96

NOTA. Les neuf dernières Colonnes du grand Tableau qui est à la fin du Titre suivant, servent de Récapitulation au titre Ier. que l'on vient de parcourir.

(1) Cette somme est comprise dans le total du Chapitre vingt-quatrième, folio 83.
(2) Même observation pour le Chapitre vingt-sixième, folio 86.
(3) Même observation pour le Chapitre vingt-neuvième, folio 89.
(4) Même observation pour le Chapitre trentième, folio 90.

SUITE DE LA DÉPENSE.

TITRE II.

COMPTES PARTICULIERS
DES HOPITAUX ET HOSPICES, ENFANS ABANDONNÉS, ET ÉTABLISSEMENS DE L'ADMINISTRATION.

CHAPITRE PREMIER.

HOPITAUX.

HOTEL-DIEU (1).

On reçoit dans cet Hopital *les Blessés et les Malades*, à l'exception des Enfans, des Incurables, des Fous, des Femmes en couche, et des Individus attaqués de maladies vénériennes ou chroniques.

Une Régie intéressée a été chargée, en l'an XI, du service de cette Maison (2.)

Dépense totale de l'année, 633,823 f. 67.

Nombre de Malades reçus et traités, 12,312 (3).

Total des Journées, 402,972.

Prix moyen de la Journée, 1 franc 56 centimes.

Durée moyenne du séjour de chaque Malade, 35 jours.

Dépense moyenne de chaque Malade, 55 fr. 12 c.

(1) Situé Parvis Notre-Dame.

(2) Voyez le compte de la Régie, pages 99 et 100.

(3) Voyez l'Etat de population.

DÉPENSE.

CONSTRUCTIONS ET RÉPARATIONS.

	fr. c.		fr. c.	fr. c.
		Ci-contre	24,160 02	
Maçonnerie	10,866 66	Carrelage	170 22	
Charpente	168 37	Fonderie	788 »	
Couverture	1,534 86	Marbrerie	3,255 93	
Serrurerie	891 27	Poëlerie. (1)	19,283 29	48,278 81
Menuiserie	1,214 59	Pompier	501 60	
Peinture	7,218 83	Terrasse	33 50	
Vitrerie	116 70	Vidange	86 25	
Plomberie	2,148 74	»	» »	
	24,160 02			

CONTRIBUTIONS.

Imposé pour l'an XI, comme contenant 2,200 Lits, à 3 francs, ci. . . . . . 6,600 »

APPOINTEMENS ET GAGES.

Agent et Employés de l'Administration	14,802 47	
Officiers de santé	46,497 32	70,141 96
Gens de service	6,442 25	
Ministres du culte	2,399 92	

DÉPENSES D'ÉCONOMAT (2).

Feux, Lumière, Propreté	60 »	
Entretien d'habillement	27 »	
Appointemens et Gages divers	166 64	334 54
Frais de Bureau, Papeterie, etc.	40 50	
Dépenses diverses	40 40	
		125,355 31

(1) On a fait établir, cette année, 32 Poêles qui ont coûté 18,929 fr. 64 c.

(2) Ces dépenses ont été acquittées directement par MM. Lordelot et Pitre, Agens de surveillance, et sont conformes aux résultats de leurs Comptes, arrêtés par l'Administration.

	fr. c.
Ci-contre	125,355 31

FRAIS DE BUREAU.

Pour fournitures faites par le Papetier de l'Administration	193 32

RÉGIE INTÉRESSÉE (1).

			fr. c.	fr. c.	
400,071 journées.	396,148 journées de Malades	à	1 94	372,379 12	
	2,459 id. d'Employés et Religieuses	à	1 05	2,579 85	
	1,464 id. d'anciennes Filles de la chambre	à	1 »	1,464 »	
				376,422 97	
1,995 livres.	855 livres Viande à la Pharmacie	à	» 365 m la liv.	312 07	377,191 04
	1,140 Do. à id.	à	» 40 c. id.	456 »	

OBJETS D'HABILLEMENT ET DE COUCHER (2).

		fr. c.	
4,136 aunes Toile de chanvre	à	2 44	8,986 88

ACHAT DE MEUBLES ET USTENSILES.

Chaudronnerie	953 48	
Tourneurs	82 50	1,148 98
Horlogerie	113 »	

INSTRUMENS DE CHIRURGIE ET BANDAGES.

93	Bandages simples	à	4 f. pièce.	372 »	
7	Idem Exomphales	à	5 »	35 »	
26	Idem doubles, à un cercle	à	5 »	130 »	582 »
6	Idem idem, à deux cercles	à	6 »	36 »	
2	Bas de peau de chien	à	4 50	9 »	

DÉPENSES DIVERSES.

Remboursement à MM. Lavauverte et compagnie, Régisseurs, de la nourriture par eux fournie à divers Indigens de Bicêtre, employés à blanchir les salles de l'Hôtel-Dieu	1,068 40
	514,525 93

(1) Voyez ci-après le compte rendu par les Régisseurs, folio 101, d'où il résulte, pour eux, une perte de 36,74[illegible] fr. 686 millimes.

(2) Cet achat a été fait en l'an XII, sur les fonds de l'an XI.

fr. c.
De l'autre part. . . . 514,525 93

BOULANGERIE GÉNÉRALE (1).

368,206 livres.	366,142 livres 6 onces. Pain blanc	à 15c 2,734m la livre.	55,922 33		56,207 03
	2,064 . . . . Pain moyen.	à 13 7,937 la livre.	284 70		

PHARMACIE (2).

Suivant le Compte de la Pharmacie centrale, cet Etablissement a fourni à l'Hôtel-Dieu une valeur en Médicamens, de la somme de 44,166 26

DÉPENSE GÉNÉRALE (3).

La portion de l'Hôtel-Dieu, dans la dépense d'Administration générale, est de 18,924 45

TOTAL général de la Dépense. 633,823 67

(1) Voyez le Compte de cet Etablissement, connu sous le nom de Scipion.
(2) Voyez le Compte de cet Etablissement, connu sous le nom de Pharmacie Centrale.
(3) Voyez le Compte de la Dépense d'Administration générale.

EXTRAIT du Compte rendu par MM. LAVAUVERTE et Comp^nie., Régisseurs-généraux de l'Hôtel-Dieu, en l'an XI.

Quantité	Article		fr.	Prix		fr.	mil.	fr.	mil.
86,068 livres....	28,314 liv. 8 onc. Pain pour les Employés.	à	»	1,528^m	la livre...	4,326	455	13,714	058
	57,754 liv. » ... id. de Soupe p^r. malad.	à	»	1,625	la livre...	9,387	603		
181,088 litres 47...	Vin	à	»	5,368	le litre...	»	»	97,217	633
308,338 livres.....	Viande	à	»	3,804	la livre...	»	»	117,317	482
315 livres.....	Porc ou Lard	à	»	5,670	la livre...	»	»	178	605
56,140.........	OEufs	à	48	4,382	le mille..	»	»	2,719	325
5,101 livres.....	Beurre	à	»	9,163	la livre...	»	»	4,674	475
12,610 litres.....	Lait	à	»	30 c.	le litre...	»	»	3,783	»
935 livres.....	Farine	à	»	2,025^m	la livre...	»	»	189	372
2,880 livres.....	Riz	à	»	2,820	la livre...	»	»	812	421
3,639 livres.....	Pruneaux	à	»	1,869	la livre...	»	»	680	180
1,080 livres.....	Raisiné	à	»	2,420	la livre...	»	»	261	405
3,851 liv. 8 onc..	Fromage	à	»	4,810	la livre...	»	»	1,852	889
» »........	Poisson	»	»	»	....	»	»	1,329	410
12,170 livres.....	Sel	à	»	0,448	la livre...	»	»	545	799
8 livres.....	Poivre	à	1	5,057	la livre...	»	»	12	046
581 livres.....	Huile d'olive	à	1	2,761	la livre...	»	»	741	441
2,197 litres.....	Vinaigre	à	»	3,239	le litre...	»	»	711	719
197 livres ½...	Sucre et Cassonade	à	»	9,684	la livre...	»	»	190	885
» »........	Fruits	»	»	»	....	»	»	11	»
198 pots.....	Confitures	à	1	20 c.	le pot...	»	»	237	600
4 boisseaux ¼.	Pois	à	2	2,950^m	le boisseau	»	»	9	753
973 boisseaux ¾.	Haricots	à	3	5,012	le boisseau	»	»	3,409	330
340 boisseaux...	Lentilles	à	3	3,601	le boisseau	»	»	1,142	443
962 paquets....	Oseille	à	»	3,994	le paquet.	»	»	384	249
1,309 paquets....	Epinards	à	»	3,195	le paquet.	»	»	418	282
» »........	Artichauts	»	»	»	....	»	»	195	660
» »........	Salade	»	»	»	....	»	»	127	935
10,024 bottes.....	Carottes	à	»	3,426	la botte..	»	»	3,434	736
2,344 bottes.....	Poireaux	à	»	2,548	la botte..	»	»	597	293
2,285 bottes.....	Navets	à	»	1,897	la botte..	»	»	433	628
3,374 bottes.....	Oignons	à	»	2,761	la botte..	»	»	931	636
								258,265	690

					fr. mil.
			De l'autre part.		258,265 690
770 boisseaux. . .	Pommes-de-terre.	à »	9,324m le boisseau	» »	717 977
191 bottes.	Salsifis.	à »	3,229 la botte . .	» »	61 848
» »	Ail	» »	».	» »	2 470
Cardage de Matelas		» »	».	» »	1,584 900
Merceries		» »	».	» »	2,066 625
Paille de couchage.		» »	».	» »	876 469
Entretien du Mobilier		» »	».	» »	3,287 495
Divers objets.		» »	».	» »	493 701
1,426 stères ½. . . .	Bois à brûler	à 24	8,369m le doub.-st.	» »	35,429 973
1,248 voies ¼. . . .	Charbon	à 4	5,073 la voie. . .	» »	5,626 320
4,991 livres.	Chandelle.	à »	6,763 la livre. . .	» »	3,375 429
17,565 liv. 15 onc. .	Huile à brûler et Mèches	à »	6,478 la livre. . .	» »	11,379 538
Ramonage		» »	».	» »	1,756 955
Réparations		» »	».	» »	1,472 950
2,435 bottes ½ . . .	Foin.	à »	4,779 la botte . .	» »	1,163 990
3,215 bottes.	Paille de bled	à »	3,397 la botte . .	» »	1,092 228
1,200 boisseaux. . .	Avoine	à 1	1,540 le boisseau	» »	1,384 865
78 boisseaux. . .	Son.	à »	5,864 le boisseau	» »	45 744
Transports		» »	».	» »	1,091 250
Frais ordinaires		» »	».	» »	730 933
Id. Extraordinaires		» »	».	» »	689 910
Gages des Infirmières.		» »	».	» »	25,491 490
Chefs d'Office et Ouvrières.		» »	».	» »	3,392 085
Employés du Bureau général		» »	».	» »	13,968 733
Frais de Bureau et Impressions		» »	».	» »	1,364 284
Relevé des Dépenses des Buanderies		» »	».	» »	32,923 874
Employés particuliers.		» »	».	» »	4,200 »
					413,937 726

NOTA. Suivant le Compte établi folio 99, le produit des Journées, à divers prix, a été de . . 377,191 040

D'où il paraît résulter une perte de. 36,746 686

CONSULTEZ la Note faite, à cet égard, sur les 18 mois de service des Régisseurs-généraux.

NOMS ET TRAITEMENS DES EMPLOYÉS DE L'HOTEL-DIEU, PAYÉS PAR L'ADMINISTRATION.

Catégorie	Nom	Fonction	fr. c.	fr. c.
EMPLOYÉS de l'Administration.	LORDELOT. .	Agent de surveillance, décédé le 12 germinal an XI.	3,000 »	
	PITRE.	id. successeur de M. Lordelot. . . .		
	DENIS.	Premier Commis	2,000 »	
	DUVERGIE. .	second id.	1,800 »	
	SCHEFFER. .	Inspecteur du Dépôt, Premier Commis à l'enregist. . . .	1,500 »	11,813 33
	MOURIZE. . .	second id.	1,200 »	
	THIRIET. . .	Inspecteur des Salles.	1,600 »	
	CHAUMONOT.	Contrôleur à la cuisine	533 33	
	CORDIER. . .	Commissionnaire	180 »	
MÉDECINS.	LEPREUX. . .	Médecin en chef.	4,200 »	
	DANIÉ. . . .	Médecin ordinaire	2,000 »	
	MALLET. . . .	id.	2,000 »	
	DUHAUME. . .	id.	2,000 »	
	BOSQUILLON.	id.	1,500 »	
	THAURAUX. .	id.	1,500 »	
	DEFRASNE. .	id.	1,500 »	20,000 »
	MONTAIGU. .	id.	1,500 »	
	ASSELIN. . .	id.	1,500 »	
	PETIT.	id.	1,500 »	
	BOURDIER. .	Médecin expectant	400 »	
	BORIE.	id.	400 »	
	RÉCAMIER. .	id.	» »	
CHIRURGIENS.	PELLETAN. .	Chirurgien en chef.	4,200 »	
	GIRAUD. . . .	Deuxième classe.	1,000 »	
	DUPUYTREN.	id.	» »	6,700 »
	NAUDIN. . . .	Pour la visite des malades	1,000 »	
	GAULT.	Elève, pour id.	500 »	
ELÈVES en médecine.	Dix ELÈVES.	à 500 fr. chaque.		5,000 »
				43,513 33

			fr. c.	fr. c.
			De l'autre part	43,513 33
ÉLÈVES en chirurgie.	14 ÉLÈVES	à 500 fr. chaque		7,000 »
APOTHICAIRES.	LAUTOUR, Chef		2,400 »	8,300 »
	BISSON, Premier Elève		1,000 »	
	7 ÉLÈVES	à 700 fr. chaque	4,900 »	
ECCLÉSIASTIQUES.	MARTIN		400 »	1,600 «
	FOULHOUSE		400 »	
	CHABOT		400 »	
	GODEFROY		400 »	
BATIMENS	MILCENT (Inspecteur des)			1,200 «
VISITEUSE	DIGARD			300 »
HOSPITALIÈRES	en activité. 21	à 200 fr. chaque	4,200 »	6,300 »
	en activité. 6	à 300 fr. id.	1,800 »	
	au repos. 3	à 100 fr. id.	300 »	
PORTIER	UN			300 »
GARDE des Vétérans.	3 CAPORAUX	à 200 fr. chaque	600 »	2,220 »
	9 VÉTÉRANS	à 180 fr. id.	1,620 »	
			TOTAL	70,733 33

EMPLOYÉS PAYÉS PAR LA RÉGIE.

1 Sous-Directeur	3,000 »	39,360 »
1 Inspecteur	1,200 »	
5 Cheftaines	660 »	
6 Filles de la chambre	900 »	
211 Gens de service	33,600 »	
		110,093 33

SAINT-LOUIS (1).

ON reçoit dans cet Hopital, les Personnes attaquées de maladies chroniques.

Un Entrepreneur (2) a été chargé, en l'an XI, du service de cette Maison.

Dépense totale de l'année, 293,857 fr. 44 c.

Nombre des Malades reçus et traités, 2,152.

Total des Journées, 234,801 (3).

Prix moyen de la journée, 1 fr. 25 c.

Durée moyenne du séjour de chaque Malade, 141 jours $\frac{70}{100}$.

Dépense moyenne de chaque Malade, 177 fr. 12 c.

(1) Rue des Récolets.
(2) M. Brisset. Voyez les notes.
(3) Voyez le tableau de la population.

DÉPENSE.

CONSTRUCTIONS ET RÉPARATIONS.

	fr. c.	fr. c.
Maçonnerie	405 83	
Couverture	8,716 »	12,141 29
Serrurerie	1,325 46	
Menuiserie	1,694 »	

CONTRIBUTIONS.

Suivant l'extrait du rôle, transmis par le Receveur particulier du cinquième Arrondissement, cet Hopital a été imposé à	1,300 50

APPOINTEMENS ET GAGES.

Agent et Employés de l'Administration	6,100 04	
Officiers de Santé	17,200 31	
Gens de Service	3,050 20	27,194 18
Instituteurs	399 96	
Ministre du Culte	443 67	

DÉPENSES D'ÉCONOMAT (1).

Feux, Lumière, Propreté	209 60	
Paille pour coucher; Entretien d'Habillement	42 »	
Frais de Culte et de Sépulture	15 95	
Appointemens et Gages divers	83 34	18,066 64
Frais de Bureau, Papeterie, etc.	531 75	
Idem, d'Ecurie, Charronnage	109 50	
Constructions et Réparations faites par économie	17,074 50	
		58,702 61

(1) Ces Dépenses ont été acquittées directement par M. Bailly, Agent de surveillance dudit Hopital, et sont conformes au résultat de son Compte, approuvé par le Conseil.

Ci-contre. . . 58,702 fr. 61 c.

ENTREPRISE (1).

				fr. c.		fr. c.	
10,422	Journées de Malades	à portion	à	» 76	la journée.	7,920 72	
222,306	id.	à ½ id.	à	» 58	id.	128,937 48	
72	id. Piqueurs		à	1 05	id.	75 60	
617	id.	à ¼ id.	à	» 44	id.	271 48	
1,029	id. Reposantes		à	» 70	id.	720 30	
540	id. Instituteurs		à	1 05	id.	567 »	
234,986						138,492 58	160,271 46

Fournitures extraordinaires faites par l'Entreprise.

47,651 litres 76.	Vin	à	» 45 c. le litre.	21,443 26	
411 kilog. . .	Veau	à	» 76 ⅘ le kilog.	314 92	
18 id. . .	Farine	à	» 35 c. id.	6 30	
24 litres . .	Vin blanc à la Pharmacie	à	» 60 c. le litre.	14 40	
				21,778 88	

OBJETS D'HABILLEMENT ET DE COUCHER.

2 m. 68 c.	Drap de Mouy ¼	à	5 95 c. le mètre.	15 94	16 87
	Articles divers, fournis par le marchand drapier			» 93	

ACHAT DE MEUBLES ET USTENSILES.

Chaudronnerie	908 95	952 95
Tourneurs	44 »	

INSTRUMENS DE CHIRURGIE ET BANDAGES.

			fr.		
1	Suspensoir	à	2 pièce	2 »	
2	Pessaires en cire	à	2 id.	4 »	
20	Bandages simples	à	4 id.	80 »	160 »
10	id. doubles, à un cercle	à	5 id.	50 »	
4	id. id. à 2 d°.	à	6 id.	24 »	

220,103 89

(1) Cette dépense est constatée par les Etats de journées produits par M. Brisset, Entrepreneur général du service; lesdits Etats vérifiés et arrêtés par la Commission, d'après les feuilles de mouvement dudit Hopital.

	fr. c.
De l'autre part.	220,103 89

DÉPENSES DIVERSES.

Indemnité accordée au S[r]. Cambray, ex-Agent de surveillance, réformé.	600 »
	220,703 89

BOULANGERIE GÉNÉRALE (1).

228,568 liv. 8 onc. Pain blanc. . . . . à » 15 c. 27,34[m] la livre.	34,910 08

PHARMACIE (2).

Suivant le Compte de la Pharmacie Centrale, cet Etablissement a fourni à l'Hopital St.-Louis, une valeur en Médicamens, de la somme de.	27,216 70

DÉPENSE GÉNÉRALE (3).

La portion de l'Hopital St-Louis, dans la dépense d'Administration générale, est de.	11,026 77
TOTAL général de la Dépense.	293,857 44

(1) Voyez le Compte de cet Etablissement, connu sous le nom de Scipion.
(2) Voyez le Compte de cet Etablissement, connu sous le nom de Pharmacie Centrale.
(3) Voyez le Compte de la Dépense d'Administration générale.

NOMS ET TRAITEMENS DES EMPLOYÉS DE L'HOPITAL ST.-LOUIS, PAYÉS PAR L'ADMINISTRATION.

			fr. c.	fr c.
EMPLOYÉS de l'Administration.	BAILLY. . . .	Agent de surveillance	2,500 »	4,900 »
	DUFOUR . . .	Commis de l'Agence	1,200 »	
	DEVILLIERS. .	id. de la réception	1,200 »	
MÉDECINS en Chef.	DELAPORTE		2,400 »	4'400 »
	ALIBERT		2,000 »	
CHIRURGIENS en Chef.	RUFIN		2,400 »	3,400 »
	RICHERAND		1,000 »	
ELÈVES en Chirurgie.	10 ELÈVES	à 500 fr. chaque		5,000 »
PHARMACIENS en Chef.	GALÉS		2,000 »	3,000 »
	SÉGUIN		1,000 »	
ELÈVÉS en Pharmacie.	2 ELÈVES	à 700 fr. chaque		1,400 »
CHAPELAIN.	MESSAGER			600 »
CHEFTAINES.	5 CHEFTAINES	à 200 fr. chaque	1,000 »	2,500 »
	5 CHEFTAINES	à 300 fr. id.	1,500 »	
INSTITUTEUR.	BUISSON			400 »
PIQUEUR.	CHAUVIGNY			600 »
GARÇON de BUREAU.	GUILLAUME			600 »
PORTIER.	COLLERET			200 »
COMMISSIONNAIRE.	DEPUISET			200 »
				27,200 »

NOTA. L'Entrepreneur était chargé de payer et nourrir les Gens de service.

VÉNÉRIENS (1).

On reçoit dans cet Hopital, les personnes attaquées de maladies Vénériennes.

Le service de cet Hopital a été fait directement par l'Administration.

Dépense totale de l'année, 196,824 fr. 67 c.

Nombre des Malades reçus et traités, 2,536 (2).

Total des Journées, 166,144.

Prix moyen de la Journée, 1 fr. 18 c.

Durée moyenne du séjour de chaque Malade, 78 Jours $\frac{81}{100}$.

Dépense moyenne de chaque Malade, 92 fr. 99 c.

(1) Rue du fauxbourg Saint-Jacques.

(2) Voyez le tableau de la population.

DÉPENSE.

CONSTRUCTIONS ET RÉPARATIONS.

	fr. c.		fr. c.	fr. c.
Maçonnerie	3,100 89	Ci-contre	9,092 11	
Charpente	1,070 64	Pavage	418 90	
Couverture	322 01	Carrelage	406 40	
Serrurerie	708 27	Poëlerie	127 88	11,506 30
Menuiserie	2,568 99	Pompier-Fontainier	84 60	
Peinture	631 67	Vidange	1,334 42	
Vitrerie	316 15	Epinglerie	41 99	
Plomberie	373 49		» »	
	9,092 11			

CONTRIBUTIONS.

Extrait du Rôle des Contributions foncières du XIIe. Arrondissement 910 35

APPOINTEMENS ET GAGES.

Agent et Employés de l'Administration	3,950 »	
Officiers de Santé	9,072 10	
Gens de Service	6,470 28	19,792 38
Ministre du Culte	300 »	

DÉPENSES D'ÉCONOMAT (1).

	fr. c.		fr. c.	
Alimens, légers alim. et frais relat.	707 46	Ci-contre	2,741 65	
Feux, Lumière, Propreté	972 10	Achat d'habil^nt, toiles, layettes	608 67	
Pansemens, médicamens, chirurgie	336 15	Réparations, par économie	1,647 76	
Paille p^r. coucher, entretien d'habil.	498 09	Achat de meubles et ustensiles	321 60	6,002 86
Frais de culte et sépulture	212 60	Nourrices sédentaires	661 48	
Frais de bureau, papeterie, etc.	15 25	Dépenses diverses	21 70	
	2,741 65			38,211 89

(1) Ces dépenses ont été acquittées directement par M. Boïeldieu, Agent de surveillance dudit Hopital, et sont conformes au résultat de son Compte, approuvé par le Conseil.

	fr. c.
Ci-contre. . .	38,211 89

FRAIS DE BUREAU.

Pour fournitures faites par le Papetier de l'Administration.	611 45

VIANDE.

Quantité	Désignation	Prix fr. c.	Montant fr. c.	Total
78,660 livres. . .	38,750 livres Viande	à » 36 ½ la livre	14,143 75	
	39,910 Idem. (1)	à » 76 ¼ le kilog	14,969 45	30,198 09
Indemnité accordée au Boucher			1,084 89	

VIN.

Quantité	Désignation	Prix	Montant	Total
16,429 litres 78.	394 litres 87 centil. Vin de Valides.	à » 50 c. le litre.	197 44	
	15,934 91 id. de Malades.	à » 60 le litre.	9,560 95	9,758 39

COMESTIBLES DIVERS.

Quantité	Désignation	Prix	Montant	Total
899 livres ½. .	Beurre demi-sel	à 67 50 le cent	607 14	
635 décalitres.	Haricots.	à 3 » le décalitre	1,905 »	
635 id.	Lentilles	à 3 » le décalitre	1,905 »	
15,800	8,000 OEufs	à 47 50 le mille	380 »	
	7,800 OEufs	à 36 » le mille	280 78	20,477 76
270 liv. 8 onc.	Fromage de Comté	à 48 33,33m le cent.	130 74	
70,098 litres . . .	Lait	à » 20c le litre.	14,019 60	
1,400 livres . . .	Vermicel.	à 42 50 le cent.	595 »	
Divers articles d'Epiceries			634 50	

COMBUSTIBLES.

Quantité	Désignation	Prix fr. c.	Montant fr. c.	Sous-total	Total
637	507 stères Bois neuf.	à 14 84 le stère.	7,523 68		
	50 id. Bois flotté.	à 12 68 le stère.	634 »	9,537 68	
	80 id. Bois neuf.	à 16 » le stère.	1,280 »		
Frais relatifs.			100 »		
300 voies . . .	Charbon.	à 4 40 la voie.	1,320 »	1,386 »	13,377 40
Frais relatifs.		à » 22 par voie.	66 »		
145,545 heures . .	Lumière	à » 16m l'heure.		2,328 72	
250 livres . . .	Huile à brûler.	à » 50c la livre.		125 »	
					112,634 98

(1) Les 39,910 livres de Viande représentent 19,536 Kilogrammes.

	fr. c.
De l'autre part	112,634 98

OBJETS D'HABILLEMENT ET DE COUCHER.

			fr. c.		fr. c.	
101 mèt. 71 c.	Drap de Mouy	à	5 95	le mètre.	605 17	
Articles divers fournis par le marchand Drapier, comme Toile de coton, Fils, Boutons, etc. .					705 65	
					1,310 82	
10 douzaines.	Draps à pansemens	à	39 »	la douzaine. . . .	390 »	
10 douzaines.	Draps de 3 ficelles.	à	44 »	la douzaine. . . .	440 »	
80 aunes. . .	Toile 4/4 pour Oreillers.	à	3 »	l'aune	240 »	
77 aunes. . .	Toile 7/8 pour Tabliers d'Officiers de Santé.	à	2 40	l'aune	184 80	
36 aunes. . .	Toile 7/8 pour Tabliers Idem.	à	2 80	l'aune	100 80	6,507 02
250 aunes. . .	Toile de Flandre 7/8 pour Draps de Lit . . .	à	2 45	l'aune	612 50	
1,400 aunes. . .	Toile Idem.	à	1 50	l'aune.	2,100 »	
4 aunes. . .	Coutil noir pour habillement d'hommes . .	à	2 35	l'aune.	9 40	
90 aunes. . .	Treillis 5/8.	à	1 10	l'aune.	99 »	
40	Couvertures de laine pesant 274 liv.	à	3 »	la livre.	822 »	
»	Fils, Rubans.	»	»	»	178 90	
»	Epingles, aiguilles, etc.	»	»	»	18 80	

BUANDERIE.

			fr. c.			
168,268 journées	de Malades. (Blanchissage)	à	» 06	par jour	10,096 08	
200. { 40 liv.	Savon bleu-pâle	à	» 95	la livre.	38 »	10,286 08
160 liv.	Savon	à	95 »	le cent	152 »	

ACHAT DE MEUBLES ET USTENSILES.

Chaudronnerie.	1,679 65	
Quincaillerie	68 20	
Ferblanterie.	45 50	
Tonnellerie.	406 60	
Vannerie.	42 65	2,612 99
Balais.	182 69	
Corderie	24 80	
Boissellerie, Brosserie, etc	92 70	
Couleurs	70 20	
		132,041 07

			fr. c.
		Ci-contre.	132,041 07

PAILLE POUR COUCHER.

			fr. c.			
300 Bottes. . .	Paille de froment	à	28 »	le cent	84 »	432 »
800 Boisseaux.	Menue paille d'avoine	à	» 15	le boisseau	120 »	
600 Bottes. . .	Paille de seigle	à	28 »	le cent	228 »	

DÉPENSES DIVERSES.

Gratifications à divers Employés dudit Hospice	300 »	500 »
Loyer de deux Chambres, louées au sieur Lebeau	200 »	

BOULANGERIE GÉNÉRALE (1).

			c.				
180,850 livres. . .	Pain blanc	à	15 27,34[m]	la livre	27,621 94	29,099 42
17 sacs 75 l.	Farine, fournie en nature	à	18 31,00	la livre	1,025 36	
Frais de transport des 180,850 livres pain blanc		à	25 »	par cent	452 12	

PHARMACIE (2).

Suivant le compte de la Pharmacie centrale, cet Etablissement a fourni à l'Hopital des Vénériens une valeur, en Médicamens, de la somme de 26,949 69

DÉPENSE GÉNÉRALE (3).

La portion de l'Hopital des Vénériens, dans la dépense d'administration générale, est de 7,802 49

Total général de la Dépense. 196,824 67

(1) Voyez le Compte de cet Etablissement, connu sous le nom de Scipion.
(2) Voyez le Compte de cet Etablissement, connu sous le nom de Pharmacie Centrale.
(3) Voyez le Compte de la dépense d'Administration générale.

ETAT des RESTANS en MAGASIN, le Sixième jour Complémentaire an XI.

								fr.	c.
386 livres	15 onc.	Pain	à	»	$15^{c},28^{m}$ la livre	»	»	59	12
252 litres	38 cent.	Vin	à	»	50 c. le litre	»	»	126	19
180 litres	70 id.	Haricots	à	3	» le décalitre	»	»	54	21
234 litres	34 id.	Lentilles	à	3	» le décalitre	»	»	70	30
103 livres	»	Beurre	à	67	50 le cent	»	»	69	62
109	»	Oeufs	à	36	» le mille	»	»	3	92
56 livres	6 onc.	Vermicel	à	42	50 le cent	»	»	23	96
183 livres	»	Farine de froment	à	»	$18,31^{m}$ la livre	»	»	33	50
30 pint.	¼	Lait	à	»	30 c. la piute	»	»	9	07
41 livres	6 onc.	Pruneaux	à	»	20 la livre	»	»	8	27
691 livres	»	Sel	à	5	» le cent	»	»	34	55
98 litres	24 cent.	Vinaigre	à	»	55 le litre	»	»	54	03
16 livres	»	Cassonade	à	1	» la livre	»	»	16	»
»	4 onc.	Poivre	à	2	25 la livre	»	»	»	56
19 stères	½	Bois à brûler	à	14	22 le stère	»	»	277	29
162 voies	»	Charbon	à	4	40 la voie	»	»	712	80
52 livres	½	Chandelle	à	90	» le cent	»	»	47	25
75 livres	2 onc.	Huile à brûler	à	»	50 la livre	»	»	37	56
100	»	Balais	à	7	50 le cent	»	»	7	50
7 kilog.	33	Savon	à	»	95 la livre	»	»	6	96
201 bott.	»	Paille de froment	à	28	» le cent	»	»	56	28
300 bott.	»	id. de seigle	à	38	» le cent	»	»	114	»
386 boiss.	»	Menue Paille d'avoine	à	»	15 le boisseau	»	»	57	90
								1,880	74

NOMS ET TRAITEMENS DES EMPLOYÉS DE L'HOPITAL DES VÉNÉRIENS.

				fr. c.	fr. c.
EMPLOYÉS de l'Administration.	BOIELDIEU. .	Agent de surveillance		2,400 »	3,600 »
	GAILHARD. .	Commis-Controleur		1,200 »	
MÉDECIN. . . .	BERTIN				1,200 »
CHIRURGIENS.	CULLERIER. .	Chef		2,400 »	4,400 »
	LEBLANC. . .	Pour les Nourrices		1,000 »	
	GILBERT . .	Aide-Major		1,000 »	
PHARMACIEN. .	ALLUT . . .	Chef			2,000 »
ELÈVES en Chirurgie.	4 ELÈVES		à 100 fr. chaque		400 «
ELÈVE en Médecine.	LAGNEAU				100 «
ELÈVES en Pharmacie.	2 ELÈVES		à 300 fr. chaque		600 »
CHAPELAIN. . .	LEVACHER				600 »
SURVEILLANT de la Lingerie.	LEBLANC				500 »
INSPECTEUR des Salles des Hom.	GÉRARD				500 »
Id. des Femmes. .	SEVESTRE				300 »
GARÇON DE BUREAU.	MOREL				600 «
GENS DE SERVICE .	12 GENS DE SERVICE		à 110 fr. chaque	1,320 »	5,090 »
	7 id.		à 150 id.	1,050 »	
	6 id.		à 120 id.	720 »	
	14 id.		à 100 id.	1,400 »	
	1 CUISINIER		à 400 id.	400 »	
	1 PORTIER		à 200 id.	200 »	
					19,890 »

LA CHARITÉ (1).

On reçoit dans cet Hopital *les Malades ou Blessés*, comme à l'Hôtel-Dieu.

Une Régie intéressée a été chargée, en l'an XI, du service de cette Maison (2).

Dépense totale de l'année, 149,496 fr. 70 c.

Nombre des Malades reçus et traités, 3,752.

Nombre moyen des Journées, 88,881 (3).

Prix moyen de la Journée, 1 franc 68 centimes.

Durée moyenne du séjour de chaque Malade, 25 jours $\frac{32}{100}$.

Dépense moyenne de chaque Malade, 42 fr. 53 c.

(1) Rue des Saints-Pères, faubourg Saint-Germain.

(2) Compagnie LAVAUVERTE. Voyez les notes.

(3) Voyez l'Etat de population.

DÉPENSE.

CONSTRUCTIONS ET RÉPARATIONS.

	fr. c.		fr. c.	fr. c.
		Ci-contre	5,152 97	
Maçonnerie	1,961 69	Plomberie	286 20	
Couverture	2,384 92	Pavage	605 61	6,397 83
Serrurerie	167 50	Poëlerie	17 25	
Menuiserie	571 86	Vidange	335 80	
Vitrerie	67 60	»	» »	
	5,152 97			

CONTRIBUTIONS.

Imposé pour l'an XI, comme contenant 250 Lits, à 3 fr. chaque, ci . . . . . . 750 »

APPOINTEMENS ET GAGES.

Agent et Employés de l'Administration	4,200 »	
Officiers de santé	15,985 28	21,752 34
Gens de service	1,117 06	
Ministre du culte	450 »	

DÉPENSES D'ÉCONOMAT (1).

Pansemens, Médicamens, Chirurgie	1 40	
Frais de culte et sépulture	20 »	70 15
Achat de Meubles et Ustensiles	43 75	
Dépenses diverses	5 »	

FRAIS DE BUREAU.

Pour fournitures faites par le Papetier de l'Administration 85 80

29,056 12

(1) Ces dépenses ont été acquittées directement par M. Tocquin, Agent de surveillance dudit Hopital, et sont conformes au résultat de son Compte, approuvé par le Conseil.

		fr. c.
Ci-contre		29,056 12

RÉGIE INTÉRESSÉE (1).

				fr. c.		fr. c.	
88,881 journées.	88,216 journées	de Malades	à » 94	la journée		82,923 04	83,548 14
	60 id.	de Veilleurs	à » 94	id.		56 40	
	605 id.	d'Employés du Gouvernement	à » 94	id.		568 70	

ACHAT DE MEUBLES ET USTENSILES.

Chaudronnerie	96 »	295 80
Tourneurs	68 90	
Corderie	12 40	
Boissellerie, Brosserie, etc.	16 50	
Réparations à l'Horloge	102 »	

Paille pour couchage . . . . . 5 »

INSTRUMENS DE CHIRURGIE ET BANDAGES.

26	Bandages simples	à 4 f. pièce.	104 »	151 »
1	Idem Exomphale	à 5 »	5 »	
6	Idem doubles, à un cercle	à 5 »	30 »	
2	Idem idem, à deux cercles	à 6 »	12 »	

BOULANGERIE GÉNÉRALE (2).

61,136 livres 2 onces. Pain blanc . . . . . à 15 c. 27,34m la livre 9,337 54

PHARMACIE (3).

Suivant le Compte de la Pharmacie centrale, cet Etablissement a fourni à la Charité une valeur en Médicamens, de la somme de 22,929 05

DÉPENSE GÉNÉRALE (4).

La portion de la Charité, dans la dépense d'Administration générale, est de 4,174 05

Total général de la Dépense 149,496 70

(1) Voyez le compte rendu par les Régisseurs, folio 122.
(2) Voyez le compte de cet Etablissement, connu sous le nom de Scipion.
(3) Voyez le Compte de cet Etablissement, connu sous le nom de Pharmacie Centrale.
(4) Voyez le Compte de la Dépense d'Administration générale.

EXTRAIT du Compte rendu par MM. LAVAUVERTE et Compagnie., Régisseurs-généraux de l'Hopital de la Charité, en l'an XI.

			fr.			fr.	mil.	fr.	mil.
19,149 livres. . . . { 1,725 liv. » . . .	Pain pour les Employés.	à	»	15,28m	la livre. . .	263	580	3,095	758
17,424 liv. » . . .	id. de Soupe pr. malad.	à	»	16,25	la livre. . .	2,832	178		
31,016 litres 25 déci.	Vin.	à	»	53,68	le litre. . .	»	»	16,651	123
45,556 livres.	Viande	à	»	38,04	la livre. . .	»	»	17,333	301
9,975.	OEufs	à	48	43,82	le mille . .	»	»	483	172
1,679 livres 4 onces.	Beurre.	à	»	91,63	la livre. . .	»	»	1,538	839
4,000 litres ¾	Lait.	à	»	30,00	le litre. . .	»	»	1,200	225
3,336 livres.	Farine	à	»	20,25	la livre. . .	»	»	68	052
943 livres 12 onc.	Riz.	à	»	28,20	la livre. . .	»	»	266	223
2,492 livres 4 onc.	Pruneaux.	à	»	18,69	la livre. . .	»	»	465	836
114 livres 4 onc.	Fromage	à	»	48,10	la livre. . .	»	»	54	964
2,816 livres.	Sel.	à	»	04,48	la livre. . .	»	»	126	292
» » 8 onc.	Poivre	à	1	50,57	la livre. . .	»	»	»	753
271 litres	Vinaigre.	à	»	32,39	le litre. . .	»	»	87	791
100 livres.	Sucre et Cassonade	à	»	96,84	la livre. . .	»	»	96	850
» »	Nourriture en argent.	»	»	»	. . . .	»	»	768	600
92 boisseaux ½ .	Haricots	à	3	50,12	le boisseau	»	»	323	865
105 boisseaux. . .	Lentilles.	à	3	36,01	le boisseau	»	»	352	813
230 paquets. . . .	Oseille.	à	»	39,94	le paquet .	»	»	91	868
355 paquets. . . .	Epinards	à	»	31,95	le paquet .	»	»	113	438
» »	Salade	»	»	»	. . . .	»	»	127	935
3,067 bottes. . . .	Carottes	à	»	34,26	la botte . .	»	»	1,050	911
586 bottes.	Poireaux	à	»	25,48	la botte . .	»	»	149	323
562 bottes.	Navets	à	»	18,97	la botte . .	»	»	106	652
831 bottes.	Oignons	à	»	27,61	la botte . .	»	»	229	457
129 boisseaux. . .	Pommes-de-terre.	à	»	93,28	le boisseau.	»	»	120	284
» »	Ail	»	»	».	. . . .	»	»	2	470
Cardage de Matelas		»	»	».	. . . .	»	»	108	»
Merceries		»	»	».	. . . .	»	»	322	725
Paille de couchage.		»	»	».	. . . .	»	»	195	176
Entretien du Mobilier		»	»	».	. . . .	»	»	732	074
Divers objets.		»	»	».	. . . .	»	»	109	940
								46,374	710

							fr. mil.
					Ci-contre.		46,374 710
342 double-stères.	Bois à brûler	fr. à 24	83,69m	le doub.-st.	»	»	8,494 252
303 voies	Charbon	à 4	50,73	la voie.	»	»	1,365 732
855 livres ¾	Chandelle	à »	67,63	la livre.	»	»	578 746
3,883 liv. 7 onc.	Huile à brûler et Mèches	à »	64,78	la livre.	»	»	2,515 762
Ramonage		» »	»		»	»	374 550
Réparations		» »	»		»	»	164 210
« «	Foin	» »	»		»	»	553 439
876 bottes.	Paille de bled	à »	33,97	la botte	»	»	297 602
435 boisseaux.	Avoine	à 1	15,40	le boisseau	»	»	502 014
60 boisseaux.	Son	à »	58,64	le boisseau	»	»	35 187
Transports		» »	»		»	»	1,109 850
Frais ordinaires		» »	»		»	»	191 793
Id. Extraordinaires		» »	»		»	»	54 210
Gages des Infirmiers		» »	»		»	»	5,314 700
Employés particuliers		» »	»		»	»	1,500 »
Chefs d'Office et Ouvriers		» »	»		»	»	755 363
Employés du Bureau général		» »	»		»	»	3,110 620
Frais de Bureau et Impressions		» »	»		»	»	303 806
Relevé des Dépenses des Buanderies		» »	»		»	»	7,331 634
							80,928 180

NOTA. Suivant le Compte établi folio 121, le produit des Journées, à divers prix, a été de . . 83,548 140

D'où il paraît résulter une perte de. 2,619 960

CONSULTEZ la Note faite, à cet égard, sur les 18 mois de service des Régisseurs-généraux.

NOMS ET TRAITEMENS DES EMPLOYÉS DE L'HOPITAL DE LA CHARITÉ,

PAYÉS PAR L'ADMINISTRATION.

			fr. c.	fr. c.
EMPLOYÉS de l'Administration.	TURQUIE	Agent de surveillance	2,400 »	3,600 »
	MANDES.	Commis-Contrôleur.	1,200 »	
MÉDECINS.	DUMANGIN.		2,000 »	3,400 »
	CORVISARD.		1,400 »	
CHIRURGIENS.	DESCHAMPS.		2,400 »	3,400 »
	BOYER.		1,000 »	
PHARMACIEN.	BOUDET.			2,000 »
ELÈVES en Médecine.	10 ELÈVES.	à 500 fr. chaque.		5,000 »
ELÈVES en Pharmacie.	3 ELÈVES.	à 700 fr. chaque.		2,100 »
SURVEILLANTES en Chef.	3 SURVEILLANTES.	à 300 fr. chaque.		900 »
GARÇON de BUREAU.	HENNEQUIN.			600 »
INFIRMIER-VEILLEUR.	BELLANGER.			200 »
PORTIER.	NICOLAS.			200 »
MINISTRE du CULTE.	PERRIN.			600 »
				22,000 »

EMPLOYÉS PAYÉS PAR LA RÉGIE.

	fr. c.	
1 Sous-Direcreur.	5,100 »	6,600 »
42 Personnes de service.	1,500 »	
		28,600 »

S[T].-ANTOINE (1).

ON reçoit dans cet Hopital, les *Malades ou Blessés*, comme à l'Hôtel-Dieu.

Le service de cet Hopital a été fait directement par l'Administration.

Dépensé totale de l'année, 94,349 fr. 06 c.

Nombre des Malades reçus et traités, 1,924 (2).

Nombre moyen des Journées, 46,520.

Prix moyen de la Journée, 2 fr. 03 c. (3)

Durée moyenne du séjour de chaque Malade, 24 Jours $\frac{21}{100}$.

Dépense moyenne de chaque Malade, 50 fr. 56 c.

(1) Rue du fauxbourg Saint-Antoine.

(2) Voyez le tableau de la population.

(3) Voyez les notes relativement au prix des journées.

DÉPENSE.

CONSTRUCTIONS ET RÉPARATIONS.

	fr. c.		fr. c.	fr. c.
Maçonnerie	7,582 24	Ci-contre	10,977 92	
Charpente	38 88	Plomberie	850 46	
Couverture	41 05	Pavage	130 32	14,016 10
Serrurerie	1,786 97	Carrelage	59 20	
Menuiserie	572 81	Poêlerie	2,068 20	
Vitrerie	955 97	»	» »	
	10,977 92			

CONTRIBUTIONS.

Imposé pour l'an XI, comme contenant 200 Lits, à 3 fr. chaque. . . . . 600 »

APPOINTEMENS ET GAGES.

	fr. c.	
Agent et Employés de l'Administration	2,388 79	
Officiers de Santé	5,813 03	11,811 44
Gens de Service	3,009 62	
Ministres du Culte	600 »	

DÉPENSES D'ÉCONOMAT (1).

Alimens, légers alimens, et frais relatifs	1,910 45	
Feux, Lumière, Propreté	452 65	
Pansemens, Médicamens	18 90	
Blanchissage	6 »	
Paille pour coucher, entretien d'Habillement	66 90	
Frais de Culte et de Sépulture	300 15	8,901 77
Appointemens et Gages divers	6 95	
Frais de Bureau, Papeterie, etc.	157 60	
Idem, d'Ecurie, Charronnage	7 »	
Achat d'Habillement, Toiles	28 05	
Constructions et Réparations, faites par économie	5,947 12	
		35,399 31

(1) Ces Dépenses ont été acquittées directement par M. Carrier, Agent de surveillance dudit Hopital, et sont conformes au résultat de son Compte, approuvé par le Conseil.

		fr. c.
	Ci-contre. . .	35,399 31

FRAIS DE BUREAU.

Fournitures faites par le Papetier de l'Administration	337 05

VIANDE.

				fr.	c.		fr. c.	
31,280 livres . .	15,802 livres.	Viande.	à	»	36 ½	la livre. . . .	5,767 73	12,003 74
	15,478	id. (1).	à	»	76 ⅛	le kilog. . . .	5,804 60	
Indemnité accordée au Boucher.							431 41	

VIN.

				fr.	c.			
15,360 litres 28.	1,360 lit. 42 cent.	Vin de Valides. .	à	»	50	le litre. . . .	680 21	9,080 13
	13,999 id. 86 id.	Id. de Malades. .	à	»	60	id.	8,399 92	

COMESTIBLES DIVERS.

108 livres . . .	Beurre	à	67	50 le cent		72 95	2,162 10
210 décalitres. .	Haricots	à	3	» le décalitre . . .		630 »	
180 id. . . .	Lentilles	à	3	» id.		540 »	
3,700 OEufs. .	1,700 Oeufs.	à	47	50 le cent.		80 75	
	2,000 id.	à	36	» le cent		72 »	
50 liv. 8 onc.	Fromage de Comté.	à	48	33,33m le cent.		24 42	
1,342 litres . . .	Lait.	à	»	20c. le litre. . . .		268 40	
17 kil. 62 hec.	Huile	à	1	43 le kilogr. . .		27 19	
9 kil. 79 hec.	Huile	à	1	40 id.		13 70	
25 liv. ½ . . .	Huile	à	»	70 la livre.		17 67	
180 livres. . . .	Morue	à	»	50 id.		90 »	
495 livres. . . .	Vermicel.	à	42	50 le cent.		210 37	
Articles divers d'Epiceries.						114 65	

COMBUSTIBLES.

				fr.	c.		fr. c.	
525	375 stères	Bois neuf.	à	14	84	le stère.	5,565 »	7,928 45
	40 id.	Bois flotté.	à	12	68	le stère.	507 20	
	110 id.	Bois neuf.	à	16	»	le stère.	1,760 »	
Frais relatifs.							96 25	

7,928 45	58,982 33

						fr. c.
			De l'autre part			58,982 33
	Suite des Combustibles		De l'autre part		fr. c. 7,928 45	
			fr. c.	fr. c.		
60 voies	Charbon	à	4 40 la voie	308 »	321 20	9,782 61
Frais relatifs		à	» » par voie	13 20		
85,573 heures	Lumière	à	» 16m l'heure	1,368 96	1,532 96	
328 livres	Huile à brûler	à	» 50c la livre	164 »		

OBJETS D'HABILLEMENT ET DE COUCHER.

			fr. c.	fr. c.	
49 aunes $\frac{1}{8}$	Drap croisé	à	4 » l'aune	196 50	
Articles divers fournis par le marchand Drapier		»	» »	176 20	
				372 70	2,384 57
3 douzaines	Draps de lits, à pansemens	à	39 » la douzaine	117 »	
5 douzaines	Draps à 3 ficelles	à	44 » la douzaine	220 »	
299 aunes $\frac{1}{2}$	Toile	à	« 84 l'aune	251 58	
40 aunes	Toile $\frac{5}{4}$ pour Coëffes de nuit	à	2 77 l'aune	110 80	
47 aunes	Toile $\frac{7}{8}$ pour Tabliers, etc.	à	2 45 l'aune	115 15	
155 aunes $\frac{1}{4}$	Toile à Matelas	à	1 75 l'aune	271 68	
744 mètres	Toile Serpillière	à	» 50 le mètre	372 »	
48	Bonnets piqués	à	1 30 pièce	62 40	
48	Bonnets de Malades	à	» 78 pièce	37 44	
36	Bonnets de Coton	à	16 » la douzaine	48 »	
32	Tabliers de Cuisine	à	1 10 pièce	35 20	
27 aunes $\frac{1}{2}$	Coutil noir pour habillement d'hommes	à	2 35 l'aune	64 62	
Blanchissage et raccommodage de 279 Couvertures de laine		à	» 75 pièce	209 25	
Fils, Rubans, Epingles, Aiguilles, etc.		»	» »	90 75	
6 Façons d'habillemens complets		à	1 » pièce	6 »	

BUANDERIE.

46,518 journées	de Malades. (Blanchissage)	à	» 06 c. par jour	2,791 08

ACHAT DE MEUBLES ET USTENSILES.

Chaudronnerie	2,157 22	
Poterie d'étain	110 70	
	2,267 92	
		73,940 59

		fr. c.
Ci-contre.		73,940 59

		fr. c.	
Suite des Achats de Meubles et Ustensiles.	Ci-contre.	2,267 92	
Ferblanterie		52 »	
Vannerie		111 »	
Tourneurs		130 80	3,500 87
Balais		32 25	
Corderie		13 20	
Boissellerie, Corderie, etc.		804 05	
Quincaillerie		89 65	

PAILLE POUR COUCHER.

			fr.	c.			
900 bottes. . . .	Paille d'avoine.	à	28	»	le cent	252 »	
1,700 boisseaux. .	Menue Paille d'avoine	à	»	15	le boisseau . . .	255 »	
400 bottes . . .	Paille de froment.	à	48	»	le cent	192 »	1,072 60
1,200 id.	id. id.	à	30	64	le cent	367 60	
Bourrelerie						6 »	

INSTRUMENS DE CHIRURGIE ET BANDAGES.

2	Pessaires en cire	à	2	»	pièce	4 »	
8	Bandages simples.	à	4	»	id.	32 »	47 »
1	id. double, à un cercle.	à	5	»	id.	5 »	
1	id. Pessaire à tige	à	6	»	id.	6 »	

DÉPENSES DIVERSES.

Remboursement à Mme. Mettot, d'achat de Vases sacrés.	88 »

BOULANGERIE GÉNÉRALE (1).

				c.			
46,507 livres. . .	Pain blanc.	à	15	27,34m	la livre.	7,103 20	
290 livres. . .	Farine, fournie en nature	à	18	31,00	la livre.	53 09	7,272 55
Frais de transport des 46,507 livres pain blanc.		à	25	»	par cent. . . .	116 26	

	85,921 61

(1) Voyez le Compte de cet Etablissement, connu sous le nom de Scipion.

		fr. c.
De l'autre part		85,921 61

PHARMACIE (1).

Suivant le compte de la Pharmacie centrale, cet Etablissement a fourni à l'Hopital St.-Antoine, une valeur en Médicamens, de la somme de. 6,242 77

DÉPENSE GÉNÉRALE (2).

La portion de l'Hopital St.-Antoine, dans la dépense d'administration générale, est de 2,184 68

Total général de la Dépense. 94,349 06

(1) Voyez le Compte de cet Etablissement, connu sous le nom de Pharmacie Centrale.

(2) Voyez le Compte de la dépense d'Administration générale.

ETAT des RESTANS en MAGASIN, le Sixième jour Complémentaire an XI.

									fr.	c.
503 livres	7 onc.	Pain	à	»	15c,28m la livre		»	»	76	92
396 litres	»	Vin	à	»	50 c.	le litre	»	»	198	»
36 kilo.	70 hect.	Viande	à	»	76 ⅝	le kilo	»	»	28	12
29 livres	8 onc.	Vermicel	à	42	50	le cent	»	»	12	53
28 livres	8 onc.	Pruneaux	à	»	20	la livre	»	»	5	70
12 kilo.	84 hect.	Huile à manger	à	1	43	le kilo	»	»	18	36
»	8 onc.	Poivre	à	2	25	la livre	»	»	1	12
135 livres	»	Sel	à	5	»	le cent	»	»	6	75
266	»	Oeufs	à	36	»	le mille	»	»	9	57
7 stères		Bois à brûler	à	14	84	le stère	»	»	103	88
8 voies	¼	Charbon	à	4	40	la voie	»	»	36	30
49	»	Balais	à	7	50	le cent	»	»	3	67
500 bott.	»	Paille de seigle	à	28	»	le cent	»	»	140	»
									640	92

NOMS ET TRAITEMENS DES EMPLOYÉS DE L'HOPITAL ST.-ANTOINE.

				fr. c.	fr. c.
EMPLOYÉS de l'Administration.	SOYER....	Agent de surveillance (en faillite)..............		2,000 »	3.000 »
	CARRIER..	Successeur...........................			
	GENOIS...	Commis-Contrôleur.......................		1,000 »	
MÉDECIN.	LECLERC.				1,500 »
CHIRURGIEN.	BRADOR.				1,500 »
ELÈVES en Chirurgie.	2 ELÈVES.................	à 500 fr. chaque.			1,000 »
PHARMACIEN.	MORISSET.	Chef.			1,100 »
ELÈVE en Pharmacie.	FRAISE.				300 »
GARÇON DE PEINE de la Pharmacie.	HUGUET.				120 »
GENS DE SERVICE.	4 Surveillantes.............	à 300 fr. chaque		1,200 »	3,180 »
	1 Sous-Surveillante...........	à 150 fr.	id.	150 »	
	9 Infirmiers et Infirmières........	à 100 fr.	id.	900 »	
	1 Cuisinier...............	à 200 fr.	id.	200 »	
	1 Aide id...............	à 120 fr.	id.	120 »	
	3 Hommes de peine et Veilleurs....	à 120 fr.	id.	360 »	
	1 Portier.................	à 150 fr.	id.	150 »	
	1 Commissionnaire...........	à 100 fr.	id.	100 »	
					11,700 »

NECKER (1).

On reçoit dans cet Hopital *les Malades ou Blessés*, comme à l'Hôtel-Dieu.

Le service a été fait directement par l'Administration.

Dépense totale de l'année, 42,697 fr. 26 c.

Nombre des Malades reçus et traités, 1,167.

Nombre moyen des Journées, 44,674 (2).

Prix moyen de la Journée, 0 franc 95 centimes.

Durée moyenne du séjour de chaque Malade, 42 jours $\frac{66}{100}$.

Dépense moyenne de chaque Malade, 40 fr. 52 c.

(1) Rue de Sèves.

(2) Voyez l'Etat de population.

DÉPENSE.

CONSTRUCTIONS ET RÉPARATIONS.

	fr. c.		fr. c.	fr. c.
Maçonnerie	1,593 82	Ci-contre	2,866 79	
Charpente	78 16	Pl[illegible]	81 56	3,870 74
Couverture	703 16	P[illegible]	59 »	
Serrurerie	491 65	Vidange	863 39	
	2,866 79			

CONTRIBUTIONS.

Imposé pour l'an XI, comme contenant 110 Lits, à 3 fr. chaque, ci . . . . 330 »

APPOINTEMENS ET GAGES.

	fr. c.	fr. c.
Employés de l'Administration . . . . . (1)	» »	3,393 13
Officiers de santé	1,999 80	
Gens de service	960 »	
Ministre du culte	433 33	

DÉPENSES D'ÉCONOMAT (2).

Dépenses de toutes natures, et qui n'ont point été divisées, mais dont la majeure partie a été faite à cause des bâtimens . . . . 5,646 »

VIANDE.

			fr. c.		fr. c.	fr. c.
18,420 livres.	9,648 livres Viande	à	» 36 $\frac{1}{2}$ la livre		3,521 52	7,065 89
	8,772 Idem. (3)	à	» 76 $\frac{1}{8}$ le kilog		3,290 32	
Indemnité accordée au Boucher					254 05	

20,305 76

(1) Voyez, ci-après, page 138, l'Observation relative à Madame Clavelot, Agent de surveillance de cet Hopital.

(2) Ces dépenses ont été acquittées directement par Mad. Clavelot, Agent de surveillance dudit Hopital, et sont conformes au résultat de son Compte, approuvé par le Conseil.

(3) Les 8,772 livres de Viande représentent 4,294 kilo. 07 hecto.

	fr. c.
Ci-contre. . .	20,305 76

VIN.

			fr.	c.		
5,222 lit. 92 centi.	Vin de Malades	à	»	60 le litre		3,133 75

COMESTIBLES DIVERS.

			fr.	c.	fr. c.	
114 livres. . . .	Beurre	à	67	50 le cent . . .	76 93	469 46
30 décal	Haricots	à	3	» le décal. . .	90 »	
40 id. . . .	Lentilles	à	3	» id. . . .	120 »	
4 douzaines. .	Fromages de Marolles	à	1	45 la douzaine .	5 80	
47 livres. . . .	Fromage de Comté	à	48	33,33m le cent. . . .	22 73	
20 id. . . .	Huile	à	»	70 la livre. . . .	14 »	
Divers articles d'Epiceries					140 »	

COMBUSTIBLES.

				fr.	c.	fr. c.		
203 stères. . .	120 stères.	Bois neuf	à	14	84 le stère . .	1,780 80	3,055 16	3,964 56
	33 id.	Bois flotté	à	12	67 id. . . .	418 11		
	50 id.	Bois neuf	à	16	» id. . . .	800 »		
Frais de transport						56 25		
171 voies . . .	51 voies.	Charbon	à	5	» la voie . .	255 »	809 40	
	120 id.	Idem	à	4	40 id. . . .	528 »		
Frais de transport						26 40		
200 livres. . . .		Huile à brûler	à	»	50 la livre		100 »	

OBJETS D'HABILLEMENT ET DE COUCHER.

			fr.	c.		
2 douzaines. .	Draps de lits, à 5 ficelles	à	115	» la douzaine . . .	230 »	4,314 44
117 aunes $\frac{3}{4}$ . .	Toile de Flandre	à	2	58 l'aune	303 79	
240 aunes. . . .	Toile d'Armentière $\frac{7}{8}$ pr. chem. de malad.	à	2	25 l'aune	540 »	
316 aunes. . . .	Siamoise	à	»	38 sols l'aune. . . .	592 98	
12 aunes. . . .	Toile	à	1	50 l'aune	18 »	
380 mètres . . .	Toile serpillière	à	»	50 l'aune	190 »	
120	Couvertures de laine pesant 779 liv.	à	3	» la livre. . . .	2,337 »	
Fils, Rubans, Aiguilles		à	»	»	102 67	

	32,187 97

De l'autre part. . . fr. c. 32,187 97

BUANDERIE.

			fr. c.		fr. c.	
600 livres. . .	Potasse	à	47 59	le cent	285 »	450 30
174 livres. . .	Savon	à	95 »	le cent	165 30	

ACHAT DE MEUBLES ET USTENSILES.

Chaudronnerie	98 75	274 40
Poterie d'étain	130 05	
Boissellerie, Brosserie, etc	45 60	

PAILLE POUR COUCHER.

			fr. c.			
100 Bottes. . .	Paille de froment	à	28 »	le cent	28 »	73 »
300 Boisseaux.	Menue paille d'avoine	à	» 15	le boisseau	45 »	

BOULANGERIE GÉNÉRALE (1).

44,672 livres. . .	Pain blanc	à	» 15c 27,34m	la livre	6,822 93	6,938 27
20 livres. . .	Farine fournie en nature	à	» 18 31,00	la livre	3 66	
Frais de transport des 44,672 livres pain blanc		à	» 25	par cent	111 68	

PHARMACIE (2).

Suivant le Compte de la Pharmacie Centrale, cet Etablissement a fourni à l'Hopital Necker, une valeur en Médicamens, de la somme de. 675 33

DÉPENSE GÉNÉRALE (3).

La portion de l'Hopital Necker, dans la dépense d'Administration générale, est de 2,097 99

TOTAL général de la Dépense. 42,697 26

(1) Voyez le Compte de cet Etablissement, connu sous le nom de Scipion.
(2) Voyez le Compte de cet Etablissement, connu sous le nom de Pharmacie Centrale.
(3) Voyez le Compte de la Dépense d'Administration générale.

ÉTAT des RESTANS en MAGASIN, le Sixième jour Complémentaire an XI.

			fr.	mil.				fr. c.
112 livres »	Pain	à	»	15,28	la livre.	»	»	17 11
52 litres 14 cent.	Vin	à	»	60 c.	le litre	»	»	31 28
23 kilo. 49 hec.	Viande	à	»	76 $\frac{5}{8}$	le kilo	»	»	17 99
240 litres »	Haricots	à	3	»	le décalitre.	»	»	72 »
50 livres »	Beurre	à	67	50	le cent	»	»	33 75
20 . . . . »	OEufs	à	36	»	le mille	»	»	» 72
3 pintes »	Lait	à	»	30	la pinte	»	»	» 90
330 livres »	Pruneaux	à	»	20	la livre	»	»	66 »
520 livres »	Sel	à	5	»	le cent	»	»	26 »
6 stères »	Bois	à	14	80	le stère	»	»	88 80
121 voies »	Charbon	à	4	40	la voie	»	»	532 40
11 kilo. 74 hec.	Savon	à	»	95	le kilo	»	»	11 15
180 livres »	Potasse	à	47	50	le cent	»	»	85 50
4 voies »	Eau	à	»	05	la voie	»	»	» 20
								983 80

NOMS ET TRAITEMENS DES EMPLOYÉS DE L'HOPITAL NECKER.

EMPLOYÉS de l'Administration.	Mme. CLAVELOT, Agent de surveillance. / 10 SOEURS DE LA CHARITÉ.	(1).		fr. c. » »
MÉDECIN	MONGENOT			1,500 »
CHIRURGIEN	MARET (2).			» »
ELÈVE en Chirurgie.	NICOD.			500 »
CHAPELAIN	DAVIGNON.			600 »
GENS DE SERVICE.	1 Jardinier	à	fr. c. 300 »	960 »
	1 Portière	à	144 »	
	2 Garçons de salle	à 144 fr. chaque	288 »	
	1 Fille de salle	à	72 »	
	1 Id. de Cuisine	à	72 »	
	1 Veilleuse	à	84 »	
				3,560 »

(1) Ces respectables Dames n'ont jamais voulu retirer aucun émolument de leurs places; elles vivent en communauté, sous la direction de Mad. Clavelot, et ne reçoivent de l'Administration que la nourriture. On aura remarqué, en parcourant le Compte précédent, combien il y a d'économie dans cette Maison.

(2) Payé à l'hospice des Ménages.

COCHIN (1).

ON reçoit dans cet Hopital, *les Malades ou Blessés*, comme à l'Hôtel-Dieu.

Le service a été fait directement par l'Administration.

Dépense totale de l'année, 63,051 fr. 02 c.

Nombre des Malades reçus et traités, 1,103.

Total des Journées, 31,716 (2).

Prix moyen de la journée, 1 fr. 99 c.

Durée moyenne du séjour de chaque Malade, 31 jours.

Dépense moyenne de chaque Malade, 61 fr. 69 c.

(1) Rue du fauxbourg Saint-Jacques.
(2) Voyez le tableau de la population.

DÉPENSE.

CONSTRUCTIONS ET RÉPARATIONS.

	fr. c.		fr. c.	fr. c.
Maçonnerie	1,473 58	Ci-contre	3,342 98	
Charpente	192 »	Vitrerie	211 24	
Couverture	7 35	Pavage	729 22	5,237 88
Serrurerie	610 13	Poëlerie	121 50	
Menuiserie	871 27	Terrasse	490 »	
Peinture	188 65	Vidange	342 94	
	3,342 98			

CONTRIBUTIONS.

Imposé pour l'an XI, comme contenant 100 lits, à 3 francs par lit . . . . . 300 »

APPOINTEMENS ET GAGES.

Agent et Employés de l'Administration	2,774 96	
Officiers de Santé	4,600 08	9,716 24
Gens de Service	1,934 56	
Ministre du Culte	406 64	

DÉPENSES D'ÉCONOMAT (1).

	fr. c.		fr. c.	
Alimens, légers alim. et frais relat.	742 08	Ci-contre	1,754 66	
Feux, Lumière, Propreté	273 80	Frais de bureau, papeterie, etc.	87 »	
Pansemens, médicamens, chirurgie.	24 »	Frais d'écurie et charronnage	48 »	2,729 27
Paille pr. coucher, entretien d'habil.	205 80	Achat d'habillnt, toiles, layettes.	443 15	
Frais de culte et sépulture	271 20	Constructions et réparations	396 46	
Appointemens et gages divers	237 78	. . . .	» »	
	1,754 66			17,983 39

(1) Ces dépenses ont été acquittées directement par Mad. Galland, Agent de surveillance dudit Hopital, et sont conformes au résultat de son Compte, approuvé par le Conseil.

	fr. c.
Ci-contre.	17,983 39

FRAIS DE BUREAU.

Fournitures faites par le Papetier de l'Administration.	211 94

VIANDE.

				fr.	c.		fr. c.	
18,331 livres . .	8,866 livres.	Viande.	à	»	36 ½ la livre. . . .		3,236 09	7,039 99
	9,465	id. (1).	à	»	76 ¾ le kilo		3,551 08	
Indemnité accordée au Boucher.							252 82	

VIN.

			fr.	c.		
12,312 litres 74 cent.	Vin de Malades	à	»	60	le litre.	7,387 60

COMESTIBLES DIVERS.

1,064 livres . . .	Beurre	à	67	50 le cent		718 20	4,051 08
195 décalitres .	Haricots	à	3	» le décalitre . . .		585 »	
195 id. . . .	Lentilles	à	3	» id.		585 »	
8,700 OEufs. .	3,900 Oeufs.	à	47	50 le mille		185 25	
	4,800 id.	à	36	» le mille		172 80	
336 liv.	Fromage de Comté.	à	48	33,33m le cent.		161 93	
3,799 litres . . .	Lait.	à	»	20 le litre. . . .		759 80	
18 kilo	Huile à brûler.	à	1	43 le kilo. . . .		27 74	
34 kil. 58 hec.	Idem	à	1	40 id.		48 40	
59 liv.	Idem	à	»	70 la livre.		41 65	
884 livres ½ . .	Vermicel.	à	42	50 le cent.		375 91	
259 livres. . . .	Morue	à	»	50 la livre.		129 50	
Articles divers d'Epiceries.						259 90	

COMBUSTIBLES.

				fr.	c.		fr. c.		
282 stères. . .	252 stères.	Bois neuf.	à	14	85	le stère.	3,742 20	4,122 60	5,734 46
	30 id.	Bois flotté.	à	12	68	le stère.	380 40		
158 voies . . .	38 voies.	Charbon	à	5	»	la voie.	190 »	744 40	
	120 voies.	Idem	à	4	40	la voie.	528 »		
Frais relatifs.			»	»	»	. . . . .	26 40		
45,460 heures . .	Lumière.		à	»	16m	l'heure.	727 36	867 46	
233 livres. ½ .	Huile à brûler.		à	»	60c	la livre.	140 10		

	42,408 46

(1) Les 9,465 livres de Viande représentent 4,634 Kilogrammes 572 hecto.

	fr. c.
De l'autre part . . .	42,408 46

OBJETS D'HABILLEMENT ET DE COUCHER.

			fr.	c.		fr. c.	
34 mèt. 01 cent.	Drap de Mouy	à	5	95	le mètre.	202 35	
Articles divers fournis par le marchand Drapier		»	»	»	. . . .	368 98	
						571 33	
55 aunes . . .	Toile	à	«	84	l'aune	46 20	
3 douzaines.	Draps de lits, à 3 ficelles.	à	44	»	la douzaine. . . .	132 »	
50 aunes. . .	Toile $\frac{5}{8}$ pour Tayes d'oreiller.	à	1	80	l'aune.	90 »	
95 aunes. . .	Toile $\frac{7}{8}$ pour Fichus, Tabliers, etc. . . .	à	2	45	l'aune	232 75	
1 pièce . . .	Garas pour Bonnets de Femmes.	à	41	»	la pièce	41 »	1,861 26
6 aunes. . .	Mousseline pour Bonnets de Femmes. . . .	à	4	»	l'aune	24 »	
12	Draps de Lits, à 4 ficelles	à	80	»	la douzaine . . .	80 »	
717 mètres . . .	Toile Serpillière.	à	»	50	le mètre.	358 50	
12 aunes . .	Coutil noir pour habillement d'hommes . .	à	2	35	l'aune	28 20	
Blanchissage et raccommodage de 120 Couvertures de laine . .		à	»	75	pièce.	90 »	
Fils, Rubans, etc.		»	»	»	. . . .	158 45	
Epingles, Aiguilles.		»	»	»	. . . .	8 83	

BUANDERIE.

32,793 Journées de Malades. (Blanchissage.)		à	»	06 c.	par jour		1,967 58	
129 livres . .	44 livres Potasse	à	»	55	la livre.	24 20		
	65 id. Potasse	à	47	50	le cent.	30 87	64 67	2,123 68
	20 id. id	à	48	»	le cent.	9 60		
96 livres . .	24 id. Savon	à	»	95	la livre.	22 80	91 43	
	72 id. $\frac{1}{4}$ Savon	à	95	»	le cent.	68 63		

ACHAT DE MEUBLES ET USTENSILES.

Chaudronnerie.	945 10	
Poterie d'étain	557 67	
Quincaillerie.	75 95	
Ferblanterie.	9 80	
Vannerie.	15 »	1,842 39
Tourneurs.	38 50	
Bal[illegible]	43 37	
Boissellerie, Brosserie, etc.	152 »	
Fayence	5 »	
		48,235 79

			fr. c.
Ci-contre.			48,235 79

PAILLE POUR COUCHER.

			fr. c.	
290 bottes. . . .	Paille de froment	à 38 fr. » c. le cent.	110 20	290 20
1,200 boisseaux. .	Menue paille d'avoine.	à » 15 le boisseau. . . .	180 »	

BOULANGERIE GÉNÉRALE (1).

41,670 livres. . . .	Pain blanc	à 15 c. 27,34m la livre. . . .	6,364 42	6,497 88
160 livres . . .	Farine fournie en nature	à 18 31,00 la livre. . . .	29 29	
Frais de transport des 41,670 livres de pain		à 25 . . . . . par cent . . .	104 17	

PHARMACIE (2).

Suivant le Compte de la Pharmacie centrale, cet Etablissement a fourni à l'hopital Cochin, une valeur en Médicamens, de la somme de 6,537 70

DÉPENSE GÉNÉRALE (3).

La portion de l'hopital Cochin, dans la dépense d'Administration générale, est de. 1,489 45

TOTAL général de la Dépense. 63,051 02

(1) Voyez le compte de cet Etablissement, connu sous le nom de Scipion.
(2) Voyez le Compte de cet Etablissement, connu sous le nom de Pharmacie Centrale.
(3) Voyez le Compte de la Dépense d'Administration générale.

ÉTAT des RESTANS en MAGASIN, le Sixième jour Complémentaire an XI.

				fr.					fr. c.
57 livres	¾	Pain	à	»	15c,28m	la livre	»	»	8 21
707 litres	»	Vin	à	»	50	le litre	»	»	353 50
16 kilo.	15 hect.	Viande	à	»	76 ½	le kilo	»	»	12 37
2 litres	»	Haricots	à	3	»	le décalitre.	»	»	» 60
70 livres	»	Beurre	à	67	50	le cent	»	»	47 25
195	»	OEufs	à	36	»	le mille	»	»	7 02
6 livres	»	Pruneaux	à	»	20	la livre	»	»	1 20
12 kilo.	72 hect.	Huile à manger	à	1	40	le kilo	»	»	17 80
50 voies	»	Charbon	à	4	40	la voie	»	»	220 »
18 livres	»	Huile à brûler	à	»	50	la livre	»	»	9 »
44 stères		Bois neuf	à	14	85	le stère	»	»	653 40
25 livres	½	Chandelle	à	90	»	le cent	»	»	22 95
38	»	Balais	à	7	50	le cent	»	»	2 85
									1,356 15

NOMS ET TRAITEMENS DES EMPLOYÉS DE L'HOPITAL COCHIN.

				fr. c.	fr. c.
EMPLOYÉS de l'Administration.	MME. GALLAND. .	Agent de surveillance		1,500 »	2,500 »
	CORDEDAR.	Commis-Garde-Magasin.		1,000 »	
MÉDECIN . . .	BERTIN.				600 »
CHIRURGIEN . .	CARON.				1,500 »
PHARMACIEN. .	LEGENDRE.				1,500 »
ELÈVES. . . .	ALAIRE			500 »	1,000 »
	LEHERISSÉ.			500 »	
GENS DE SERVICE. .	1 . . Lingère		à	300 »	2,210 »
	1 . . Apprentie.		à	50 »	
	1ere. Infirmière.		à	150 »	
	9 . . Infirmières		à 100 fr. chaque.	900 »	
	1 . . Chef de Cuisine		à	300 »	
	1 . . Laveuse.		à	120 »	
	2 . . Garçons de peine		à 120 fr. chaque.	240 »	
	1 . . Portier.		à	150 »	
CHAPELAIN. . .	DUMONT.		à		600 »
					9,910 »

BEAUJON (1).

ON reçoit dans cet Hopital, les *Malades ou Blessés*, comme à l'Hôtel-Dieu.

Le service a été fait directement par l'Administration.

Dépense totale de l'année, 55,466 fr. 48 c.

Nombre des Malades reçus et traités, 1,389 (2).

Nombre moyen des Journées, 29,572.

Prix moyen de la Journée, 1 fr. 87 c.

Durée moyenne du séjour de chaque Malade, 22 Jours $\frac{71}{100}$.

Dépense moyenne de chaque Malade, 42 fr. 50 c.

(1) Rue du fauxbourg du Roule.

(2) Voyez le tableau de la population.

DÉPENSE.

CONSTRUCTIONS ET RÉPARATIONS.

	fr. c.		fr. c.	fr. c.
Maçonnerie.	2,392 26	Ci-contre.	4,600 71	
Couverture.	354 90	Vitrerie.	377 45	6,731 99
Serrurerie.	1,098 07	Plomberie.	1,703 33	
Menuiserie	755 48	Poëlerie	50 50	
	4,600 71			

CONTRIBUTIONS.

Imposé pour l'an XI, comme contenant 100 Lits, à 3 fr. chaque; ci . . . . . 300 »

APPOINTEMENS ET GAGES.

Agent et Employés de l'Administration	3,245 51	
Officiers de santé	5,521 90	10,450 01
Gens de service	1,682 60	

DÉPENSES D'ÉCONOMAT (1).

Dépenses diverses, qui n'ont point été divisées 2,512 50

FRAIS DE BUREAU.

Pour fournitures faites par le Papetier de l'Administration 126 59

VIANDE.

			fr. c.		fr. c.	
21,241 livres. . .	11,347 livres Viande	à	» 36 $\frac{1}{2}$	la livre	4,141 65	
	9,894 Idem. (2).	à	» 76 $\frac{5}{8}$	le kilo.	3,711 35	8,145 96
Indemnité accordée au Boucher					292 96	

28,267 05

(1) Ces dépenses ont été acquittées directement par Mad. Chamoin, Agent de surveillance dudit Hopital, et sont conformes au résultat de son Compte, approuvé par le Conseil.

(2) Les 9,894 livres de Viande représentent 4,843 Kilo. 479 hecto.

De l'autre part . . . . fr. c. 28,267 05

VIN.

			fr.	c.	
4,395 lit. 90 centi.	Vin de Malades.	à	»	60 le litre.	2,637 54

COMESTIBLES DIVERS.

			fr.	c.	fr. c.	
182 livres. . .	Beurre.	à	67	50 le cent	122 83	1,416 71
40 décal. . . .	Haricots.	à	3	» le décal. . . .	120 »	
30 id. . . .	Lentilles.	à	3	» id.	90 »	
200	OEufs.	à	47	50 le mille	9 50	
200.	Idem.	à	36	» le mille	7 20	
191 livres ½ . .	Fromage de Comté.	à	48	33,33m le cent. . . .	92 57	
9 kilo. 79 hec.	Huile	à	1	43 le kilo	15 49	
29 kilo. 79 hec.	Idem	à	1	40 le kilo.	41 70	
65 livres. . . .	Morue.	à	»	50 la livre.	32 50	
662 livres. . . .	Vermicel	à	42	50 le cent.	281 35	
3,416 livres. . . .	Légumes frais.	à	»	10 la livre.	341 60	
1,309 livres. . . .	Idem.	à	»	05 la livre.	65 47	
Divers articles d'Epiceries					196 50	

COMBUSTIBLES.

				fr. c.		fr. c.		
225 stères. . .	173 stères.	Bois neuf.	à	14 85	le stère . .	2,569 05	3,438 75	6,777 10
	52 id.	Bois id.	à	16 »	id. . . .	832 »		
Frais relatifs						37 70		
300 voies . . .	42 voies.	Charbon	à	5 »	la voie . .	210 »	1,453 »	
	58 id.	Idem	à	5 50	id. . . .	319 »		
	200 id.	Idem	à	4 40	id. . . .	880 »		
Frais de transport.						44 »		
115,022 heures . . .		Lumière	à	» 16m	l'heure. .	1,840 35	1,885 35	
75 livres. . . .		Huile à brûler.	à	» 60 c	la livre. .	45 »		

OBJETS D'HABILLEMENT ET DE COUCHER.

			fr.	c.		
67 aunes ⅝ . .	Drap croisé.	à	4	» l'aune	270 50	
Articles divers fournis par le marchand Drapier.					30 37	
					300 87	39,098 40

						fr. c.
				Ci-contre. . .		39,098 40

					fr. c.	
Suite des Objets d'Habillement et de Coucher.				Ci-contre. . .	300 87	4,122 84
100	Chemises d'homme	à	4 fr.	40 c. pièce	440 »	
100	Chemises de femmes	à	4	40 pièce	440 »	
143 aunes ½	Toile	à	»	84 l'aune	120 54	
1,042 aunes	Toile	à	1	34 l'aune	1,396 28	
525 aunes	Toile	à	1	50 l'aune	787 50	
136 aunes	Toile 5/8 pour tayes d'oreillers	à	1	80 l'aune	244 80	
627 mètres	Toile serpillière	à	»	50 le mètre	313 50	
Fils, Rubans		»	»	»	65 30	
Epingles, Aiguilles		»	»	»	14 05	

BUANDERIE.

				fr.	c.		fr. c.		
1,300 livres	200 livres	Potasse	à	»	55	la livre.	110 »	635 50	683 »
	500 id.	id.	à	47	50	le cent.	237 50		
	600 id.	id.	à	48	»	le cent.	288 »		
50 livres		Savon	à	95	»	le cent		47 50	

ACHAT DE MEUBLES ET USTENSILES.

Chaudronnerie	1,509 39	2,435 34
Poterie d'étain	567 55	
Quincaillerie	113 45	
Ferblanterie	44 »	
Vannerie	10 »	
Balais	11 30	
Corderie	7 »	
Boissellerie, Brosserie, etc.	90 55	
Couleurs	82 10	

INSTRUMENS DE CHIRURGIE ET BANDAGES.

1	Pessaire en cire	à	2 f.	» pièce	2 »	17 »
1	Bandage simple	à	4	» id.	4 »	
1	id. double, à 1 cercle	à	5	» id.	5 »	
1	id. double, à 2 cercles	à	6	» id.	6 »	

46,356 58

De l'autre part. . . 46,356 fr. 58 c.

DÉPENSES DIVERSES.

Indemnité accordée au sieur Duchesne, jardinier audit Hopital, pour non-jouissance . . . . 450 »

BOULANGERIE GÉNÉRALE (1).

					fr. c.	
28,017 livres. . .	Pain blanc.	à 15 c.	27,34m	la livre. . . .	4,279 14	4,362 37
72 livres. . .	Farine, fournie en nature	à 18	31,00	la livre. . . .	13 19	
Frais de transport des 28,017 livres pain blanc.		à 25	»	par cent. . . .	70 04	

PHARMACIE (2).

Suivant le compte de la Pharmacie centrale, cet Etablissement a fourni à l'Hopital Beaujon, une valeur en Médicamens, de la somme de 2,908 77

DÉPENSE GÉNÉRALE (3).

La portion de l'Hopital Beaujon, dans la dépense d'administration générale, est de 1,388 76

TOTAL général de la Dépense. 55,466 48

(1) Voyez le Compte de cet Etablissement, connu sous le nom de Scipion.
(2) Voyez le Compte de cet Etablissement, connu sous le nom de Pharmacie Centrale
(3) Voyez le Compte de la Dépense d'Administration générale.

ETAT des RESTANS en MAGASIN, au Sixième jour Complémentaire de l'an XI.

				fr.	c.				fr. c.
47 livres	»	Pain	à	»	15,28m	la livre. . .	»	»	7 18
295 litres	»	Vin	à	»	50	le litre . . .	»	»	147 50
26 kilo.	42 hec.	Viande	à	»	76 ½	le kilo. . .	»	»	19 98
46 livres	»	Vermicel	à	42	50	le cent. . .	»	»	19 55
2 kilo.	93 hec.	Huile à manger.	à	1	43	le kilo. . .	»	»	4 18
10 livres	»	Farine	à	»	18,31m	la livre. . .	»	»	1 83
57 livres	½	Pruneaux	à	»	20	la livre. . .	»	»	11 50
400 livres	»	Sel.	à	5	»	le cent. . .	»	»	20 »
78 litres	»	Vinaigre	à	»	55	le litre. . .	»	»	42 90
16 litres	»	Légumes secs	à	3	»	le décal . .	»	»	4 80
23 livres	»	Savon.	à	95	»	le cent . . .	»	»	21 85
28 livres	»	Potasse	à	50	»	le cent . . .	»	»	14 »
101 voies	6.	Charbon	à	4	40	la voie. . . .	»	»	444 40
					TOTAL				759 67

NOMS ET TRAITEMENS DES EMPLOYÉS DE L'HOPITAL BEAUJON.

				fr. c.	fr. c.
EMPLOYÉS de l'Administration.	Mme. CHAMOIN.	Agent de surveillance		1,200 »	2,200 »
	BLAIRON	Contrôleur		1,000 »	
SERVICE DE SANTÉ.	DUPONT	Médecin		1,500 »	5,500 »
	LACAZE	Chirurgien en chef		1,500 »	
	DUVAL	Pharmacien		1,500 »	
	2 ELÈVES en Chirurgie		à 500 fr. chaque	1,000 »	
GENS de SERVICE.	CHASSAING	Surveillante lingère	à	300 »	2,110 »
	DECROIX	Apprentie lingère	à	50 »	
	BLONDEAU	Officière à la cuisine	à	300 »	
	3 Filles de Service		à 120 fr. chaque	360 »	
	8 Infirmières		à 100 fr. id.	800 »	
	1 Buandière		à	150 »	
	1 Portier		à	150 »	
CHAPELAIN	BARON		à		600 »
					10,410 »

ENFANS MALADES (1).

CET Hopital est spécialement destiné à recevoir les Enfans malades des deux sexes, de l'âge de deux à quinze ans.

Le service a été confié à un Entrepreneur général (2).

Dépense totale de l'année, 119,958 fr. 50 c.

Nombre des Malades reçus et traités, 2,229 (3).

Total des Journées, 95,435.

Prix moyen de la journée, 1 fr. 25 c.

Durée moyenne du séjour de chaque Malade, 48 jours $\frac{15}{100}$.

Dépense moyenne de chaque Malade, 60 fr. 18 c.

(1) Rue de Sèves.

(2) M Pelletier-Chambure.

(3) Voyez le tableau de la population.

DÉPENSE.

CONSTRUCTIONS ET RÉPARATIONS.

	fr. c.		fr. c.	fr. c.
Maçonnerie	6,613 63	Ci-contre	14,371 28	
Charpente	824 28	Vitrerie	349 50	
Couverture	2,299 62	Plomberie	371 84	18,542 80
Serrurerie	2,130 62	Pavage	1,326 54	
Menuiserie	1,641 08	Carrelage	729 25	
Peinture	862 05	Vidange	1,394 39	
	14,371 28			

CONTRIBUTIONS.

Imposé pour l'an XI, comme contenant 400 Lits, à 3 fr. chaque . . . . . 1,200 »

APPOINTEMENS ET GAGES.

Agent et Employés de l'Administration	3,600 »	
Officiers de Santé	5,863 15	11,053 55
Gens de Service	1,595 40	

DÉPENSES D'ÉCONOMAT (1).

Feux, Lumière, Propreté	31 »	
Pansemens, Médicamens, Chirurgie	13 20	
Frais de Bureau, Papeterie, etc.	31 45	
Idem, d'Ecurie, Charronnage	284 10	825 21
Achat d'Habillement, Toiles, Layettes	175 50	
Constructions, Réparations	188 60	
Achat de Meubles et Ustensiles	101 35	

FRAIS DE BUREAU.

Fournitures faites par le Papetier de l'Administration 91 45

31,718 »

(1) Ces Dépenses ont été acquittées directement par M. Remy, Agent de surveillance dudit Hopital, et sont conformes au résultat de son Compte, approuvé par le Conseil.

			fr. c.
		Ci-contre	31,718 »

ENTREPRISE.

95,435 journées d'Enfans malades	à fr. » c. 70 la journée		66,804 50

OBJETS D'HABILLEMENT ET DE COUCHER.

174 aunes....	Tricot bronze	à 4 25 l'aune	739 50	800 »
44 aunes....	Toile Abbeville	à 1 35 l'aune	60 50	

ACHAT DE MEUBLES ET USTENSILES.

Quincaillerie	1,426 50	1,448 »
Tourneurs	21 50	

FRAIS D'ÉCURIE.

Bourrelerie	9 »

INSTRUMENS DE CHIRURGIE ET BANDAGES.

1	Pessaire en cire	à 2 f. pièce.	2 »	60 »
9	Bandages simples	à 4 » ..	36 »	
2	Idem doubles, à un cercle	à 5 » ..	10 »	
2	Idem idem, à deux cercles	à 6 » ..	12 »	

BOULANGERIE GÉNÉRALE (1).

55,520 livres....	Pain blanc	à 15 c. 27,34 m la livre	8,479 79

PHARMACIE (2).

Suivant le Compte de la Pharmacie centrale, cet Etablissement a fourni à l'hopital des Enfans Malades, une valeur en Médicamens, de la somme de 6,157 37

DÉPENSE GÉNÉRALE (3).

La portion de l'hopital des Enfans Malades, dans la dépense d'Administration générale, est de 4,481 84

TOTAL général de la Dépense. 119,958 50

(1) Voyez le Compte de cet Etablissement, connu sous le nom de Scipion.
(2) Voyez le Compte de cet Etablissement, connu sous le nom de Pharmacie Centrale.
(3) Voyez le Compte de la dépense d'Administration générale.

NOMS ET TRAITEMENS DES EMPLOYÉS DE L'HOPITAL DES ENFANS MALADES.

				fr. c.	
EMPLOYÉS de l'Administration.	REMY.	Agent de surveillance		2,000 »	3,000 »
	METOYEN. . .	Commis-Contrôleur		1,000 »	
SERVICE DE SANTÉ.	MONGENOT. .	Médecin en chef (payé à l'Hopital Necker)		» »	6,700 »
	JADELOT. . . .	idem		1,500 »	
	PETIBEAU. . .	Chirurgien en chef.		1,500 »	
	PRAT	Pharmacien en chef.		1,500 »	
	2 ELÈVES.			500 »	
	2 Idem.		à 500 fr. chaque.	1,000 »	
	1 Idem.		à	700 »	
GENS DE SERVICE.	7 Surveillantes.		à 200 fr. chacune	1,400 »	1,800 »
	1 Portier.		à	200 »	
	1 Commissionnaire		à	200 »	
			TOTAL.		11,500 »

MAISON DE SANTÉ (1).

ON reçoit dans cette Maison les personnes en état de payer une somme déterminée pour les frais de leur traitement.

Il y a trois prix de journées différens : — 1 fr. 50 c. — 2 fr. — et 3 fr. — On est obligé de consigner, en entrant, le prix de quinze journées d'avance ; mais on rend l'excédant des journées non consommées, à la fin de la maladie (2).

Le service a été fait directement par l'Administration.

Dépense totale de l'année, 75,585 fr. 76 c.

Nombre des Malades reçus et traités, 694 (3).

Nombre moyen des Journées, 19,087.

Prix moyen de la Journée, 3 franc 96 centimes (4).

Durée moyenne du séjour de chaque Malade, 29 jours $\frac{26}{100}$.

Dépense moyenne de chaque Malade, 118 fr. 64 c.

(1) Rue du fauxbourg Saint-Martin.

(2) Voyez le Tableau des Recettes, folio 22.

(3) Voyez le Tableau de la population.

(4) Il faut remarquer que ce prix résulte de toutes les dépenses, dans lesquelles sont compris plusieurs articles évalués au moins à 20,000 f. et relatifs à l'Etablissement de cette Maison.

DÉPENSE.

CONSTRUCTIONS ET RÉPARATIONS.

	fr. c.		fr. c.	fr. c.
Maçonnerie	1,100 »	Ci-contre	4,918 36	
Serrurerie	1,379 35	Pavage	74 30	5,031 76
Menuiserie	643 85	Fonderie	39 10	
Plomberie	1,795 16		» »	
	4,918 36			

CONTRIBUTIONS.

Imposé pour l'an XI, comme contenant 110 lits, à 3 francs par lit . . . . . 330 »

APPOINTEMENS ET GAGES.

Agent et Employés de l'Administration	2,674 87	
Officiers de Santé	4,599 96	9,741 11
Gens de Service	2,466 28	

DÉPENSES D'ÉCONOMAT (1).

	fr. c.		fr. c.	
Alimens, légers alim. et frais relat.	3,164 69	Ci-contre	3,990 09	
Feux, Lumière, Propreté	108 90	Achat d'habill nt, toiles, layettes.	655 90	
Pansemens, médicamens, chirurgie.	113 30	Constructions et réparations	2,550 96	11,124 35
Paille pr. coucher, entretien d'habil.	589 20	Dépenses diverses.	3,927 40	
Frais de bureau, papeterie, etc.	14 »		» »	
	3,990 09			

26,227 22

(1) Ces dépenses ont été acquittées directement par M. Wilhem, Agent de surveillance de ladite Maison, et sont conformes au résultat de son Compte, approuvé par le Conseil.

	fr. c.
Ci-contre.	26,227 22

FRAIS DE BUREAU.

Fournitures faites par le Papetier de l'Administration.	137 53

VIANDE.

				fr. c.		fr. c.	
17,301 livres. .	7,915 livres.	Viande.	à	» 36 ½	la livre. . . .	2,888 97	6,646 90
	9,386	id. (1).	à	» 76 ⅓	le kilo	3,520 12	
Indemnité accordée au Boucher.						237 81	

VIN.

				fr. c.			
9,905 litres 37 .	2,825 litres 10 centil.	Vin de Valides.	à	» 50	le litre.	1,412 50	5,660 66
	7,080 27	id. de Malades.	à	» 60	le litre.	4,248 16	

COMESTIBLES DIVERS.

			fr. c.			
362 livres . . .	Beurre	à	67 50	le cent	244 34	1,128 30
50 décalitres .	Haricots	à	3 »	le décalitre . . .	150 »	
40 id. . . .	Lentilles	à	3 »	id.	120 »	
4,100 OEufs. .	1,800 Oeufs.	à	47 50	le mille	85 50	
	2,300 id.	à	36 »	le mille	82 80	
89 liv.	Fromage de Comté.	à	48 33,33m	le cent.	43 03	
12 kil. 33 hec.	Huile	à	1 43	le kilo.	18 98	
24 liv. ½ . . .	Idem	à	» 70	la livre.	17 15	
125 livres. . . .	Morue	à	» 50	id.	62 50	
540 livres . . .	Vermicel.	à	42 50	le cent	229 50	
Articles divers d'Epiceries.					74 50	

COMBUSTIBLES.

				fr. c.				
255 stères. . .	205 stères.	Bois neuf.	à	14 84	le stère.	3,042 20	3,676 20	5,636 14
	50 id.	Bois flotté.	à	12 68	le stère.	634 »		
190 voies . . .	158 voies.	Charbon	à	5 »	la voie.	790 »	930 80	
	32 voies.	Idem	à	4 40	la voie.	140 80		
62,759 heures . .	Lumière.		à	» 16m	l'heure.	1,004 14	1,029 14	
50 livres . . .	Huile à brûler.		à	» 50c	la livre.	25 »		

	45,436 77

(1) Les 9,386 livres de Viande représentent 4,593 kilogrammes 97 hecto.

					fr. c.
				De l'autre part . . .	45,436 77

OBJETS D'HABILLEMENT ET DE COUCHER.

Quantité	Articles		fr.	c.	fr. c.	
7 aunes $\frac{1}{3}$ . .	Drap $\frac{5}{4}$ de large.	à	6	75 l'aune.	49 50	
Articles divers, fournis par le marchand Drapier.		»	»	»	286 95	
					336 45	
149 aunes $\frac{2}{3}$ . .	Toile.	à	2	50 l'aune	372 50	
166 aunes. . . .	Toile $\frac{4}{4}$, jaune	à	2	» id.	332 »	
795 aunes $\frac{1}{4}$ . .	Toile $\frac{7}{8}$.	à	2	88 id.	2,290 32	
104 aunes. . . .	Toile pour torchons.	à	1	25 id.	130 »	
110 aunes. . . .	Toile pour serviettes	à	2	50 id.	275 »	
308 aunes $\frac{1}{2}$ . .	Toile à matelas.	à	1	75 id.	539 87	
159 aunes $\frac{3}{4}$. . .	Toile à id	à	1	60 id.	255 60	
48 aunes $\frac{5}{12}$. .	Toile de coton.	à	4	40 id.	213 02	13,764 26
790 aunes $\frac{7}{8}$ . .	Toile de coton.	à	3	60 id.	2,847 15	
113 mètres. . .	Toile serpillière.	à	»	50 le mètre.	56 50	
110	Chemises d'homme.	à	5	50 pièce.	605 »	
110	Chemises de femme	à	5	50 id.	605 »	
84	Mouchoirs de mousseline.	à	2	30 id.	193 20	
100	Tayes d'oreillers	à	2	50 id.	250 »	
96	Bonnets de coton.	à	16	» la douzaine. . .	128 »	
80	Couvertures de laine pesant 523 livres. .	à	3	» la livre	1,569 »	
1,806 livres. . . .	Laine à matelas.	à	1	53,08 id.	2,764 65	
1	Façon d'habillement complet.	à	1	» pièce	1 »	

BUANDERIE.

19,855 Journées de Malades. (Blanchissage.)	à	»	06 c. par jour	1,191 28

ACHAT DE MEUBLES ET USTENSILES.

Chaudronnerie.	1,566 86	
Poterie d'étain	404 55	
Quincaillerie.	2,167 10	
Ferblanterie	70 »	
Vannerie.	16 50	
Tourneurs	66 »	5,235 71
Tenture	611 »	
Pépinière	176 10	
Boissellerie, Brosserie, etc.	90 20	
Fayence.	67 40	
		65,628 02

				fr. c.
			Ci-contre.	65,628 02

PAILLE POUR COUCHER.

				fr. c.	
200 bottes . . .	Paille de froment.	à 28 fr. » c. le cent	56 »		104 »
100 id.	id. id.	à 48 » le cent	48 »		

BOULANGERIE GÉNÉRALE (1).

88,742 livres. . . .	Pain blanc.	à » 15c 27,34m la livre. .	4,389 88	4,421 »
170 livres. . . .	Farine fournie en nature	à » 18 31,00 la livre. .	31 12	

PHARMACIE (2).

Suivant le Compte de la Pharmacie Centrale, cet Etablissement a fourni à la Maison de Santé, une valeur en Médicamens, de la somme de. 4,536 87

DÉPENSE GÉNÉRALE (3).

La portion de la Maison de Santé, dans la dépense d'Administration générale, est de 896 37

TOTAL général de la Dépense. 75,585 76

(1) Voyez le compte de cet Etablissement, connu sous le nom de Scipion.
(2) Voyez le Compte de cet Etablissement, connu sous le nom de Pharmacie Centrale.
(3) Voyez le Compte de la Dépense d'Administration générale.

ÉTAT des RESTANS en MAGASIN, le Sixième jour Complémentaire an XI.

			fr.				fr. c.
16 livres 9 onc.	Pain	à	»	15c,28m	la livre	» »	2 61
191 litres 6 cent.	Vin	à	»	50	le litre	» »	95 53
24 kilo. 71 hect.	Viande	à	»	76 ½	le kilo	» »	18 93
5 litres 7	Haricots	à	3	»	le décalitre.	» »	1 52
2 livres 8 onc.	Riz	à	22	50	le cent	» »	» 56
10 livres 10 onc.	Farine	à	»	18,31	la livre	» »	1 96
68 . . . . »	OEufs	à	36	»	le mille	» »	2 45
28 livres 10 onc.	Pruneaux	à	»	20	la livre	» »	5 72
2 livres 10 onc.	Beurre	à	67	50	le cent	» »	1 77
1,686 livres ½	Sel	à	5	»	le cent	» »	84 32
1 livre 1 onc.	Poivre	à	2	25	la livre	» »	2 39
4 kilo. 46 hect.	Huile à manger	à	1	43	le kilo	» »	6 37
64 litres 06 cent.	Vinaigre	à	»	55	le litre	» »	35 23
6 livres 7 onc.	Cassonade	à	1	»	la livre	» »	6 43
3 stères 02	Bois	à	14	84	le stère	» »	44 81
22 voies »	Charbon	à	4	40	la voie	» »	96 80
58 livres ½	Chandelle	à	90	»	le cent	» »	52 65
68 . . . . »	Balais	à	7	50	le cent	» »	4 65
							464 70

NOMS ET TRAITEMENS DES EMPLOYÉS DE LA MAISON DE SANTE.

			fr. c.	fr c.
EMPLOYÉS de l'Administration.	WILHEM....	Agent de surveillance	2,000 »	3,000 »
	QUELIN	Commis-Contrôleur.	1,000 »	
SERVICE DE SANTÉ.	DELAROCHE...	Médecin.	1,500 »	4,600 »
	DUBOIS.	Chirurgien en Chef.	1,500 »	
	POUQUEVILLE .	Elève en Chirurgie.	100 »	
	THESSON	Pharmacien.	1,500 »	
GENS DE SERVICE..	1 Lingère	à	300 »	2,590 »
	1 Cuisinière	à	300 »	
	1 Aide de Cuisine.	à	120 »	
	1 Infirmière en chef	à	300 »	
	3 Infirmiers.	à 120 fr. chaque.	360 »	
	7 Infirmières ou Filles de service	à 100 chacune	700 »	
	2 Hommes de peine	à 120 chaque	240 »	
	1 Garçon de Pharmacie	à	120 »	
	1 Portier	à	150 »	
				10,190 »

MATERNITÉ.

CET Etablissement est composé de deux Maisons : *Accouchement* (1) et *Allaitement.* (2).

La première reçoit les *Femmes* dans le huitième mois de leur grossesse, ou dans un péril imminent d'accoucher.

La seconde, les *Enfans* au-dessous de deux ans, qui sont, soit exposés, soit abandonnés par leurs parens.

Le service a été fait directement par l'Administration.

Dépense totale de l'année, 255,225 fr. 74 c.

Nombre des Journées, 108,759.

Prix moyen de la Journée, 2 fr. 34 c. 67 m.

Pour appliquer à chaque Maison la somme qui lui revient dans la dépense totale, on a dit, suivant les feuilles de population (3) : La Maison d'Accouchement, ayant 49,741 journées, et celle de l'Allaitement 59,018 ; la première a coûté 116,727 fr. 20 c. ; et la seconde, 138,498 fr. 54 c. (4).

Les deux Maisons qui composent cet Etablissement, étant régies par les mêmes Employés, et les livres de la dépense n'étant point divisés, il serait difficile d'opérer d'une autre manière.

		DURÉE MOYENNE du SÉJOUR.	DÉPENSE MOYENNE calculée à 2 fr. 34 c. 67 m. par journée.
ACCOUCHEMENT.	Femmes enceintes ou accouchées. .	25 Jours $\frac{81}{100}$	60 fr. 56 c.
	Leurs Enfans . . . . (5)	2 id. $\frac{6}{100}$	4 83
ALLAITEMENT. .	Nourrices sédentaires.	84 id. $\frac{93}{100}$	199 30
	Leurs Enfans	76 id.	178 34
	Enfans exposés ou abandonnés. (6)	7 id. $\frac{11}{100}$	16 68
	Toutes les classes réunies	12 id. $\frac{67}{100}$	20 11

(1) Rue d'Enfer.

(2) Rue de la Bourbe.

(3) Voyez les états de la population.

(4) Cette somme de 138,498 fr. 54 c. est comprise dans le compte particulier des dépenses des Enfans abandonnés (ci-après, Chap. III).

(5) Ces Enfans qui n'ont demeuré que deux jours à la Maison de l'Accouchement, sont passés, soit aux Nourrices sédentaires, soit aux Nourrices de campagne.

(6) Ces Enfans restent peu de temps dans la Maison d'Allaitement, parce qu'on les envoie à la campagne, à fure et mesure qu'il se présente des Nourrices.

DÉPENSE.

CONSTRUCTIONS ET RÉPARATIONS.

	fr. c.		fr. c.	fr. c.
Maçonnerie	10,388 08	Ci-contre	21,483 96	
Charpente	742 10	Plomberie	11 41	
Couverture	879 77	Pavage	209 91	
Serrurerie	4,282 18	Poëlerie	3,284 25	26,107 27
Menuiserie	4,337 12	Pompier	902 43	
Peinture	120 »	Vidange	215 31	
Vitrerie	734 71	»	» »	
	21,483 96			

CONTRIBUTIONS.

Extrait du rôle des contributions foncières du 12e. Arrondissement	2,189 20

APPOINTEMENS ET GAGES.

Agent et Employés de l'Administration	18,999 84	
Officiers de santé	8,141 56	35,658 86
Gens de service	8,184 15	
Ministre du culte	333 31	

DÉPENSES D'ÉCONOMAT (1).

Alimens, légers Alimens et Frais relatifs	8,801 79	
Feux, Lumière, Propreté	156 20	
Paille pour coucher; Entretien d'Habillement	662 35	
Frais de Culte et Sépulture	156 47	
Frais de Bureau, Papeterie, etc	36 05	22,788 92
Achat d'Habillemens, Toiles, Layettes	9,073 33	
Constructions et Réparations	1,691 15	
Dépenses d'Ouvroirs	778 33	
Dépenses diverses	1,433 25	
		86,744 25

(1) Ces dépenses ont été acquittées directement par MM. Hombron et Huchetard, Agens de surveillance dudit Hopital, et sont conformes au résultat de leurs Comptes, approuvés par le Conseil.

		fr. c.
Ci-contre.		86,744 25

FRAIS DE BUREAU.

Pour fournitures faites par le Papetier de l'Administration		405 75

VIANDE.

Section de l'Allaitement.

		fr. c.	fr. c.	fr. c.	
69,324 livres. . .	37,600 livres Viande . . à	» 36 ½ la livre	13,724 »		
	31,724 Idem. (1). . . à	» 76 ⅛ le kilo.	11,898 43	26,570 51	
Indemnité accordée au Boucher.			948 08		

Section de l'Accouchement.

46,240 livres . .	24,076 livres Viande . . à	» 36 ½ la livre	8,787 74		44,313 90
	22,164 Idem. (2). . . à	» 76 ⅛ le kilo.	8,312 86	17,743 39	
Indemnité accordée au Boucher.			642 79		

VIN.

		fr. c.		
32,579 litres. . .	20,561 litres Vin de Valides. . . . . . à	» 50 le litre.	10,280 50	
	12,018 id. Vin de Malades. . . . . . à	» 60 id.	7,210 80	17,491 30

COMESTIBLES DIVERS.

1,466 livres. . . .	Beurre.	à 67 50 le cent		989 54	
410 décal. . . .	Haricots.	à 3 » le décal		1,230 »	
360 id. . . .	Lentilles.	à 3 » id.		1,080 »	
26,200.	11,900 OEufs . . . . à	47 f. 50 c. le mille. .	565 25		
	14,300 Idem. . . . . à	36 » le mille. .	514 80	1,080 05	
425 douzaines. .	Fromage de Marolles	à 1 45 la douzaine		616 25	
908 livres ¾ . .	Fromage de Comté.	à 48 33,33m le cent		439 24	
27,280 litres ½ . .	Lait	à » 20 c le litre.		5,456 10	
8,853 livres. . . .	Légumes verts.	à 5 » le cent.		442 65	
70 litres. . . .	Pois verts	à » 15 le litre.		10 50	
153 kilo. 77 hec.	Huile . . . . à	1 43 le kilo.	232 99		
172 kilo. 90 hec.	Idem. . . . . à	1 40 le kilo	242 06	475 05	
				11,819 38	
					148,955 20

(1) Les 31,724 livres de Viande représentent 15,528 kilo. 13 hecto.
(2) Les 22,164 livres de Viande représentent 10,848 kilo. 88 hecto.

				fr. c.	
			De l'autre part. . .	1{48,9[illegible]5 20	

	Suite des Comestibles divers.			De l'autre part	fr. c. 11,819 38		
			fr.	c.			
600 livres. . . .	Sel.	à	3	75 le cent.	22 50		
1,000 livres. . . .	Morue.	à	»	50 la livre.	500 »	13,467 51	
1,291 livres ½ . .	Vermicel	à	42	50 le cent.	54[illegible] 88		
Divers articles d'Epiceries					576 75		

COMBUSTIBLES.

				fr.	c.		fr. c.		
1,206 stères . .	925 stères.	Bois neuf . . .	à	14	84	le stère . .	13,727 05		
	180 id.	Bois flotté . . .	à	12	68	id. . . .	2,282 40	17,751 69	
	101 id.	Bois id. . .	à	16	»	id. . . .	1,616 »		
Frais de transport							126 24		
364 voies. . .	284 voies	Charbon.	à	5	»	la voie . .	1,420 »		
	80 id.	id.	à	4	40	id. . .	352 »	1,789 60	25,447 67
Frais de transport.							17 60		
359,149 heures . . .	Lumière		à	»	16[m]	l'heure. . .	5,746 38		
300 livres . .	200 livres	Huile à brûler .	à	»	50[c]	la livre. . .	100 »	5,906 38	
	100 id.	id. . . .	à	»	60	id. . .	60 »		

OBJETS D'HABILLEMENT ET DE COUCHER.

			fr.	c.		fr. c.	
486 aunes ⅞ . .	Drap croisé.	à	4	»	l'aune	1,984 50	
244 aunes ⅞ . .	Drap id.	à	3	75	l'aune	918 28	
Articles divers, fournis par le marchand Drapier		»	»	»	. . . .	1,331 34	
						4,234 12	
2 douzaines ⅓	Draps de Lits, de 3 ficelles	à	41	»	la douzaine . .	95 66	
6 douzaines. .	Draps id. de 3 ficelles	à	44	»	la douzaine . .	264 »	
½ douzaine. .	Draps id. de 4 ficelles	à	80	»	la douzaine . .	40 »	
4 douzaines. .	Draps id. de 4 ficelles	à	80	»	la douzaine . .	320 »	
2,072 aunes ½ . .	Toile.	à	1	30	l'aune	2,777 15	
803 aunes ¼ . .	Toile.	à	1	50	l'aune	1,204 87	
65 aunes. . . .	Toile ⅝ pour serviettes	à	1	90	l'aune	123 50	
480 aunes. . . .	Toile de Flandre p[r] tabliers de Sage-fem.	à	2	32	l'aune	1,113 60	
298 aunes. . . .	Toile serpillière.	à	»	50	l'aune	149 »	
160 aunes. . . .	Toile de coton pour camisoles.	à	3	40	l'aune	544 »	
						10,865 90	187,870 38

				fr. c.
			Ci-contre.	187,870 38

					fr. c.	
Suite des Objets d'Habillement et de Coucher.				Ci-contre.	10,865 90	12,937 95
470 paires . . .	Bas de laine, pesant 238 livres.	à	5	» la livre	1,190 »	
25	Couvertures de laine, pesant 182 livres.	à	3	» la livre	546 »	
Fils, Rubans, etc.		»	»	»	261 95	
Epingles, Aiguilles		»	»	»	39 60	
Blanchissage et raccommodage de 46 Couvertures de laine		à	»	75 pièce.	34 50	

BUANDERIE.

			fr.	c.	fr. c.	
129,720 Journées . .	de Malades . . . (Blanchissage)	à	»	060 par jour. . . .	7,783 20	8,394 87
16,662 Journées. .	d'Elèves Sage-femmes. id.	à	»	035^m par jour. . . .	583 17	
30 livres. . . .	Savon	à	95	» le cent. . . .	28 50	

ACHAT DE MEUBLES ET USTENSILES.

Chaudronnerie.	2,060 83	5,169 94
Poterie d'étain	1,035 22	
Quincaillerie	246 93	
Ferblanterie	170 »	
Vannerie.	63 »	
Tourneurs	699 »	
Balais	322 36	
Librairie.	126 »	
Corderie	49 90	
Boissellerie, Brosserie	381 70	
Faïence	15 »	

PAILLE POUR COUCHER.

2,300 bottes	1,600 bottes.	Paille froment	à	28	» le cent. . .	448 »	1,734 »
	400 id.	Paille idem	à	38	» le cent. . . .	152 »	
	300 id.	Paille idem	à	48	» le cent . . .	144 »	
6,600 boisseaux . .	Menue paille.		à	»	15 le boisseau .	990 »	

INSTRUMENS DE CHIRURGIE ET BANDAGES.

1	Bandage simple	à	4	» pièce	4 »	9 »
1	id. double, à 1 cercle	à	5	» id.	5 »	
						216,116 14

	fr. c.
De l'autre part. . .	216,116 14

DÉPENSES DIVERSES.

			fr. c.	fr. c.	
Indemnité accordée à la femme Guyot, employée réformée.				33 32	945 32
Gratifications.	Aux Filles de la Crèche.	500 »			
	A la femme Vetcikop.	100 »		612 »	
	Au cit. Guillemard.	12 »			
Frais de fondation. . — Honoré Dufour.				300 »	

BOULANGERIE GÉNÉRALE (1).

			c.		fr. c.	
186,240 livres. . .	Pain blanc.	à	15 27,34^m	la livre.	28,445 18	29,075 59
900 livres. . .	Farine, fournie en nature.	à	18 31,00	la livre.	164 79	
Frais de transport des 186,240 livres de pain.		à	25 »	par cent. . . .	465 62	

PHARMACIE (2).

Suivant le compte de la Pharmacie centrale, cet Etablissement a fourni à la Maternité, une valeur en Médicamens, de la somme de 3,981 13

DÉPENSE GÉNÉRALE (3).

La portion de la Maternité, dans la dépense d'administration générale, est de 5,107 56

TOTAL général de la Dépense. 255,225 74

(1) Voyez le Compte de cet Etablissement, connu sous le nom de Scipion.
(2) Voyez le Compte de cet Etablissement, connu sous le nom de Pharmacie Centrale.
(3) Voyez le Compte de la Dépense d'Administration générale.

ETAT des RESTANS en MAGASIN, au Sixième jour Complémentaire de l'an XI.

			fr.	c.				fr.	c.
196 livres »	Pain	à	»	15,28m	la livre.	»	»	29	94
538 litres »	Vin de Malade	à	»	60	le litre	»	»	322	80
364 litres »	Vin de Valides	à	»	50	id.	»	»	182	»
23	OEufs	à	36	»	le mille	»	»	»	82
127	Fromages de Marolles	à	1	45	la douzaine.	»	»	15	34
100 livres »	Sel	à	5	»	le cent	»	»	5	»
36 litres »	Vinaigre	à	»	55	le litre	»	»	19	80
95 livres »	Huile à brûler	à	»	50	la livre	»	»	47	50
89 stères »	Bois neuf	à	14	25	le stère	»	»	1,268	25
28 voies »	Charbon	à	4	40	la voie	»	»	123	20
60	Manches à balais	à	»	10	pièce	»	»	6	»
1330 boisseaux.	Menue paille	à	28	»	le cent	»	»	372	40
252 pièces	Rubans de fil	à	1	50		»	»	378	»
125 aunes	Serpillière	à	»	50	l'aune	»	»	62	»
101	Poignées de Fil	à	5	50	la douzaine.	»	»	46	28
								2,879	33

NOMS ET TRAITEMENS DES EMPLOYÉS DE LA MATERNITÉ.

			fr. c.	
EMPLOYÉS de l'Administration.	HOMBRON	Agent de surveillance	3,600 »	
	PAPIN	Chef de Comptabilité	2,400 »	
	SAUSSERET	Préposé à la réception	1,800 »	
	POTONIÉ	Idem à l'Etat civil	1,200 »	
	GUICHARD	1er. Contrôleur	1,800 »	
	GIRAULT	2e. idem	1,700 »	19,000 »
	JUDENNE	1er. Expéditionnaire	1,500 »	
	DEBOUCHE	2e. idem	1,300 »	
	COMBAZ	Garde-magasin	2,000 »	
	FREMINEL	Employé	1,000 »	
	BARDET	Garçon de caisse	700 »	
SERVICE DE SANTÉ.	ANDRY	Médecin	1,500 »	
	BAUDELOCQUE	Chirurgien-accoucheur en chef	3,000 »	
	AUVITY	Chirurgien en chef	1,500 »	7,600 »
	Mme. LACHAPELLE	Sage-femme en chef	1,500 »	
	PETIT	Élève en chirurgie	100 »	
CULTE	CLAUSSE	Ministre du culte		400 »
CRÈCHE	Dme. GUILLOT	Surveillante (1)	» »	
	Dme. HUBERT	Sous-Surveillante	250 »	3,250 »
	30 Berceuses	à 100 fr. chacune	3,000 »	
NOURRICES Sédentaires.	Dme. LIARD	Surveillante	300 »	500 »
	2 Filles de service	à 100 fr. chacune	200 »	
FEMMES Enceintes.	Dme. SEGUIN	Surveillante	300 »	500 »
	2 Filles de service	à 100 fr. chacune	200 »	
INFIRMERIE	Dlle. GUERRIER	Surveillante	300 »	400 »
	1 Fille de service		100 »	
LINGERIE	Dlle. GOUVERNEUR	Surveillante	300 »	400 »
	2 Apprenties	à 50 fr. chacune	100 »	
				32,050 »

(1) Cette Dame respectable, Sœur de la Charité, dirige, depuis 50 ans, sans interruption et sans aucune rétribution, la Crèche des Enfans abandonnés.

			fr. c.	fr. c.
		Ci contre.		32,050 »
Magasin de Vêtemens.	Dlle. Guichard.	Surveillante.	400 »	700 »
	Caillot.	Directrice d'ouvroir.	150 »	
	1 Apprentie		50 »	
	1 Fille de service.		100 »	
Cuisine	Dme. Heritier.	Surveillante	300 »	550 »
	Hochard	Aide	150 »	
	1 Fille de service.		100 »	
Gens de service.	Veterkop.	Portier	150 »	540 »
	Chrisoglotte.	Garçon de cave.	150 »	
	Poulmoul.	id. de chantier	120 »	
	Montpellier.	Homme de peine	120 »	
		Total		33,840 »

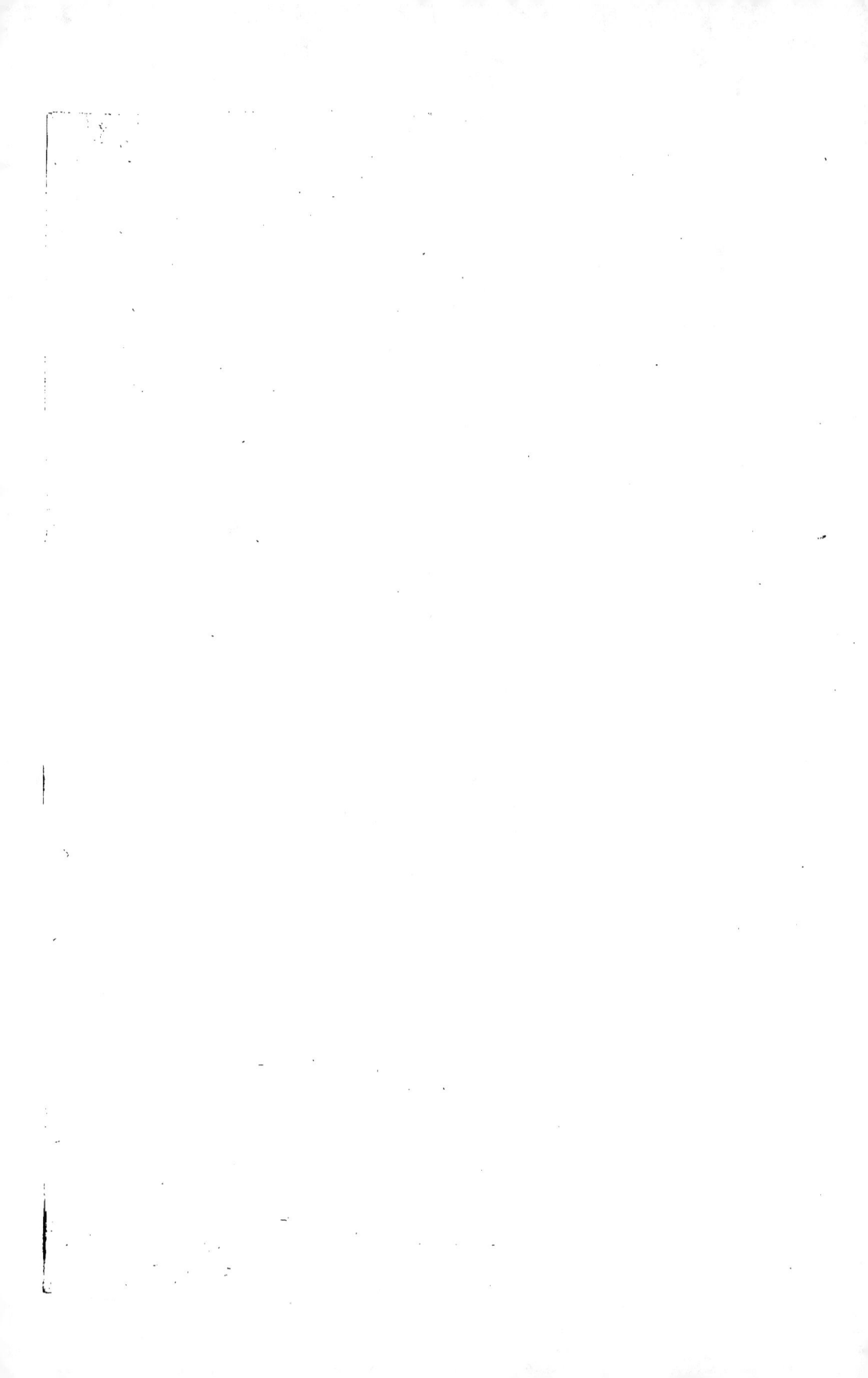

SUITE DU TITRE IIe. DE LA DÉPENSE.

CHAPITRE DEUXIÈME.

HOSPICES.

BICÊTRE. (1)

ON reçoit dans cet Hospice, les *Vieillards* indigens, âgés de soixante-dix ans ; les *Paralytiques*, les *Aveugles*, les *Fous* et les *Epileptiques*.

Le service de l'an XI a été confié à un Entrepreneur général (2).

Dépense totale de l'année, 696,924 fr. 70 c.

Nombre des Journées, 789,405 (3).

Prix moyen de la Journée, 0 franc 88 centimes.

Nombre moyen d'Indigens en l'an XI, 2156.

Dépense moyenne de chaque Indigent, 323 fr. 24 c.

(1) Commune de Gentilly, près Paris.
(2) Herbinot.
(3) Voyez l'Etat de la population.

DÉPENSE.

CONSTRUCTIONS ET RÉPARATIONS.

	fr. c.		fr. c.	fr. c.
Maçonnerie	1,800 71	Ci-contre	3,670 89	
Charpente	107 09	Vitrerie	276 76	
Couverture	805 88	Plomberie	27 »	4,018 33
Serrurerie	441 11	Pavage	43 68	
Menuiserie	516 10		» »	
	3,670 89			

CONTRIBUTIONS.

Cet Hospice, situé dans la Commune de Gentilly, est imposé à 1,782 88

PENSIONS REPRÉSENTATIVES D'ADMISSION (1).

Pensions accordées à 178 Indigens sortis de l'Hospice, conformément à l'arrêté du 16 brumaire an X. 16,036 65

APPOINTEMENS ET GAGES.

Agent et Employés de l'Administration	11,799 96	
Officiers de Santé	11,174 94	
Gens de Service	3,874 60	27,760 56
Ministres du Culte	911 06	

DÉPENSES D'ÉCONOMAT (2).

Alimens, légers Alimens et Frais relatifs	57 70	
Feux, Lumière, Propreté	133 30	
Frais de Bureau, Papeterie, etc.	264 55	
Idem d'Ecurie, Charronnage	4 80	
Achat d'Habillement, Toiles	3 »	3,916 07
Constructions et Réparations, faites par économie	3,308 97	
Achat de Meubles et Ustensiles	2 10	
Dépenses diverses	141 65	
		53,514 49

(1) Ces Pensions sont de 120 fr. chacune; elles se seraient élevées à la somme de 21,360 fr. si chaque individu avait eu une année complette; mais attendu les rentrées et les sorties, les décomptes réunis n'ont produit que la somme ci-dessus.

(2) Ces Dépenses ont été acquittées directement par M. Letourneau, Agent de surveillance dudit Hospice, et sont conformes au résultat de son Compte, approuvé par le Conseil.

	fr. c.
Ci-contre.	53,514 49

FRAIS DE BUREAU.

Fournitures faites par le Papetier de l'Administration.	250 95

ENTREPRISE.

						fr.	c.		fr. c.	
789,407 journées.	357,996	journées	d'Indigens valides . . .	à	»	49	la journée . .	175,418 04	
	225,763	id.	Septuagénaires	à	»	58	id.	130,942 54	
	132,576	id.	Insensés.	à	»	51	id.	67,613 76	
	16,972	id.	Malad. portion entière.	à	»	75	id.	12,729 »	
	53,968	id.	id. ½.	à	»	58	id.	31,301 44	
	1,941	id.	id. ¼.	à	»	44	id.	854 04	
	1	id.	id. ¾.	à	»	68	id.	» 68	
	190	id.	id. diète.	à	»	44	id.	83 60	
								418,943 10	429,268 51

Fournitures extraordinaires faites par l'Entrepreneur.

22,945 litres . .	21,906 litres. . .	Vin aux Malades . . .	à	»	45	le litre . . .	9,857 87	
	1,039 id. . .	id. aux Insensés . . .	à	»	45	id.	467 54	

COMBUSTIBLES.

100 livres. . . .	Huile à brûler.	à	»	50	la livre.	50 »

OBJETS D'HABILLEMENT ET DE COUCHER.

5 aunes ½ . .	Drap bleu.	à	7	50	l'aune.	41 25	
Articles divers, fournis par le marchand Drapier.		»	»	»	. . . .	1 87	
						43 12	
1,649 aunes. . . .	Toile.	à	1	20	l'aune.	1,978 80	
1,858 aunes. . . .	Toile.	à	1	30	l'aune.	2,415 40	10,471 37
1,862 aunes. . . .	Toile	à	1	40	l'aune.	2,606 80	
651 paires. .	268 paires de Souliers.	à	6	»	la paire. . . .	1,608 »	
	383 paires id.	à	4	75	la paire. . . .	1,819 25	
							493,555 12

	fr. c.
De l'autre part. . .	493,555 12

ACHAT DE MEUBLES ET USTENSILES.

	fr. c.	
Poterie d'étain.	52 70	635 65
Quincaillerie.	419 25	
Ferblanterie	45 75	
Vannerie	5 50	
Tourneur	45 40	
Balais.	3 60	
Boissellerie, Brosserie, etc.	35 45	
Raccommodage de jambes de bois	28 »	

INSTRUMENS DE CHIRURGIE ET BANDAGES.

18	Suspensoirs.	à 2 f. pièce.	36 »	1,018 »
95	Bandages simples.	à 4 » . .	380 »	
1	Idem exomphale.	à 5 » . .	5 »	
105	Idem doubles, à un cercle	à 5 » . .	525 »	
12	Idem idem, à deux cercles.	à 6 » . .	72 »	

DÉPENSES DIVERSES.

Remboursement à M. Herbinot, Entrepreneur, de la moitié de la dépense faite pour la construction de fourneaux économiques.	1,522 50	2,046 40
Remboursement annuel à divers co-Propriétaires, à cause du terrain par eux abandonné, lors de la construction du Puisard de Bicêtre.	423 90	
Echénillage et Élagage d'arbres, par le sieur Lamant	100 »	

BOULANGERIE GÉNÉRALE (1).

71,875 livres. 3 onc.	Pain blanc	à 15 c. 27,34m la livre	10,977 75	148,503 72
997,005 livres » . . .	Pain moyen.	à 13 79,39 la livre.	137,525 97	
				645,758 89

(1) Voyez le Compte de cet Etablissement, connu sous le nom de Scipion.

	fr.	c.
Ci-contre.	645,758	89

PHARMACIE (1).

Suivant le Compte de la Pharmacie centrale, cet Etablissement a fourni à Bicêtre, une valeur en Médicamens, de la somme de	14,093	61

DÉPENSE GÉNÉRALE (2).

La portion de Bicêtre, dans la dépense d'Administration générale, est de	37,072	20
Total général de la Dépense.	696,924	70

(1) Voyez le Compte de cet Etablissement, connu sous le nom de Pharmacie Centrale.
(2) Voyez le Compte de la dépense d'Administration générale.

Noms et traitemens des employés de l'hospice de Bicêtre.

				fr. c.	
Employés de l'Administration.	Letourneau	Agent de surveillance		4,000 »	11,800 »
	Busnot	Commis-Contrôleur		1,400 »	
	Lemanissier	1er. Expéditionnaire		1,200 »	
	Odet	2e. idem		1,200 »	
	Barbier	3e. idem		1,200 »	
	Richomme	Inspecteur des ateliers		600 »	
	Groseilles	Piqueur des bâtimens		900 »	
	Thomas	Commissionnaire		700 »	
	Pilverdier	Garçon de Bureau		600 »	
Service de Santé.	Lanefranque	Médecin		2,400 »	11,000 »
	Dumont	Chirurgien en chef		2,400 »	
	Hebreard	Idem en second		1,000 »	
	5 Elèves en Chirurgie		à 500 fr. chaque	2,500 »	
	Moret	Pharmacien en chef		2,000 »	
	Dumont jeune	Elève en Pharmacie		700 »	
Gens de service.	10 Surveillans d'emplois		à 300 fr. chaque	3,000 »	3,892 »
	1 Principal Portier		à ...	400 »	
	2 Aides-Portiers		à 150 chacun	300 »	
	1 Jardinier		à	192 »	
Ministre du Culte.	Brochier	Chapelain	à		400 »
				Total	27,092 »

Nota. Les gages des Gens de service étaient à la charge de l'Entrepreneur.

SALPÊTRIÈRE. (1)

ON reçoit dans cet Hospice, les *Femmes* indigentes, âgées de 70 ans; les *Paralytiques*, les *Aveugles*, les *Folles*, les *Epileptiques* et les *Cancérées*.

Le service de l'an XI a été fait directement par l'Administration.

Dépense totale de l'année, 1,194,747 fr. 87 c. (2)

Nombre des Journées, 1,274,509.

Prix moyen de la Journée, 94 c. (3)

Nombre moyen d'Indigens, en l'an XI, 3,482.

Dépense moyenne de chaque Indigent, 343 fr. 12 c.

(1) Sur les Nouveaux-Boulevards.
(2) Voyez la Note sur les Entreprises.
(3) Voyez les états de la population.

DÉPENSE.

CONSTRUCTIONS ET RÉPARATIONS.

	fr. c.		fr. c.	fr. c.
Maçonnerie	9,628 43	Ci-contre	13,338 57	22,763 58
Charpente	138 34	Pavage	3,598 85	
Serrurerie	1,845 86	Pompier-Fontainier	2,902 82	
Menuiserie	1,267 26	Vidange	2,923 34	
Plomberie	458 68	» » »	» »	
	13,338 57			

CONTRIBUTIONS.

Imposé pour l'an XI, comme contenant 4,000 Lits, à 3 fr. chaque	12,000 »

PENSIONS REPRÉSENTATIVES D'ADMISSION (1).

Pensions accordées à 176 Indigentes sorties de l'Hospice, conformément à l'arrêté du 16 brumaire an X	16,547 »

APPOINTEMENS ET GAGES.

Agent et Employés de l'Administration	16,983 90	77,730 23
Officiers de santé	15,826 49	
Gens de service	44,039 51	
Ministre du culte	880 33	

DÉPENSES D'ÉCONOMAT (2).

Alimens, légers Alimens et Frais relatifs	4,363 47	
Feux, Lumière, Propreté	2,437 87	
Pansemens, Médicamens, Chirurgie	34 27	
Blanchissage	1,751 03	
	8,586 64	
		129,040 81

(1) Ces pensions sont de 120 fr. chacune; elles se seraient élevées à la somme de 21,120 fr., si chaque individu avait eu une année complette; mais attendu les rentrées et les sorties, les décomptes réunis n'ont produit que la somme ci-dessus.

(2) Ces dépenses ont été acquittées directement par M. Hemey, Garde-Magasin-Econome dudit Hospice, et sont conformes au résultat de son Compte, approuvé par le Conseil.

		fr. c.
Ci-contre.		129,040 81
	fr. c.	
Suite des Dépenses d'Économat. . . . . . . Ci-contre.	8,586 64	
Paille pour coucher ; Entretien d'Habillement.	3,075 69	
Frais de Culte et Sépulture.	9 19	
Appointemens et Gages divers	30 »	71,421 17
Frais de Bureau , Papeterie , etc	765 95	
Frais d'Ecurie Charronnage	1,313 28	
Achat d'Habillemens , Toiles , Layettes	9,310 11	
Constructions et Réparations , faites par économie.	48,330 31	

FRAIS DE BUREAU.

Pour fournitures faites par le Papetier de l'Administration	291 95

VIANDE.

			fr.	c.		fr. c.	
538,071 livres. . .	265,458 livres Viande	à	»	36 ½	la livre . . .	96,892 17	
	272,613 Idem. (1)	à	»	76 ⅛	le kilo. . . .	102,252 51	206,570 85
Indemnité accordée au Boucher						7,426 17	

VIN.

133,492 litres 41	92,400 litres 02 centi. Vin de Valides .	à	»	50	le litre.	46,200 01	
	41,092 id. 39 id. Vin de Malades.	à	»	60	id.	24,655 43	70,855 44

COMESTIBLES DIVERS.

15,680 livres. . . .	Beurre.	à	67	50	le cent		10,584 »
6,293 décal. . . .	Haricots.	à	3	»	le décal		18,879 »
2,889 id. . . .	Lentilles.	à	3	»	id.		8,667 »
75,299.	34,735 OEufs	à	47 f.	50 c.	le mille . .	1,649 90	3,110 20
	40,564 Idem.	à	36	»	le mille . .	1,460 30	
9,717 douz. ⅓ . .	Fromages de Marolles. . .	à	1	45	la douzaine.	14,090 13	35,244 76
43,768 livres 1 onc.	Fromage de Comté	à	48	33,33m	le cent . . .	21,154 63	
18,165 litres 07. .	Lait	à	»	20c	le litre		3,632 99
119,751 livres. . . .	Légumes verts.	à	5	»	le cent . . .	5,987 55	6,776 17
Indemnité sur Légumes.						788 62	
							86,894 12
							478,180 22

(1) Les 272,613 livres de Viande représentent 133,445 Kilo. 37 hecto.

					fr. c.
		De l'autre part.			478,180 22
				f r. c.	
	Suite des Comestibles divers.	De l'autre part.		86,894 12	
3,759 livres. . . .	Pommes de terre.	à 3 f. » le cent. . . .		112 77	
286 kilo. 10 hec.	Huile (y compris 1 f. 28 c. pr. barils)	à 1 f. 43 c. le kilo.	410 40	957 26	
390 kilo. 62 hec.	Idem.	à 1 40 le kilo.	546 86		
6,930 livres. . . .	Sel.	à 5 » le cent.	346 50	935 25	95,417 60
15,700 livres. . . .	Idem.	à 3 75 le cent.	588 75		
859 livres. . . .	Vermicel.	à 42 f. 50 c. le cent. . .		365 07	
Articles divers d'Épiceries.				6,153 13	

COMBUSTIBLES.

1,419 stères. . . .	Bois neuf.	à 14 f. 84 c. le stère. . .		21,057 96	
155 voies. . {	150 voies. Charbon. .	à 4 f. 40 c. la voie. . .	660 »	670 »	32,682 62
	5 voies. Poussier. .	à 2 » la voie. . .	10 »		
790,232 heures. . .	Lumière.	à » 13m l'heure. . .	10,273 16	10,954 66	
1,363 livres. . . .	Huile à brûler.	à » 50c la livre. . .	681 50		

OBJETS D'HABILLEMENT ET DE COUCHER.

6,213 mèt. 32 cent.	Drap Mouy 5/4.	à 5 f. 95 c. le mètre. .	36,969 13		
3 aunes. . . .	Drap bleu naturel.	à 18 » l'aune. . . .	54 »		
78 aunes 1/20. .	Drap gris 5/4.	à 7 » l'aune. . . .	546 35	41,878 71	
634 mèt. 33 cent.	Drap Mouy 4/4.	à 5 55 le mètre. .	3,520 53		
Articles divers, fournis par le marchand Drapier.			788 70		
57 aunes. . . .	Toile.	à » f. 75 c. l'aune.		42 75	
2,036 aunes 3/4. .	Toile.	à 1 18 l'aune. . . .		2,403 30	
1,333 aunes 1/2. .	Toile.	à 1 20 l'aune.		1,600 20	
6,556 aunes 2/3. .	Toile.	à 1 25 l'aune.		8,195 80	
26,715 aunes 3/4. .	Toile.	à 1 30 l'aune.		34,730 47	
29,433 aunes 3/4. .	Toile.	à 1 34 l'aune.		39,441 22	
1,659 aunes. . . .	Toile.	à 1 35 1/2 l'aune.		2,247 95	
3,602 aunes 3/4. .	Toile.	à 1 37 l'aune.		4,935 76	
				135,476 16	
					606,280 44

								fr. c.
							Ci-contre.	606,280 44
						fr. c.		
Suite des Objets d'Habillement et de Coucher. . .		Ci-contre.				134,476 16		
			fr.	c.				
4,804 aunes. . . .	Toile.	à	1	37 ½	l'aune.	6,605 49		
634 aunes ½ . . .	Toile.	à	1	39	l'aune.	881 95		
360 aunes ½ . . .	Toile	à	1	50	l'aune.	540 75		
1,800 aunes. . . .	Toile dite oulnette, pour tayes d'oreillers.	à	1	55	l'aune.	2,790 »		
4,014 aunes ½ . . .	Toile d'Armentières	à	2	40	l'aune	9,634 80		
147 aune ⅞ . . .	Toile id. ⅞	à	2	50	l'aune.	369 69		
1,577 mètres . . .	Toile serpillière.	à	»	50	le mètre . . .	788 50	188,370 85	
3,36[illegible] aunes	Siamoise.	à	3	41	l'aune.	11,4[illegible]7 20		
10,000	Bonnets	à	»	78	pièce	7,800 »		
2,160	Bonnets	à	»	79	pièce	1,706 40		
3,295 paires. . . .	Bas de laine, pesant 1,304 ¼ liv.	à	4	20	la livre. . . .	5,477 85		
30 douzaines [illegible]	Bas de laine (compris 2 f. pour le port).	à	20	»	la douzaine. .	608 66		
»	Fils, Rubans, Aiguilles, etc.	»	»	»	. . . .	1,411 42		
8,000 paires de Sabots de femme.		à	»	35	la paire. . . .	2,800 »		
1 façon d'habillement complet		à	5	»	. . . .	5 »		

B U A N D E R I E.

			fr.	c.		fr. c.		
13,493 livres . .	3,790 livres. Potasse d'Amérique.	à	»	55	la livre.	2,084 50	6,731 26	
	2,136 livres. Potasse	à	47	50	le cent.	1,014 60		
	7,567 livres. Idem Potasse.	à	48	»	le cent.	3,632 16		9,188 93
2,576 livres . .	349 livres. Savon.	à	»	98	la livre.	342 02	2,457 67	
	2,227 livres. Savon.	à	95	»	le cent.	2,115 65		

A C H A T D E M E U B L E S E T U S T E N S I L E S.

Poterie d'étain.	11,690 50	
Quincaillerie	2,5[illegible] 70	
Vannerie	259 50	
Verres.	608 64	
Balais	907 19	17,426 13
Corderie	347 50	
Boissellerie, Brosserie, etc.	3[illegible]0 20	
Raccommodage de l'Horloge	565 »	
Couleurs.	81 90	
		821,266 35

De l'autre part. . . . . fr. c. 821,268 35

FRAIS D'ÉCURIE.

				fr.	c.		fr. c.	fr. c.	
5,375 bottes . .	2,300 bottes.	Paille d'avoine	à	28	»	le cent.	644 »	2,102 45	9,165 60
	1,875 id.	Paille id.	à	48	»	le cent.	900 »		
	900 id.	Paille id.	à	50	»	le cent.	450 »		
	300 id.	Paille id.	à	36	15	le cent.	108 45		
2,548 bottes . .	1,838 bottes.	id. de froment. . .	à	28	»	le cent.	514 64	759 41	
	370 id.	idem	à	38	»	le cent.	140 60		
	340 id.	idem	à	30	64	le cent.	104 17		
2,944 boisseaux.	Menue paille d'avoine.		à	»	15	le boisseau		441 60	
4,405 bottes . .	2,250 bottes.	Foin	à	35	»	le cent.	787 50	2,044 61	
	650 id.	id.	à	60	»	le cent.	390 »		
	650 id.	id.	à	53	85	le cent.	350 »		
	400 id.	id.	à	56	51	le cent.	226 04		
	455 id.	id.	à	63	97	le cent.	291 07		
207 hectolit.	51 hectolitres	Avoine	à	9	30	l'hect. .	474 30	3,391 53	
	36 id.	id.	à	8	57	id.	308 52		
	33 id.	id.	à	10	37	id.	342 21		
	87 id.	id.	à	10	»	id.	870 »		
	66 septiers ½	id.	à	21	»	le sept.	1,396 50		
Bourrelerie, abonnement annuel								427 »	

INSTRUMENS DE CHIRURGIE ET BANDAGES.

			fr.	c.			
5	Pessaires en cire.	à	2	»	pièce	10 »	108 »
13	Bandages simples.	à	4	»	pièce	52 »	
5	id. exomphales	à	5	»	pièce	25 »	
3	id. doubles, à 1 cercle.	à	5	»	pièce	15 »	
1	Ventrière.	à	6	»	pièce	6 »	

DÉPENSES DIVERSES.

Remboursement à M. Doseillant, d'achats de vases sacrés	469 07	2,517 07
Indemnité de 60 francs, une fois payés, accordée à diverses Indigentes, sorties de la Salpêtrière, pour n'y plus rentrer	1,020 »	
Retribution de 4 francs par jour, allouée au sieur Paillette, Inspecteur des travaux des Acqueducs.	1,028 »	

833,057 02

	fr.	c.
Ci-contre.	833,057	02

BOULANGERIE GÉNÉRALE (1).

			c.			fr. c.	
1,923,277 livres.	637,211 livres Pain blanc.	à	15	27,54m	la livre.	97,323 78	280,366 44
	1,286,066 livres id. moyen.	à	13	79,39	la livre.	177,398 85	
14 sacs	Farine, fournie en nature.	à	18	31,00	la livre.	833 10	
15 livres. . . .	Idem	à	16	90	la livre.	2 53	
Frais de transport des	1,923,277 livres de pain.	à	25	»	par cent	4,808 18	

PHARMACIE (2).

Suivant le compte de la Pharmacie centrale, cet Etablissement a fourni à la Salpêtrière, une valeur en Médicamens, de la somme de 21,470 55

DÉPENSE GÉNÉRALE (3).

La portion de la Salpêtrière, dans la dépense d'administration générale, est de 59,833 86

TOTAL général de la Dépense. 1,194,727 87

(1) Voyez le Compte de cet Etablissement, connu sous le nom de Scipion.
(2) Voyez le Compte de cet Etablissement, connu sous le nom de Pharmacie Centrale.
(3) Voyez le Compte de la Dépense d'Administration générale.

ETAT des RESTANS en MAGASIN, au Sixième jour Complémentaire de l'an XI.

			fr.	c.			fr.	c.
38 livres.	Pain blanc	à	»	15,28m	la livre. . .	» »	5	80
29 liv. 12 onc.	Pain bis	à	»	13,70	la livre. . .	» »	4	07
4,486 litres 18 cent.	Vin de Malades	à	»	60	le litre . . .	» »	2,691	70
541 litres 09 cent.	Vin de Valides	à	»	50	le litre. . .	» »	270	54
10 kilo. 22 hect.	Viande	à	1	76 ⅝	le kilo . . .	» »	[illegible]	83
21,537 livres.	Riz.	à	22	50	le cent . . .	» »	4,845	82
70 livres 5 onc.	Vermicel.	à	42	50	le cent. . .	» »	29	88
182 livres 9 onc.	Farine	à	»	18,31	la livre. . .	» »	33	42
261 liv. 14 onc..	Pruneaux.	à	»	20	la livre. . .	» »	52	37
5,461 litres 10 cent.	Haricots	à	3	»	le décalitre.	» »	1,638	33
2,074 litres 40 cent.	Lentilles	à	3	»	le décalitre.	» »	622	32
581 livres.	Beurre	à	67	50	le cent . . .	» »	392	17
349 liv. 11 onc. .	Fromage de Gruyère	à	48	33,33m	le cent . . .	» »	169	01
252	Fromages de Marolles	à	1	45	la douzaine.	» »	30	45
5,008 livres.	Sel.	à	5	»	le cent. . .	» »	250	40
2 livres 12 onc.	Poivre.	à	2	25	la livre. . .	» »	6	18
8	OEufs.	à	36	»	le millie. . .	» »	»	29
14 livres.	Cassonade	à	1	»	la livre. . .	» »	14	»
25 livres 15 onc.	Mélasse	à	»	40	la livre . .	» »	10	37
33 livres.	Plantes potagères	à	»	05	la livre . . .	» »	1	65
171 litres.	Vinaigre	à	»	55	le litre . . .	» »	94	05
230 kilo. 90 hect.	Huile à manger	à	1	43	le kilo . . .	» »	330	18
69 livres.	Huile de lin	à	»	70	la livre. . .	» »	48	30
144 livres.	Huile à brûler	à	»	50	la livre. . .	» »	72	»
151 stères.	Bois neuf	à	14	25	le stère . . .	» »	2,151	75
22 voies.	Charbon.	à	4	40	la voie . . .	» »	96	80
14 livres.	Chandelle	à	90	»	le cent. . .	» »	12	60
912 livres.	Savon	à	»	95	la livre. . .	» »	866	40
938 livres.	Potasse.	à	50	»	le cent. . . .	» »	469	»
3 bottes	Paille de seigle.	à	38	»	le cent . . .	» »	1	14
52 bottes	Paille de froment.	à	28	»	le cent. . .	» »	14	56
75 bottes	Foin	à	35	»	le cent . . .	» »	26	25
1,886 paires	Sabots	à	»	30	la paire. . .	» »	565	80
497 livres.	Linge à pansement.	à	»	20	la livre . . .	» »	99	40
134 mèt. 80 cent.	Serpillière.	à	»	50	le mètre. . .	» »	67	40
							[illegible] 993	13

NOMS ET TRAITEMENS DES EMPLOYÉS DE L'HOSPICE DE LA SALPÈTRIÈRE.

Service	Nom	Emploi	Taux	fr. c.	fr. c.
AGENCE DE SURVEILLANCE.	LAPORTE-LALANE. . .	Agent de surveillance		4,000 »	
	CHEVILLARD.	1er. Commis.		1,800 »	
	GUERIN	2e. idem		1,400 »	7,650 »
	FLOQUET	Garçon de Bureau		250 »	
	MORAND	Commissionnaire.		200 »	
ÉCONOMAT ET MAGASIN GÉNÉRAL.	HEMEY	Econome-Garde-Magasin		3,000 »	
	SOREL.	Principal-Commis.		1,400 »	
	POISOT	Sous-Garde-Magasin		1,400 »	
	TRIBOUT	idem		1,400 »	
	SURRUT.	Garçon-de-Magasin		250 »	8,400 »
	LAISNÉ.	idem		250 »	
	DEMOISSON.	Sommelier		300 »	
	BECQUERELLE fils . .	Tonnelier		200 »	
	GIRAULT.	Garçon de chantier		200 »	
CUISINE GÉNÉRALE.	DURAND.	Surveillante		360 »	
	BELRUDE	Sous-Surveillante.		160 »	
	MILLÉ.	idem		160 »	2,180 »
	COTARD	Cuisinier		300 »	
	4 Hommes de service.	. . . .	à 150 fr. chacun	600 »	
	6 Filles de service . .	. . . .	à 100 chacune. . . .	600 »	
LINGERIE. . . .	BLACHIER.	Surveillante.		360 »	
	SAINT-ANTOINE. . .	Sous-Surveillante		160 »	
	HUMELIN.	Contre-Maître		150 »	
	4 Filles au linge. . .	. . . .	à 100 fr. chacune. . . .	400 »	
	2 Filles de service. .	. . . .	à 72 chacune. . . .	144 »	3,564 »
	3 Couleurs	. . . .	à 150 chacun	450 »	
	15 Savonneuses. . . .	. . . .	à 100 chacune.	1,500 »	
	4 Laveuses.	. . . .	à 100 chacune.	400 »	
MAGASIN d'Habillement et Lingerie.	BAZILE.	Surveillante.		360 »	
	ARMAND.	Sous-Surveillante		160 »	1,300 »
	2 Coupeuses.	. . . .	à 120 fr. chacune. . . .	240 »	
	5 Ouvrières.	. . . .	à 108 chacune. . . .	540 »	
					23,094 »

De l'autre part . . . . fr. 23,094 c. »

				fr. c.	
ATELIERS GÉNÉRAUX.	PITOET.	Surveillante		360 »	520 »
	BUISSON.	Sous-Surveillante.		[illegible]	
PANNETERIE et DISTRIBUTION.	RABAVIATI.	Surveillante.		360 »	760 »
	4 Filles de service . .	. . . .	à 100 fr. chacune	400 »	
PORTES et PARLOIRS.	VICTOR	Surveillante.		360 »	1,6[illegible]0 »
	HAUREAU.	Sous-Surveillante.		160 »	
	5 Filles de service . .	. . . .	à 100 fr. chacune.	500 »	
	ÉTAILLY.	Portier principal.		200 »	
	3 Aides Portiers . . .	. . . .	à 150 fr. chacun.	450 »	
BATIMENS et BOUTIQUES.	CADOT	Piqueur.		600 »	6,480 »
	PEYLIER	Maçon.		3[illegible]0 »	
	DOUTÉ.	Servant-Maçon		[illegible]	
	BLIN	Couvreur.		3[illegible] »	
	BLIN jeune	idem.		3[illegible]0 »	
	BOROGEE	Menuisier.		300 »	
	VIEL	idem.		200 »	
	2 Apprentifs	. . . .	à 60 fr. chacun	120 »	
	LEFEVRE	Serrurier.		300 »	
	MERVILE	Vitrier Peintre		240 »	
	BALLET	Charron.		300 »	
	CARRÉ.	Maréchal		200 »	
	LEPÈRE	Tourneur		200 »	
	LEPÈRE	Rempailleuse		100 »	
	BAUDEQUIN.	Tapissier-Matelassier.		300 »	
	MAREILLE.	Garçon idem		150 »	
	3 Charretiers	. . . .	à 200 fr. chacun	600 »	
	BOUDIN	Fossoyeur		200 »	
	TISSOT	Ramoneur.		120 »	
	9 Garçons de service.	. . . .	à 150 f. chacun	1,350 »	
	MORISSET.	Inspecteur de l'illumination		150 »	
RÉFECTOIRES et PROPRETÉ DES COURS.	DUPONT.	Surveillante.		360 »	1,720 »
	FLEURY.	Sous-Surveillante.		160 »	
	4 Filles de service . .	. . . .	à 100 fr. chacune	400 »	
	8 Balayeurs des cours.	. . . .	à 100 fr. chacun.	800 »	

34,244 »

				fr. c.	fr. c.
			Ci-contre.		34,244 »
Iere. Division. Reposantes		Larue	Surveillante	360 »	
		2 Sous-Surveillantes	à 160 fr. chacune	320 »	1,280 »
		6 Filles de service	à 100 chacune	600 »	
IIe. Division		Chevillard	Surveillante	360 »	
		Boucher	Sous-Surveillante des Aveugles	160 »	
		Salmont	Idem des Paralytiques	160 »	3,000 »
		Demirepoix	Idem des Octogénaires	160 »	
		Chaillon	Idem idem	160 »	
		20 Filles de Service	à 100 fr. chacune	2,000 »	
IIIe. Division	1re. Section	Lombard	Surveillante des Septuagénaires	360 »	
		3 Sous-Surveillantes	à 160 fr. chacune	480 »	1,440 »
		6 Filles de service	à 100 chacune	600 »	
	2e. Section	Rimbert	Surveillante	360 »	
		2 Sous-Surveillantes	à 160 fr. chacune	320 »	1,280 »
		6 Filles de service	à 100 chacune	600 »	
	3e. Section	Partenay	Surveillante	360 »	
		5 Sous-Surveillantes	à 160 fr. chacune	800 »	2,260 »
		11 Filles de service	à 100 chacune	1,100 »	
	4e. Section	Darras	Surveillante	360 »	
		3 Sous-Surveillantes	à 160 fr. chacune	480 »	1,340 »
		7 Filles de service	à 100 chacune	700 »	
	5e. Section	Lemoine	Surveillante	360 »	
		5 Sous-Surveillantes	à 160 fr. chacune	800 »	2,060 »
		9 Filles de service	à 100 chacune	900 »	
IVe. Division		Becourt	Surveillante de l'Infirmerie générale	360 »	
		Poidevin	Sous Surveillante de la cuisine de l'Infirmerie	160 »	
		2 Hommes de service	à 120 fr. chacun	240 »	
		3 Filles de service	à 100 chacune	300 »	
		Anselme	Surveillante à la Lingerie	160 »	
		3 S. Surv. du serv. direct. de l'Infir. gén.	à 160 fr. chacune	480 »	6,862 »
		29 Infirmières	à 108 chacune	3,132 »	
		Denis	Portier	150 »	
		Sotez	Surveillante des Cancérées et Galeuses	360 »	
		2 Sous-Surveillantes	à 160 fr. chacune	320 »	
		12 Filles de service	à 100 chacune	1,200 »	
					53,926 »

				fr. c.	fr. c.
			De l'autre part.		53,966 »
Ve. Division.	Pussin	Surveillante des Folles.		360 »	4,840 »
	Serret	Sous-Surveillante, chargée du linge.		180 »	
	2 Sous-Surveillantes.		à 160 fr. chacune.	320 »	
	27 Filles de service.		à 100 chacune.	2,700 »	
	3 Sous-Surveillantes	des Epileptiques.	à 160 chacune.	480 »	
	8 Filles de service.		à 100 chacune.	800 »	
Service de santé.	Pinel.	Médecin en chef.		2,400 »	15,350 »
	Landré-Bauvais.	Médecin adjoint.		1,000 »	
	Lallement.	Chirurgien en chef.		2,400 »	
	Murat.	Idem en second.		1,000 »	
	7 Elèves en chirurgie.		à 500 fr. chaque.	3,500 »	
	Heleine.	Apothicaire en chef.		2,000 »	
	2 Elèves apothicaires.		à 700 fr. chaque.	1,400 »	
	Pussin	Médecin des Folles.		1,200 »	
	2 Garçons de Pharmacie.		à 150 fr. chacun.	300 »	
	Clergeon	Jardinier de la Pharmacie.		150 »	
Service du Culte.	3 Chapelains.		à 400 fr. chacun.	1,200 »	1,350 »
	Nargaud.	Clerc.		150 »	
Inspecteur.	Clery.				600 »
			Total.		76,106 »

INCURABLES-HOMMES (1).

ON reçoit dans cette Maison, les *Indigens* perclus de leurs membres, ou attaqués d'autres infirmités incurables, qui les mettent dans l'impossibilité absolue de se livrer à aucun genre de travail.

Le service a été confié à des Régisseurs-généraux (2).

Dépense totale de l'année, 151,534 fr. 37 c.

Nombre des Journées, 122,813 (3).

Prix moyen de la Journée, 1 fr. 23 c.

Nombre moyen d'Indigens, en l'an XI, 335.

Dépense moyenne de chaque Indigent, 452 fr. 34 c.

(1) Fauxbourg St.-Martin.
(2) MM. Lavauverte et Compagnie.
(3) Voyez les états de la population.

DÉPENSE.

CONSTRUCTIONS ET RÉPARATIONS.

	fr. c.	fr. c.
Maçonnerie	3,350 »	
Peinture	138 73	4,428 66
Plomberie	404 47	
Pavage	535 46	

CONTRIBUTIONS.

Imposé pour l'an XI, comme contenant 289 Lits, à 3 fr. chaque	867 »

PENSIONS REPRÉSENTATIVES D'ADMISSION (1).

Pensions accordées à 35 Indigens sortis de l'Hospice, conformément à l'arrêté du 16 brumaire an X	5,484 50

APPOINTEMENS ET GAGES.

Agent et Employés de l'Administration	3,399 96	
Officiers de santé	2,100 »	6,549 96
Gens de service	600 »	
Ministre du culte	450 »	

DÉPENSES D'ÉCONOMAT (2).

Paille pour coucher; Entretien d'habillement	70 30	
Frais de Culte et Sépulture	24 35	3,314 52
Frais de Bureau, Papeterie, etc.	22 35	
Constructions et Réparations, faites par économie	3,197 52	

FRAIS DE BUREAU.

Fournitures faites par le Papetier de l'Administration	177 62
	20,822 26

(1) Ces Pensions sont de 180 fr. chacune; elles se seraient élevées à la somme de 6,300 fr. si chaque individu avait eu une année complette; mais attendu les rentrées et les sorties, les décomptes réunis n'ont produit que la somme ci-dessus.

(2) Ces Dépenses ont été acquittées directement par M. Baudin, Agent de surveillance dudit Hospice, et sont conformes au résultat de son Compte, approuvé par le Conseil.

				fr. c.
		Ci-contre.		20,822 26

RÉGIE.

		fr. c.		fr. c.	
122,813 journées.	122,447 journées d'Indigens.	à » 79	chaque	96,733 13	97,117 43
	366 id. d'Officiers de santé. .	à 1 05	id.	384 30	

COMBUSTIBLES.

4 voies. . . .	Charbon	à 4 40	la voie.	17 60

OBJETS D'HABILLEMENT ET DE COUCHER.

		fr. c.	fr. c.		
5 aunes ½ . .	Drap violet fin.	à 34 » l'aune. . . .	187 »	(*) 365 37	865 37
1 aune	Velours de soie, violet	à 25 » l'aune. . . .	25 »		
5 aunes. . . .	Siamoise.	à 3 75 l'aune. . . .	18 75		
2 aunes ½ . .	Molleton.	à 4 50 l'aune. . . .	11 25		
1 aune ½. . .	Toile Laval.	à 2 25 l'aune. . . .	3 37		
3 aunes ¼ . .	Ruban de soie, violet moirée . .	à 8 » l'aune. . . .	26 »		
1	Toque velours de soie noir, doublée de soie		9 »		
. . . .	Gances et façon de l'habillement complet.		30 »		
1	Chapeau		18 »		
1 paire. . . .	Bas de laine violet, fins		7 »		
1 paire. . . .	Bottes.		30 »		
146 aunes ⅗ . .	Siamoise.	à 3 41 l'aune. . . .		500 »	

INSTRUMENS DE CHIRURGIE ET BANDAGES.

14	Suspensoirs.	à 2 f. pièce.	28 »	182 »
24	Bandages simples.	à 4 » . .	96 »	
1	Idem exomphale.	à 5 » . .	5 »	
7	Idem doubles, à un cercle	à 5 » . .	35 »	
3	Idem idem, à deux cercles.	à 6 » . .	18 »	

BOULANGERIE GÉNÉRALE (1).

152,969 livres. 4 onc.	Pain blanc	à 15 c. 27,34m la livre.	23,363 56
			142,368 22

(*) Cette somme de 365 fr. 37 c. a été employée, conformément aux ordres du Ministre de l'Intérieur, pour procurer au Prélat grec, Isacarus, admis dans cette Maison, un vêtement de la couleur et de la forme convenables à son état.

(1) Voyez le Compte de cet Etablissement, connu sous le nom de Scipion.

		fr. c.
	De l'autre part. . .	142,368 22

PHARMACIE (1).

Suivant le Compte de la Pharmacie centrale, cet Etablissement a fourni aux Incurables-Hommes, une valeur en Médicamens, de la somme de	3,398 57

DÉPENSE GÉNÉRALE (2).

La portion de l'Hospice des Incurables-Hommes, dans la dépense d'Administration générale, est de	5,767 58
Total général de la Dépense.	151,534 37

(1) Voyez le Compte de cet Etablissement, connu sous le nom de Pharmacie Centrale.
(2) Voyez le Compte de la dépense d'Administration générale.

EXTRAIT du Compte rendu par MM. LAVAUVERTE et Comp^nie., Régisseurs-généraux de l'Hospice des Incurables-Hommes, en l'an XI.

			fr.					fr.	mil.
19,418 livres 12 onc.	Pain	à	»	15,28^m	la livre	»	»	2,967	185
56,039 litres 72 déci.	Vin	à	»	48,54	le litre	»	»	27,203	121
84,351 livres 10 onc.	Viande	à	»	38,04	la livre	»	»	32,094	391
25,131	OEufs	à	48	43,82	le mille	»	»	1,217	302
1,860 livres	Beurre	à	»	91,63	la livre	»	»	1,704	474
952 livres	Farine	à	»	20,25	la livre	»	»	192	815
1,381 livres	Riz	à	»	28,20	la livre	»	»	389	567
3,055 livres	Pruneaux	à	»	18,69	la livre	»	»	571	022
960 livres	Raisiné	à	»	24,20	la livre	»	»	232	360
2,568 livres	Fromage	à	»	48,10	la livre	»	»	1,235	420
» »	Poisson	»	»	»		»	»	345	341
6,416 livres	Sel	à	»	04,48	la livre	»	»	287	744
21 livres 2 onc.	Poivre	à	1	50,57	la livre	»	»	31	807
8 livres	Huile	à	1	27,61	la livre	»	»	10	209
586 litres	Vinaigre	à	»	32,39	le litre	»	»	189	835
117 livres 11 onc.	Sucre et Cassonade	à	»	96,84	la livre	»	»	113	980
» »	Nourriture en argent	»	»	»		»	»	732	»
411 boisseaux ½	Haricots	à	3	50,12	le boisseau	»	»	1,440	759
134 boisseaux ¼	Lentilles	à	3	36,01	le boisseau	»	»	451	097
25 paquets	Oseille	à	»	39,94	le paquet	»	»	9	986
112 paquets	Epinards	à	»	31,95	le paquet	»	»	35	789
» »	Artichauts	»	»	»		»	»	45	462
» »	Salade	»	»	»		»	»	127	935
7,141 bottes	Carottes	à	»	34,26	la botte	»	»	2,446	872
1,620 bottes	Poireaux	à	»	25,48	la botte	»	»	412	805
1,560 bottes	Navets	à	»	18,97	la botte	»	»	296	043
1,927 bottes	Oignons	à	»	27,61	la botte	»	»	532	087
432 boisseaux	Pommes-de-terre	à	»	93,24	le boisseau	»	»	402	813
» »	Ail	»	»	»		»	»	2	470
Cardage de Matelas		»	»	»		»	»	143	750
Merceries		»	»	»		»	»	205	300
Paille de couchage		»	»	»		»	»	227	685
								76,299	426

		fr.					fr.	mill.
	De l'autre part.						76,299	426
Entretien du Mobilier		»	»	»	»	»	853	990
Divers objets		»	»	»	»	»	128	249
418 double-stères	Bois à brûler	à	24	83,69m le doub.-st.	»	»	10,381	864
152 voies	Charbon	à	4	50,73 la voie	»	»	685	120
647 livres ½	Chandelle	à	»	67,63 la livre	»	»	437	906
3,603 liv. 12 onc.	Huile à brûler et Mèches	à	»	64,78 la livre	»	»	2,334	576
5 liv.	Savon et Indigo	à	»	»	»	»	4	775
Blanchissage		»	»	»	»	»	4,271	»
Ramonage		»	»	»	»	»	43	105
Réparations locatives		»	»	»	»	»	412	960
1496 bottes	Foin	à	»	47,79 la botte	»	»	714	978
772 bottes	Paille de froment	à	»	33,97 la botte	»	»	262	270
609 boisseaux ½	Avoine	à	1	15,40 le boisseau	»	»	703	396
Transports		»	»	»	»	»	569	250
Frais ordinaires		»	»	»	»	»	439	753
Id. Extraordinaires		»	»	»	»	»	54	560
Gages des Infirmiers		»	»	»	»	»	4,948	»
Employés particuliers		»	»	»	»	»	1,500	»
Chefs d'Office et Ouvriers		»	»	»	»	»	881	163
Employés du Bureau général		»	»	»	»	»	3,628	666
Frais de Bureau et Impressions		»	»	»	»	»	354	402
							110,349	409
	NOTA. Suivant le Compte établi folio 195, le produit des Journées, à divers prix, étant de						97,117	430
	Il paraît résulter une perte de						13,227	979

CONSULTEZ la Note faite, à cet égard, sur les 18 mois de service des Régisseurs-généraux.

NOMS ET TRAITEMENS DES EMPLOYÉS DE L'HOSPICE DES INCURABLES-HOMMES,

PAYÉS PAR L'ADMINISTRATION.

			fr. c.	fr. c.
EMPLOYÉS de l'Administration.	BAUDIN	Agent de surveillance	2,400 »	3,700 »
	LERAMBERT	Commis-Contrôleur	1,000 »	
	LARUA	Surveillant	300 »	
SERVICE DE SANTÉ.	LESVIGNES	Médecin	1,500 »	2,100 »
	DESHAYES	Chirurgien	600 »	
MINISTRE DU CULTE.	LETELLIER	Chapelain		600 »
GENS DE SERVICE.	ROUGET	Portier		150 »
		TOTAL		6,550 »

EMPLOYÉS, PAYÉS PAR LA RÉGIE.

1 Sous-Directeur	1,500 »	6,300 »
42 Personnes de service	4,800 »	
TOTAL		12,850 »

INCURABLES-FEMMES (1).

On reçoit dans cette Maison, les *Indigentes* percluses de leurs membres ou attaquées d'autres infirmités incurables, qui les mettent dans l'impossibilité absolue de se livrer à aucun genre de travail.

Le service de l'an XI a été confié à des Régisseurs-généraux (2).

Dépense totale de l'année, 208,526 fr. 63 c.

Nombre des Journées, 176,891 (3).

Prix moyen de la Journée, 1 franc 18 centimes.

Nombre moyen d'Indigentes en l'an XI, 483.

Dépense moyenne de chaque Indigente, 431 fr. 73 c.

(1) Rue de Sèves.
(2) MM. Lavauverte et Compagnie.
(3) Voyez l'Etat de la population.

DÉPENSE.

CONSTRUCTIONS ET RÉPARATIONS.

	fr. c.		fr. c.	fr. c.
Maçonnerie	2,655 78	Ci-contre	10,420 17	
Charpente	541 58	Plomberie	547 28	
Couverture	7,017 16	Pavage	98 58	11,360 60
Serrurerie	144 90	Carrelage	12 60	
Menuiserie	46 20	Vidange	281 97	
Vitrerie	14 55	» »	» »	
	10,420 17			

CONTRIBUTIONS.

Imposé pour l'an XI, comme contenant 450 lits, à 3 fr. par lit . . . . 1,350 »

PENSIONS REPRÉSENTATIVES D'ADMISSION (1).

Pensions accordées à 18 Indigentes sorties de l'Hospice, conformément à l'arrêté du 16 brumaire an X 3,175 50

APPOINTEMENS ET GAGES.

Agent et Employés de l'Administration	4,350 »	
Officiers de Santé	2,799 84	
Gens de Service	249 26	7,882 40
Ministre du Culte	483 30	

DÉPENSES D'ÉCONOMAT (2).

Frais de Bureau, Papeterie, etc.	2 40	97 40
Réparations, faites par économie	95 »	

FRAIS DE BUREAU.

Fournitures faites par le Papetier de l'Administration 11 60

23,877 50

(1) Ces pensions sont de 180 fr. chacune; elles se seraient élevées à la somme de 3,240 fr., si chaque individu avait eu une année complette; mais attendu les rentrées et les sorties, les décomptes réunis n'ont produit que la somme ci-dessus.

(2) Ces dépenses ont été acquittées directement par M. Maillet, Agent de surveillance dudit Hospice, et sont conformes au résultat de son Compte, approuvé par le Conseil.

	fr.	c.
Ci-contre	23,877	50

RÉGIE.

			fr.	c.		fr. c.	fr. c.
176,891 Journées.	176,525 journées d'Indigentes	à	»	79	chaque	139,454 75	139,839 05
	366 id. d'Employés	à	1	05	id.	384 30	

COMBUSTIBLES.

15 voies	Charbon	à	4	40	la voie	66 »

OBJETS D'HABILLEMENT ET DE COUCHER.

67 paires	Souliers	à	6	»	la paire	402 »	411 30
36	Chaussures de béquilles	à	»	25	pièce	9 »	
1	Raccommodage de souliers	»	»	»		» 30	

ACHAT DE MEUBLES ET USTENSILES.

Tourneurs	12 75

INSTRUMENS DE CHIRURGIE ET BANDAGES.

2	Suspensoirs	à	2	»	pièce	4 »	112 »
3	Pessaires en cire	à	2	»	id.	6 »	
5	Idem en gomme	à	3	»	id.	15 »	
7	Bandages simples	à	4	»	id.	28 »	
4	Idem exomphales	à	5	»	id.	20 »	
4	Idem doubles, à deux cercles	à	6	»	id.	24 »	
3	Ventrières	à	5	»	id.	15 »	

BOULANGERIE GÉNÉRALE (1).

221,700 liv. 12 onc.	Pain blanc	à	» 15c 27,34m	la livre	33,861 12
					198,179 72

(1) Voyez le compte de cet Etablissement, connu sous le nom de Scipion.

	fr. c.
De l'autre part.	198,179 72

PHARMACIE (1).

Suivant le Compte de la Pharmacie Centrale, cet Etablissement a fourni à l'Hospice des Incurables-Femmes, une valeur en Médicamens, de la somme de 2,039 73

DÉPENSE GÉNÉRALE (2).

La portion des Incurables-Femmes, dans la dépense d'Administration générale, est de 8,307 18

TOTAL général de la Dépense.	208,526 63

(1) Voyez le Compte de cet Etablissement, connu sous le nom de Pharmacie Centrale.

(2) Voyez le Compte de la Dépense d'Administration générale.

EXTRAIT du Compte rendu par MM. LAVAUVERTE et Comp^{ale}., Régisseurs-généraux de l'Hospice des Incurables-Femmes, en l'an XI.

			fr.					fr.	mil.
27,545 livres 4 onc.	Pain	à	»	15,28m	la livre	»	»	4,208	914
44,336 litres 88 déci.	Vin	à	»	48,54	le litre	»	»	21,522	262
113,638 livres	Viande	à	»	38,04	la livre	»	»	43,237	369
33,616	OEufs	à	48	43,82	le mille	»	»	1,628	301
1,642 livres	Beurre	à	»	91,63	la livre	»	»	1,504	703
473 litres ½	Lait	à	»	30,00	le litre	»	»	142	050
1,127 livres	Farine	à	»	20,25	la livre	»	»	228	258
2,874 livres	Riz	à	»	28,20	la livre	»	»	810	729
7,271 livres	Pruneaux	à	»	18,69	la livre	»	»	1,359	051
1,013 livres	Raisiné	à	»	24,20	la livre	»	»	245	188
3,288 livres 8 onc.	Fromage	à	»	48,10	la livre	»	»	1,582	039
» »	Poisson	»	»	»		»	»	497	860
5,630 livres	Sel	à	»	04,48	la livre	»	»	252	494
8 livres	Poivre	à	1	50,57	la livre	»	»	12	046
448 litres	Vinaigre	à	»	32,39	le litre	»	»	145	130
160 livres	Sucre et Cassonade	à	»	96,84	la livre	»	»	154	959
» »	Nourriture en argent	»	»	»		»	»	1,482	300
485 boisseaux ½	Haricots	à	3	50,12	le boisseau	»	»	1,699	851
185 boisseaux	Lentilles	à	3	36,01	le boisseau	»	»	621	623
344 paquets	Oseille	à	»	39,94	le paquet	»	»	137	403
416 paquets	Epinards	à	»	31,95	le paquet	»	»	132	930
» »	Artichauts	»	»	»		»	»	45	462
» »	Salade	»	»	»		»	»	127	935
5,401 bottes	Carottes	à	»	34,26	la botte	»	»	1,850	659
1,192 bottes	Poireaux	à	»	25,48	la botte	»	»	303	743
1,128 bottes	Navets	à	»	18,97	la botte	»	»	214	062
1,084 bottes	Oignons	à	»	27,61	la botte	»	»	299	316
708 boisseaux	Pommes-de-terre	à	»	93,24	le boisseau	»	»	660	166
» »	Ail	»	»	»		»	»	2	470
Cardage de Matelas		»	»	»		»	»	475	250
Merceries		»	»	»		»	»	823	050
Paille de couchage		»	»	»		»	»	328	235
								86,735	808

		fr.				fr.	mil.
				De l'autre part		86,735	808
Entretien du Mobilier		» »	»		» »	1,231	156
Divers objets		» »	»		» »	184	889
472 double-stères	Bois à brûler	à 24	83,69[m]	le doub.-st.	» »	11,723	061
160 voies	Charbon	à 4	50,73	la voie	» »	721	179
224 livres	Chandelle	à »	67,63	la livre	» »	165	018
2,820 liv. 15 onc.	Huile à brûler et Mèches	à »	64,78	la livre	» »	1,827	455
Ramonage		» »	»		» »	430	625
Réparations locatives		» »	»		» »	182	750
732 bottes	Foin	à »	47,79	la botte	» »	349	842
549 bottes	Paille de bled	à »	33,97	la botte	» »	186	511
326 boisseaux	Avoine	à 1	15,40	le boisseau	» »	376	222
Transports		» »	»		» »	360	250
Frais ordinaires		» »	»		» »	152	653
Id. Extraordinaires		» »	»		» »	145	010
Gages des Infirmiers		» »	»		» »	6,232	800
Employés particuliers		» »	»		» »	1,500	»
Chefs d'Offices et Ouvriers		» »	»		» »	1,279	323
Employés du Bureau général		» »	»		» »	5,231	244
Frais de Bureau et Impressions		» »	»		» »	510	921
Relevé des Buanderies		» »	»		» »	6,552	166
						126,069	883
NOTA. Suivant le Compte établi folio 205, le produit des Journées, à divers prix, étant de						139,839	050
Il résulte un bénéfice de						13,769	167

CONSULTEZ la Note faite, à cet égard, sur les 18 mois de service des Régisseurs-généraux.

NOMS ET TRAITEMENS DES EMPLOYÉS DE L'HOSPICE DES INCURABLES-FEMMES,

PAYÉS PAR L'ADMINISTRATION.

			fr. c.	fr. c.
Employés de l'Administ.	MAILLET	Agent de surveillance	2,400 »	3,750 »
	QUETANT	Commis-Contrôleur	1,350 »	
Service de santé.	BOURDIER	Médecin	800 »	2,800 »
	DUMAS	Chirurgien	1,500 »	
	GOUTTE	Elève en Chirurgie	500 »	
Gens de service.	BUCQUET	1re. Surveillante	300 »	600 »
	GUETANT	2e. Surveillante	300 »	
Gens de service.	BULANGER	1er. Portier	150 »	250 »
	DELCOURT	2e. Idem	100 »	
Ministre du culte.	DURAND	Chapelain		600 »
		Total		8,000 »

EMPLOYÉS PAYÉS PAR LA RÉGIE.

1 Sous-Directeur	1,500 »	7,500 »
53 Personnes de service	6,000 »	
Total		15,500 »

MÉNAGES (1).

Cet Hospice, divisé en deux parties, Préau et Dortoirs, est destiné aux Epoux en ménage, dont l'un doit être âgé au moins de 70 ans; et l'autre, au moins de 60 ans.

Dans le Préau ou Chambres particulières, les Vieillards vivent, soit par ménage, soit comme veufs; et reçoivent, par tête :

30 centimes	en argent. .	par jour.
1 livre ¼. .	de pain. . .	par jour.
3 livres ¾. .	de viande . .	par mois.
2 stères. . .	de bois. . .	par an.
2 voies . . .	de charbon.	par an.

Lorsqu'un Indigent du Préau est malade, il passe à l'Infirmerie.

Les Dortoirs reçoivent les Vieillards devenus veufs; ils y sont nourris et traités comme dans les autres Hospices de valides.

Le Préau a toujours été administré directement par l'Administration.

En l'an XI, des Régisseurs (2) ont été chargés du service des Dortoirs et de l'Infirmerie.

	PRÉAU.	DORTOIRS et INFIRMERIE.	TOTAL.
Dépense totale de l'année	97,384 f. 02 c.	93,289 f. 63 c.	190,673 f. 65 c.
Nombre des journées	127,660 journ.	83,788 journ.	211,448 journ.
Prix moyen de la journée	» 76 c.	1 f. 11 c.	» 90 c.
Nombre moyen d'Indigens. (3)	349 indig.	229 indig.	578 indig.
Dépense moyenne de chaque Indigent	279 f. »	407 f. »	330 f. 45 c.

(1) Rue de Sèves.
(2) MM. Lavauverte et Compagnie.
(3) Voyez l'Etat de la population.

DÉPENSE.

CONSTRUCTIONS ET RÉPARATIONS.

	fr. c.		fr. c.	fr. c.
Maçonnerie	2,265 27	Ci-contre	3,880 39	
Charpente	74 22	Vitrerie	180 41	
Couverture	725 02	Plomberie	72 28	4,421 26
Serrurerie	351 27	Marbrerie	157 23	
Menuiserie	370 01	Poëlerie	130 95	
Peinture	94 60	» » »	» »	
	3,880 39			

CONTRIBUTIONS.

Imposé pour l'an XI, comme contenant 550 lits, à 3 fr. par lit . . . . . 1,650 »

PENSIONS REPRÉSENTATIVES D'ADMISSION (1).

Pensions accordées à 18 Indigens sortis de l'Hospice, conformément à l'arrêté du 16 brumaire an X 2,257 07

APPOINTEMENS ET GAGES.

	fr. c.	
Agent et Employés de l'Administration	4,200 »	
Officiers de santé	1,500 »	6,993 30
Gens de service	849 96	
Ministre du culte	443 34	

SECOURS AUX INDIGENS DU PRÉAU.

Secours en argent aux Indigens dudit Etablissement, à raison de 30 c. par journée; et pour 127,660 journées	38,298 »	
Augmentation de paie accordée à ceux qui versent des fonds dans la caisse de l'Administration, et auxquels l'intérêt est payé à raison de 3 décimes par franc, et par dix jours	2,028 20	
Passe de sacs allouée à l'Agent, à cause de ce service	270 65	
	40,596 85	
		15,321 65

(1) Ces Pensions sont de 180 fr. chacune; elles se seraient élevées à la somme de 3,240 fr. si chaque individu avait eu une année complette; mais attendu les rentrées et les sorties, les décomptes réunis n'ont produit que la somme ci-dessus.

			fr. c.
	Ci-contre.		15,321 65
Suite des Secours aux Indigens du Préau. Ci-contre.		40,596 85	46,410 30
Menues dépenses, telles que frais de transport, etc.		207 25	
Secours en viande, distribués auxdits.			
14,310 livres. . . . { 7,480 livres Viande. . . . . . à » » 365 (fr. c. m.) la livre. .	2,730 20 (fr. c.)	5,606 20	
6,830 livres Idem . . . . . à » » 400 la livre. .	2,732 »		
Indemnité accordée au Boucher.	144 »		

FRAIS DE BUREAU.

Pour fournitures faites par le Papetier de l'Administration.	28 10

RÉGIE

83,768 journées. {	83,036 journées d'Indigens . . . . à » 79 (fr. c.)	65,598 44	66,367 04
	732 Idem d'Employés. . . . . à 1 05	768 60	

OBJETS D'HABILLEMENT ET DE COUCHER.

37 aunes. . . . . Toile $\frac{4}{4}$. . . . . à 2 70 l'aune	100 »

ACHAT DE MEUBLES ET USTENSILES.

Quincaillerie	290 10	524 10
Boissellerie, Brosserie, etc.	13 »	
Entretien de l'Horloge.	221 »	

BOULANGERIE GÉNÉRALE (1).

263,837 liv. 8 onc. {	104,177 liv. 8 onc. Pain blanc à l'Infirmerie. à » 15 27,34 la livre.	15,911 36	40,296 86
	159,660 id. » id. au Préau. . . à » 15 27,34 id.	24,385 50	

COMBUSTIBLES.

765 stères. . {	440 stères. Bois neuf. . . . . . . à 14 84 (fr. c.) le stère.	6,529 60 (fr. c.)	11,277 34	11,325 74
	184 id. Bois flotté . . . . . . à 12 68 le stère.	2,333 12		
	141 id. Idem . . . . . . à 16 » le stère.	2,256 »		
. . . .	Frais relatifs	158 62		
11 voies. . .	Charbon . . . . à 4 40 la voie		48 40	
				180,373 79

(1) Voyez le Compte de cet Établissement, connu sous le nom de Scipion.

	fr. c.
De l'autre part.	180,373 79

PHARMACIE (1).

Suivant le compte de la Pharmacie centrale, cet Etablissement a fourni aux Ménages, une valeur en Médicamens, de la somme de 369 80

DÉPENSE GÉNÉRALE (2).

La portion des Ménages, dans la dépense d'administration générale, est de 9,930 06

TOTAL général de la Dépense. 190,673 65

(1) Voyez le Compte de cet Etablissement, connu sous le nom de Pharmacie Centrale.
(2) Voyez le Compte de la Dépense d'Administration générale.

TABLEAU

DE LA DÉPENSE DE L'HOSPICE DES MÉNAGES,

Divisée entre le PRÉAU et les DORTOIRS;

SAVOIR:

NATURE DES DÉPENSES.	DÉPENSE APPLICABLE				TOTAL.	
	A L'INFIRMERIE.		AU PRÉAU.			
	fr.	c.	fr.	c.	fr.	c.
Secours en argent, aux Indigens du Préau.	»	»	46,410	30	46,410	30
Régie.	66,367	04	»	»	66,367	04
Combustibles.	»	»	11,325	74	11,325	74
Objets d'Habillement et de Coucher.	100	»	»	»	100	»
Achat de Meubles et Ustensiles.	524	10	»	»	524	10
Boulangerie générale	15,911	36	24,385	50	40,296	86
Pharmacie.	369	80	»	»	369	80
	83,272	30	82,121	54	165,393	84
DÉPENSE DIVISÉE EN PROPORTION DES JOURNÉES.						
Constructions et Réparations	1,751	97	2,669	29	4,421	26
Contributions.	663	82	996	18	1,650	»
Pensions représentatives.	894	39	1,362	68	2,257	07
Appointemens, Gages, etc.	2,771	16	4,222	16	69,93	32
Frais de Bureau.	11	13	16	97	28	10
Dépenses générales.	3,934	86	5,995	20	99,30	06
	93,289	63	97,384	02	190,673	65

EXTRAIT du Compte rendu par MM. Lavauverte et Comp^nie., Régisseurs-généraux de l'Hospice des Ménages, en l'an XI.

			fr.	c.				fr.	mill.
18,785 livres 4 onc.	Pain	à	»	15,28^m	la livre	»	»	2,870	424
27,364 litres 62 déci.	Vin	à	»	48,54	le litre	»	»	13,283	490
58,[illegible]50 livres	Viande	à	»	38,04	la livre	»	»	22,391	446
24,302	OEufs	à	48	»	le mille	»	»	1,177	147
844 livres	Beurre	à	»	91,63	la livre	»	»	773	428
2,519 litres ½	Lait	à	»	30,00	le litre	»	»	755	850
293 livres	Farine	à	»	20,25	la livre	»	»	59	343
1,184 livres	Riz	à	»	28,20	la livre	»	»	333	995
2,715 livres	Pruneaux	à	»	18,69	la livre	»	»	507	471
736 livres	Raisiné	à	»	24,20	la livre	»	»	178	143
1,980 livres 3 onc.	Fromage	à	»	48,10	la livre	»	»	952	633
» »	Poisson	»	»	»		»	»	234	189
2,580 livres	Sel	à	»	04,48	la livre	»	»	115	707
4 livres	Poivre	à	1	50,57	la livre	»	»	6	023
360 livres	Huile d'olive	à	1	27,61	la livre	»	»	459	412
385 litres	Vinaigre	à	»	32,39	le litre	»	»	124	721
73 livres	Sucre et Cassonade	à	»	96,84	la livre	»	»	70	700
» »	Fruits	»	»	»		»	»	11	»
10 pots	Confitures	à	1	20	le pot	»	»	12	»
338 boisseaux	Haricots	à	3	50,12	le boisseau	»	»	1,183	418
139 boisseaux	Lentilles	à	3	36,01	le boisseau	»	»	467	057
185 paquets	Oseille	à	»	39,94	le paquet	»	»	73	894
415 paquets	Epinards	à	»	31,95	le paquet	»	»	132	611
» »	Artichauts	»	»	»		»	»	195	660
» »	Salade	»	»	»		»	»	127	935
3,518 bottes	Carottes	à	»	34,26	la botte	»	»	1,205	447
716 bottes	Poireaux	à	»	25,48	la botte	»	»	182	449
656 bottes	Navets	à	»	18,97	la botte	»	»	124	490
974 bottes	Oignons	à	»	27,61	la botte	»	»	268	943
262 boisseaux	Pommes-de-terre	à	»	93,24	le boisseau	»	»	244	298
190 bottes	Salsifis	à	»	32,29	la botte	»	»	61	202
» »	Ail	»	»	»		»	»	2	470
								48,586	996

						fr. mill.
				Ci-contre.		48,586 996
			fr.			
Cardage de Matelas			» »	».	» »	429 250
Merceries			» »	».	» »	180 »
Paille de couchage			» »	».	» »	154 399
Entretien du Mobilier			» »	».	» »	579 126
Divers objets			» »	».	» »	86 971
287 double-stères ½	Bois à brûler	à	24	83,69m le doub.-st.	» »	7,140 636
222 voies	Charbon	à	4	50,73 la voie.	» »	1,000 635
473 livres	Chandelle	à	»	60,63 la livre.	» »	319 891
939 liv. 7 onc.	Huile a brûler et Mêches	à	»	64,78 la livre.	» »	640 976
Ramonage			» »	».	» »	418 035
Réparations locatives			» »	».	» »	136 140
732 bottes	Foin	à	»	47,79 la botte	» »	349 842
549 bottes	Paille de bled	à	»	33,97 la botte	» »	186 511
326 boisseaux	Avoine	à	1	15,40 le boisseau	» »	376 222
Transports			» »	».	» »	360 250
Frais ordinaires			» »	».	» »	82 753
Id. Extraordinaires			» »	».	» »	40 710
Gages des Infirmiers			» »	».	» »	3,308 500
Employés particuliers			» »	».	» »	1,500 »
Chefs d'Offices et Ouvriers			» »	».	» »	597 550
Employés du Bureau général			» »	».	» »	2,460 737
Frais de Bureau et Impressions			» »	».	» »	240 333
Relevé des Buanderies			» »	».	» »	3,082 088
						72,258 551

NOTA. Suivant le Compte établi folio 213, le produit des Journées, à divers prix, étant de . . 66,367 040

Il résulte un bénéfice de 5,891 511

CONSULTEZ la Note faite, à cet égard, sur les 18 mois de service des Régisseurs-généraux.

NOMS ET TRAITEMENS DES EMPLOYÉS DE L'HOSPICE DES MÉNAGES,

PAYÉS PAR L'ADMINISTRATION.

			fr. c.	fr. c.
EMPLOYÉS de l'Administ.	SYMONNOT	Agent de surveillance	2,400 »	4,200 »
	MASSON	Commis	1,200 »	
	CAPRON	Garçon de Bureau	600 »	
SERVICE DE SANTÉ.	BOURDIER	Médecin	» »	1,500 »
	MARET	Chirurgien en chef	1,500 »	
GENS DE SERVICE.	SYMONNOT	Surveillante du Préau	300 »	850 »
	DUPR[illegible]	idem des Dortoirs	300 »	
	DUCLOU	Portier	150 »	
	RICHARD	Balayeur	100 »	
MINISTRE DU CULTE.	LECLAIR	Chapelain		600 »
				7,150 »

EMPLOYÉS PAYÉS PAR LA RÉGIE.

1	Sous-Directeur	1,500 »	3,500 »
12	Personnes de service	2,000 »	
	TOTAL		10,650 »

MONTROUGE (1).

CETTE Maison est réservée pour les personnes en état de payer une pension ou une somme déterminée.

Le service de l'an XI a été fait directement par l'Administration.

Dépense totale de l'année, 56,977 fr. 88 c.

Nombre des Journées, 36,337 (2).

Prix moyen de la Journée, 1 fr. 57 c.

Nombre moyen d'Indigens, en l'an XI, 99.

Dépense moyenne de chaque Indigent, 575 fr. 53 c.

(1) Situé Commune de Montrouge.
(2) Voyez les états de la population.

DÉPENSE.

CONSTRUCTIONS ET RÉPARATIONS.

	fr. c.	fr. c.
Maçonnerie	1,351 74	
Couverture	107 26	
Serrurerie	852 71	
Menuiserie	1,351 95	
Vitrerie	112 23	5,028 36
Plomberie	99 57	
Pavage	798 47	
Marbrerie	108 58	
Vidange	245 85	

CONTRIBUTIONS.

Suivant l'extrait du rôle du Percepteur de la Commune de Montrouge, cet Hospice est imposé à		790 30

PENSIONS REPRÉSENTATIVES D'ADMISSION (1).

Pensions accordées à 4 Indigens sortis de l'Hospice, conformément à l'arrêté du 16 brumaire an X		540 »

APPOINTEMENS ET GAGES.

Agent et Employés de l'Administration	2,100 »	
Officiers de santé	497 61	
Gens de service	1,876 47	4,474 08
Ministre du culte	» »	

DÉPENSES D'ÉCONOMAT (2).

Alimens, légers alimens et frais relatifs	1,004 29	
Feux, lumière, propreté	15 »	
Paille pour coucher; Entretien d'Habillement	53 45	
	1,072 74	
		10,832 74

(1) Ces pensions sont de 180 fr. chacune; elles se seraient élevées à la somme de 720 fr., si chaque individu avait eu une année complette; mais attendu les rentrées et les sorties, les décomptes réunis n'ont produit que la somme ci-dessus.

(2) Ces dépenses ont été acquittées directement par M. Frochot, Agent de surveillance de cette maison, et sont conformes au résultat de son Compte, approuvé par le Conseil.

		fr. c.
	Ci-contre.	10,832 74

Suite des Dépenses d'Économat.	fr. c.	
Ci-contre.	1,072 74	
Frais de Culte et Sépulture.	12 »	
Frais de Bureau, Papeterie, etc	69 60	
Frais d'Ecurie, Charronnage	27 »	2,048 14
Achat d'Habillemens, Toiles.	476 85	
Constructions et Réparations, faites par économie.	337 65	
Achat de Meubles et Ustensiles.	40 30	
Dépenses diverses.	12 »	

FRAIS DE BUREAU.

Fournitures faites par le Papetier de l'Administration	121 27

VIANDE.

				fr.	c.			
30,202 livres ½ .	14,756 liv. ½ .	Viande	à	»	36 ½	la livre. . .	5,386 12	
	15,446 livres.	Idem (1)	à	»	76 ⅝	le kilo. . . .	5,793 »	11,595 67
Indemnité accordée au Boucher.							416 55	

VIN.

18,730 lit. 34 centi.	Vin de Malades	à	»	60	le litre	11,238 20

COMESTIBLES DIVERS.

418 livres. . . .	Beurre.	à	67	50	le cent. . . .	282 14	
165 décal. . . .	Haricots.	à	3	»	le décal. . . .	495 »	
150 idem . . .	Lentilles.	à	3	»	le décal. . . .	450 »	
2,200	OEufs.	à	47	50	le mille. . . .	104 50	
2,200	OEufs.	à	36	»	le mille . . .	79 22	
653 liv. 12 onc.	Fromage de Comté.	à	48	33,33m	le cent. . . .	315 91	2,098 18
33 litres	Lait	à	»	20c	le litre	6 60	
3 kilo. 91 hec.	Huile.	à	1	43	le kilo	6 06	
8 kilo. 91 hec.	Idem	à	1	40	id.	12 47	
8 livres ¼ . .	Idem	à	»	70	la livre. . . .	5 78	
Articles divers d'Epiceries						340 50	
							37,934 20

(1) Les 15,446 livres de Viande représentent 7,560 kilo. 19 hecto.

De l'autre part . . . . fr. c. 37,934 20

COMBUSTIBLES.

217 stères . .	157 stères. Bois neuf .	à 14 f.	84 c. le stère . . .	2,329 88			
	40 id. Bois flotté .	à 12	68 id. . . .	507 20	fr. c. 3,184 58		
	20 id. id. neuf.	à 16	» id. . . .	320 »			4,345 32
. . . .	Frais relatifs	»	. . . .	27 50			
72,546 heures . . .	Lumière	à »	16es l'heure		1,160 74		

OBJETS D'HABILLEMENT ET DE COUCHER.

2 mèt. 63 cent. Drap Mouy ½ . . . . à 5 f. 95 c. le mètre . . .	15 94	
Articles divers fournis par le Marchand Drapier	49 76	
99 aunes ½ . . Toile . . . . à » 84 l'aune	83 58	
50 aunes . . . . Toile ¾ pour oreillers . . . . à 3 » l'aune	150 »	485 13
16 aunes . . . Coutil noir, p^r. habillement d'Hommes . . à 2 35 l'aune	37 60	
Pour Blanchissage et Raccommodage de 149 Couvertures de laine. à » 75 pièce	111 75	
Fils, Rubans, Aiguilles	36 50	

BUANDERIE.

36,439 journées de Malades (Blanchissage) . . . . à » 06 par jour 2,186 34

ACHAT DE MEUBLES ET USTENSILES.

Chaudronnerie	436 85	
Poterie d'Étain	1,029 80	
Vannerie	18 »	
Balais	36 25	1,614 90
Boissellerie, Brosserie, etc.	15 50	
Quincaillerie	78 50	

PAILLE POUR COUCHER.

408 boisseaux. Menue paille d'avoine . . . . à » 15 le boisseau 61 20

46,627 09

				fr. c.
		Ci-contre		46,627 09

INSTRUMENS DE CHIRURGIE ET BANDAGES.

1	Bandage simple	à 4 fr. » pièce		4 »

BOULANGERIE GÉNÉRALE (1).

			fr. c.	
53,853 livres	Pain blanc	à » 15c 27,34m la livre	8,225 18	8,376 29
90 livres	Farine	à » 18 31,00 la livre	16 47	
Frais de transport des 53,853 livres de pain		à » 25 .... par cent.	134 64	

PHARMACIE (2).

Suivant le Compte de la Pharmacie Centrale, cet Etablissement a fourni à la Maison de Retraite de Montrouge, une valeur en Médicamens, de la somme de 264 03

DÉPENSE GÉNÉRALE (3).

La portion de cette Maison, dans la dépense d'Administration générale, est de 1,706 47

TOTAL général de la Dépense 56,9 7 88

(1) Voyez le compte de cet Etablissement, connu sous le nom de Scipion.
(2) Voyez le Compte de cet Etablissement, connu sous le nom de Pharmacie Centrale.
(3) Voyez le Compte de la Dépense d'Administration générale.

ETAT des RESTANS en MAGASIN, au Sixième jour Complémentaire de l'an XI.

			fr.	c.				fr. c.
206 livres 12 onc.	Pain	à	»	15,28m	la livre. . .	»	»	31 59
1,738 litres 33 cent.	Vin	à	»	60	le litre . . .	»	»	1,042 99
72 boisseaux. . .	Oignons	à	3	»	le boisseau.	»	»	216 »
169 litres 33 cent.	Haricots	à	3	»	le décalitre.	»	»	50 80
75 litres.	Lentilles	à	3	»	le décalitre.	»	»	22 50
471	OEufs	à	36	»	le mille . . .	»	»	16 95
20 livres.	Farine	à	»	18,31	la livre. . .	»	»	3 66
1 livre 1 onc.	Beurre frais	à	67	50	le cent. . .	»	»	» 72
89 livres 8 onc.	Beurre demi-sel	à	67	50	le cent. . .	»	»	60 41
30 livres 6 onc.	Fromage de Gruyère	à	48	33,33m	le cent . . .	»	»	14 68
200 livres.	Pruneaux	à	»	20	la livre. . .	»	»	40 »
2 livres 8 onc.	Huile à manger	à	»	70	la livre. . .	»	»	1 75
431 livres.	Sel	à	5	»	le cent. . .	»	»	21 55
» . . . 10 onc.	Poivre	à	2	25	la livre. . .	»	»	1 40
66 voies.	Charbon	à	4	40	la voie . . .	»	»	290 40
13 livres.	Chandelle	à	90	»	le cent. . .	»	»	11 70
6 livres.	Huile à brûler	à	»	50	la livre. . .	»	»	3 »
27	Balais	à	7	50	le cent . . .	»	»	2 02
150 boisseaux. . .	Menue paille	à	»	15	le boisseau.	»	»	22 50
								1,854 62

NOMS ET TRAITEMENS DES EMPLOYÉS DE L'HOSPICE DE MONTROUGE.

			fr. c.	fr. c.
Employés de l'Administration.	Frochot	Agent de surveillance	1,500 »	2,100 »
	Badouet	Commis-Contrôleur	600 »	
Service de santé.	Jouard	Elève en Chirurgie		500 »
Gens de service.	Lemaire	Surveillante des Salles	500 »	2,080 »
	Colbert	Lingère	300 »	
	2 Infirmiers	à 120 fr. chacun	240 »	
	3 Infirmières	à 100 chacune	300 »	
	1 Cuisinier		200 »	
	1 Portier		150 »	
	1 Jardinier		150 »	
	2 Hommes de peine	à 120 chacun	240 »	
		Total		4,680 »

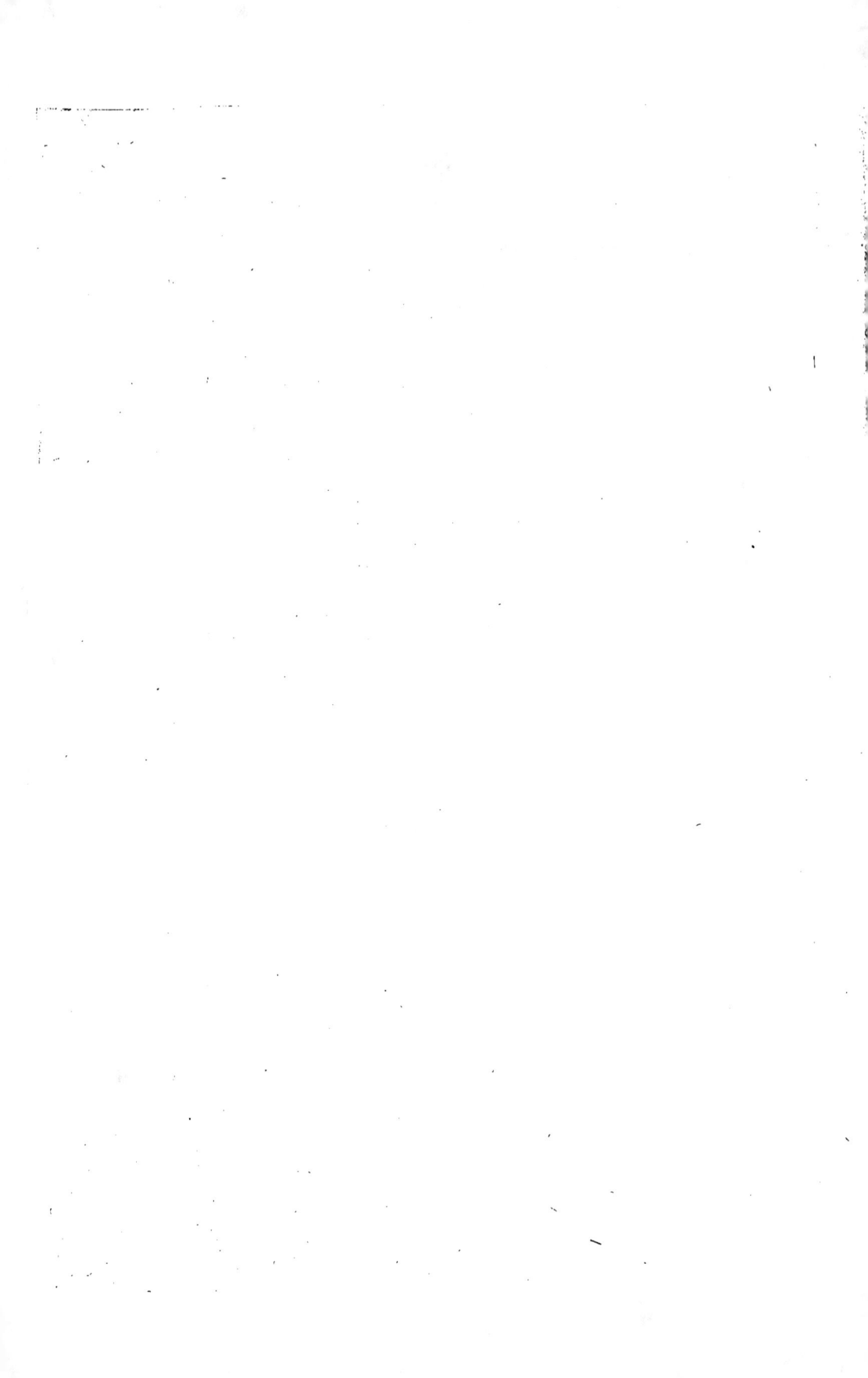

ORPHELINS (1).

On reçoit dans cet Hospice, les Orphelins de père et de mère, ou les Enfans délaissés par leurs parens, de l'âge de deux à dix ans, jusqu'à ce qu'ils soient placés à la campagne ou en apprentissage (2).

Le service de l'an XI a été confié à un Entrepreneur général (3).

Dépense totale de l'année, 349,575 fr. 04 c.

Nombre des Journées, 362,701 (4).

Prix moyen de la journée, 0 fr. 96 c.

Nombre moyen des Enfans, en l'an XI, 991.

Dépense moyenne de chaque Enfant, 365 fr. 34 c.

(1) Rue Saint-Victor, en face le Jardin des Plantes.
(2) Voyez le compte du Bureau du Placement.
(3) M. Pelletier-Chambure.
(4) Voyez le tableau de la population.

DÉPENSE.

CONSTRUCTIONS ET RÉPARATIONS.

	fr. c.		fr. c.	fr. c.
Maçonnerie	5,487 01	Ci-contre	13,010 72	
Charpente	495 45	Plomberie	101 77	
Couverture	1,787 01	Pavage	1,359 42	17,745 90
Serrurerie	1,169 88	Poëlerie	114 »	
Menuiserie	4,032 77	Vidange	2,420 20	
Vitrerie	38 60	Epinglerie	739 79	
	13,010 72			

CONTRIBUTIONS.

Extrait du Rôle des Contributions foncières du 12e. Arrondissement	2,601 05

APPOINTEMENS ET GAGES.

Agent et Employés de l'Administration	6,165 82	
Officiers de Santé	600 »	
Instituteurs et Maîtres de quartier	8,749 80	18,615 42
Gens de Service	2,649 80	
Ministre du Culte	450 »	

DÉPENSES D'ÉCONOMAT (1).

Feux, Lumière, Propreté	280 98	
Constructions et Réparations, faites par économie	10,573 82	10,886 72
Dépenses diverses	31 92	

FRAIS DE BUREAU.

Fournitures faites par le Papetier de l'Administration	3,859 35
	53,708 44

(1) Ces dépenses ont été acquittées directement par M. Cossé, Agent de surveillance dudit Hospice, et sont conformes au résultat de son Compte, approuvé par le Conseil.

		fr. c.
	Ci-contre.	53,708 44

ENTREPRISE.

			fr.	c.		fr. c.	
362,700 Journées.	356,275 journées d'Enfans.	à	»	56	par journée .	199,514 »	206,560 52
	5,597 idem Maîtres de Quartier. . .	à	1	05	id.	5,876 85	
	828 idem Reposantes.	à	»	70	id.	579 60	
Fournitures extraordinaires en Vin, Bois et Chandelles.						590 07	

COMBUSTIBLES.

30 stères	Bois flotté.	à	12	67	le stère . . .	380 10	556 10
40 voies	Charbon.	à	4	40	la voie. . . .	176 »	

OBJETS D'HABILLEMENT ET DE COUCHER.

27 aunes ½. . .	Drap bleu.	à	19	»	l'aune	522 50	602 50
2 aunes ½. . .	Drap écarlate	à	24	»	l'aune	60 »	
10 façons d'habillement complet pr. les Maîtres de quartier.		à	2	»	pièce.	20 »	

ACHAT DE MEUBLES ET USTENSILES.

Ferblanterie.	441 29	1,303 79
Librairie.	862 50	

INSTRUMENS DE CHIRURGIE ET BANDAGES.

6	Bandages simples	à	4	»	pièce.	24 »	39 »
3.	Idem doubles, à un cercle	à	5	»	id.	15 »	

DÉPENSES DIVERSES.

Gratification au Sieur Nef, Instituteur de la méthode de Pestalozzi, dans ledit Hospice	1,500 »

BOULANGERIE GÉNÉRALE (1).

				c.	mil.			
485,912 livres . .	63,128 livres Pain blanc	à	»	15	27,34	la livre.	9,641 79	67,960 25
	422,784 id. id. moyen.	à	»	13	79,39	id.	58,318 46	

	332,230 60

(1) Voyez le Compte de cet Établissement, connu sous le nom de Scipion.

	fr. c.
De l'autre part.	332,230 60

PHARMACIE (1).

Suivant le compte de la Pharmacie centrale, cet Etablissement a fourni à l'Hospice des Orphelins, une valeur en Médicamens, de la somme de	311 20

DEPENSE GÉNÉRALE (2).

La portion des Orphelins, dans la dépense d'administration générale, est de	17,033 24
TOTAL général de la Dépense.	349,575 04

(1) Voyez le Compte de cet Etablissement, connu sous le nom de Pharmacie Centrale.
(2) Voyez le Compte de la Dépense d'Administration générale.

NOMS ET TRAITEMENS DES EMPLOYÉS DE L'HOSPICE DES ORPHELINS.

			fr. c.	
EMPLOYÉS de l'Administ.	COSSÉ	Agent de surveillance	2,400 »	6,000 »
	FRIOU	1er. Commis-Contrôleur	1,400 »	
	BELLANT	2e. idem	1,000 »	
	CAGNIARD	Ex-Contrôleur de l'Infirmerie	1,200 »	
SERVICE DE SANTÉ	LAFOND	Chirurgien		600 »
INSTITUTEURS	ROUSSELET	Instituteur	900 »	5,150 »
	5 Instituteurs	à 850 fr. chacun	4,250 »	
MAITRES DE QUARTIER.	10 Maîtres de quartier.	à 360 chacun		3,600 »
SURVEILLANTES	HAREL	Surveillante de la Cuisine générale	400 »	2,000 »
	POSELERE	Idem de la Lingerie	400 »	
	RAOU	Idem de la 1re. Division	300 »	
	ROBILLARD	Idem de la 2e. idem	300 »	
	BARBIER	Idem de la 3e. et 4e. id.	300 »	
	DORISE	Idem de la 5e. idem	300 »	
GENS DE SERVICE	LUC	Commissionnaire	200 »	650 »
	PIARD	1er Portier	250 »	
	GAUDIN	2e. idem	200 »	
MINISTRE DU CULTE.	NUGUES	Chapelain		600 »
			TOTAL	18,600 »

ORPHELINES (1).

On reçoit dans cet Hospice, les Orphelines de père et de mère, ou les Enfans délaissés par leurs parens, de l'âge de deux à dix ans, jusqu'à ce qu'ils soient placés à la campagne ou en apprentissage (2).

Le service de l'an XI a été confié à un Entrepreneur général (3).

Dépense totale de l'année, 68,319 fr. 05 c.

Nombre des Journées, 68,530 (4).

Prix moyen de la Journée, 1 fr. 0 c.

Nombre moyen des Enfans, en l'an XI, 187.

Dépense moyenne de chaque Enfant, 365 fr. 34 c.

(1) Fauxbourg Saint-Antoine.

(2) Voyez le compte du Bureau du Placement.

(3) M. Pelletier Chambure.

(4) Voyez les états de la population.

DÉPENSE.

CONSTRUCTIONS ET RÉPARATIONS.

	fr. c.		fr. c.	fr. c.
Maçonnerie	2,359 62	Ci-contre	3,399 28	
Couverture	240 19	Plomberie	51 18	
Serrurerie	39 60	Pavage	142 »	4,030 26
Menuiserie	759 87	Poëlerie	437 80	
		» » »	» »	
	3,399 28			

CONTRIBUTIONS.

Imposé pour l'an XI, comme contenant 300 lits, à 3 fr. par lit	900 »

APPOINTEMENS ET GAGES.

	fr. c.	
Agent et Employés de l'Administration	3,600 »	
Officiers de santé	399 96	
Institutrices	1,275 »	6,761 65
Gens de service	391 67	
Ministre du culte	1,095 02	

DÉPENSES D'ÉCONOMAT (1).

Pansemens, Médicamens et Chirurgie	41 90	
Frais de Culte et Sépulture	78 33	185 03
Frais de Bureau, Papeterie, etc.	1 20	
Constructions et Réparations	63 60	

FRAIS DE BUREAU.

Pour fournitures faites par le Papetier de l'Administration	243 95
	12,120 89

(1) Ces Dépenses ont été acquittées directement par M. Périgois, Agent de surveillance dudit Hospice, et sont conformes au résultat de son Compte, approuvé par le Conseil.

		fr. c.
	Ci-contre.	12,120 89

ENTREPRISE.

			fr. c.			
68,530 journées.	60,356 journées d'Enfans valides	à	» 57	la journée.	34,402 92	40,922 72
	2,280 Idem d'Instituteurs et Institutrices.	à	1 05	id. . . .	2,394 »	
	5,894 Idem Reposantes.	à	» 70	id. . . .	4,125 80	

COMBUSTIBLES.

18 stères . . Bois flotté. . . . . à 12 f. 68 c. le stère. 228 24

DÉPENSES DIVERSES.

Indemnité accordée à divers Employés réformés. . . . . 100 »

BOULANGERIE GÉNÉRALE (1).

			c.		fr. c.	
82,294 livres.	18,882 livres Pain blanc.	à	15 27,34m	la livre. . . .	2,883 92	11,630 90
	63,412 livres id. moyen	à	13 79,39	la livre. . . .	8,746 98	

PHARMACIE (2).

Suivant le Compte de la Pharmacie Centrale, cet Etablissement a fourni aux Orphelines, une valeur en Médicamens, de la somme de 97 98

DÉPENSE GÉNÉRALE (3).

La portion des Orphelines, dans la dépense d'Administration générale, est de 3,218 32

TOTAL général de la Dépense. 68,319 05

(1) Voyez le Compte de cet Etablissement, connu sous le nom de Scipion.
(2) Voyez le Compte de cet Établissement, connu sous le nom de Pharmacie Centrale.
(3) Voyez le Compte de la Dépense d'Administration générale.

NOMS ET TRAITEMENS DES EMPLOYÉS DE L'HOSPICE DES ORPHELINES.

			fr. c.	fr. c.
EMPLOYÉS de l'Administ.	PERIGOIS	Agent de surveillance	2,000 »	3,000 »
	AUBERT	Commis-Contrôleur	1,000 »	
SERVICE DE SANTÉ.	LATOUR	Officier de santé		400 »
INSTITUTRICES.	PETELLIER		300 »	900 »
	LANGLOIS		300 »	
	HOUDOUARD		300 »	
GENS DE SERVICE.	MARTIN	Surveillante de la Lingerie	400 »	1,550 »
	LEROY	Surveillante de la Cuisine	200 »	
	BEAUTIN	Idem Tisannière	150 »	
	ZANDRE	Portier	200 »	
	PELLETIER	Commissionnaire	600 »	
MINISTRE DU CULTE.	SERVAIS	Chapelain		600 »
		TOTAL		6,450 »

SUITE DU TITRE IIe. DE LA DÉPENSE.

CHAPITRE TROISIÈME.

ÉTABLISSEMENS DE L'ADMINISTRATION.

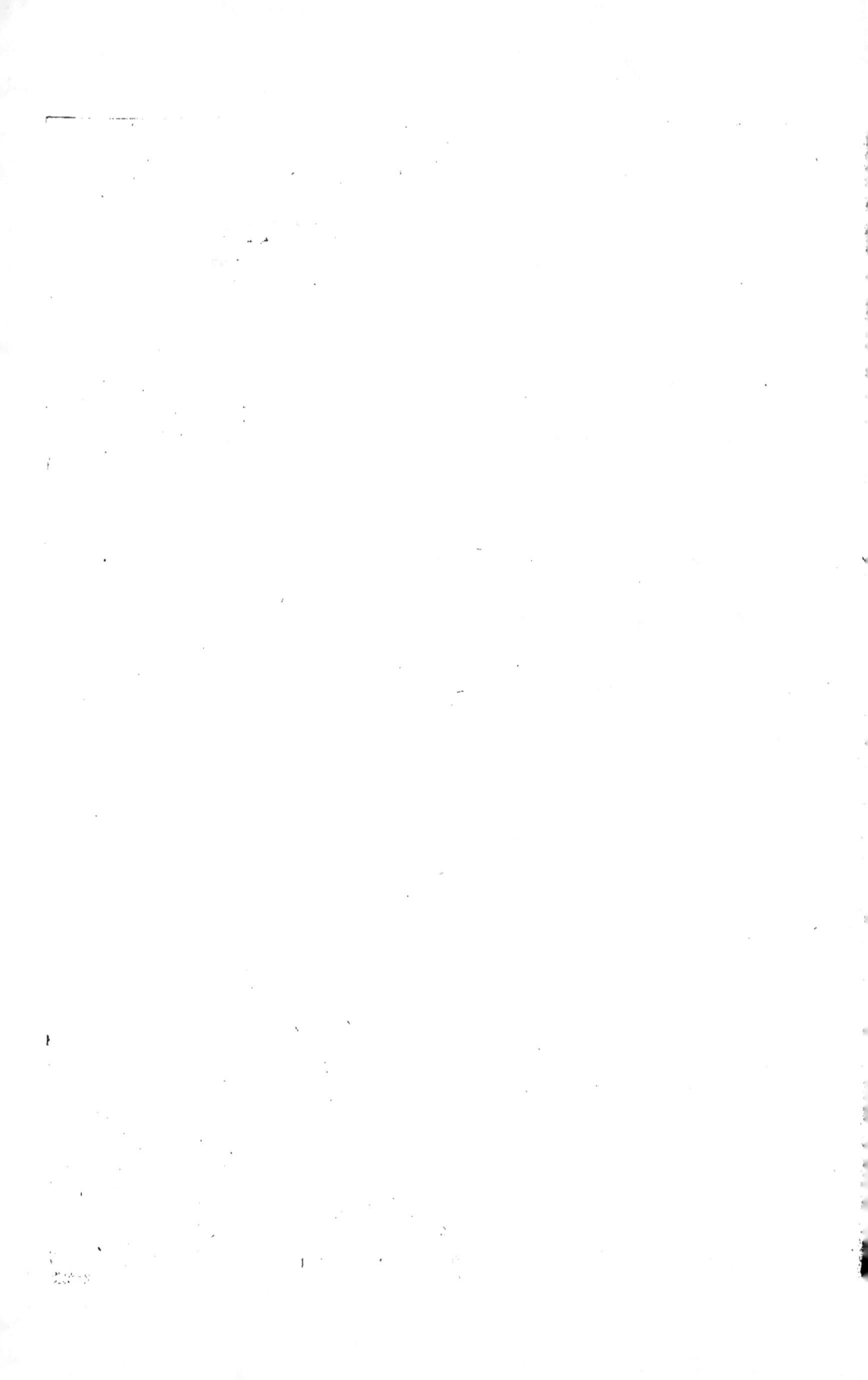

BOULANGERIE GÉNÉRALE,

ÉTABLIE DANS LA MAISON DE SCIPION (1).

LES Bâtimens de cette Maison sont uniquement employés à la fabrication du Pain nécessaire aux *Hopitaux* et *Hospices civils*, aux *Quinze-Vingts*, aux *Aveugles*, aux *Sourds-Muets*, etc.

Cette Fabrication se faisait *jadis* par des Hommes aux gages de l'Administration ; mais l'arrêté du Conseil général, du 8 Thermidor an 9, confia ce service à un Manutentionnaire, qui est tenu de rendre, par sac de farine, première qualité, pesant 325 liv., la quantité de 422 livres de pain ; et, pour la seconde qualité, 428 livres.

Il est chargé en outre de tous les frais relatifs à la Fabrication, tels que gages de Garçons, achat de bois, réparations des fours, etc.

Les Farines sont livrées par les Fournisseurs de l'Administration ; leur qualité est constatée par le Manutentionnaire qui peut les accepter ou les refuser.

Le Pain se distribue journellement dans les Hopitaux et Hospices, d'après les demandes des Agens de surveillance, ou Economes.

L'Administration a, dans cet Etablissement, un Agent de surveillance et un Commis-Contrôleur (2).

Pour l'intelligence du compte qui suit, on va expliquer comment il a été établi.

On a commencé, 1°. par constater les restans en magasin de l'an X, avec leur évaluation en argent ;

2°. Par établir les comptes des Fournisseurs et du Manutentionnaire ;

3°. On a ensuite ajouté les autres frais de la Maison, tels que grosses réparations, impositions foncières, frais de Bureau, appointemens, etc.

(1) Rue de Scipion.
(2) Voyez ci-après le tableau des Employés.

La première qualité des Farines étant employée à la fabrication du Pain blanc; et la seconde, à celle du Pain moyen; pour connaître les prix exacts de l'un et de l'autre, on a affecté une colonne à chaque espèce.

Ensuite on a déduit la valeur des quantités de Pain fournies par l'Administration, 1°. à divers Etablissemens qui doivent en rembourser le montant; 2°. aux Entrepreneurs et Régisseurs de quelques Hospices, auxquels on en a fait et porté la retenue sur leur compte; 3°. les restans en magasin, au 1er. Vendémiaire an XII.

Cette opération terminée, on a obtenu le montant net de la dépense applicable aux quantités de Pain blanc et moyen, fournies dans le cours de l'an XI, aux Hopitaux et Hospices; laquelle dépense, divisée par ces quantités, a donné pour prix commun;

SAVOIR :	Pain blanc	15 c.	27,34 m
	Pain moyen.	13	79,39

DÉPENSE.

	QUANTITÉS DE FARINES.		PRIX suivant les Marchés.		SOMMES EN RÉSULTANTES.		TOTAL GÉNÉRAL.
	Première QUALITÉ.	Deuxième QUALITÉ.	Première Qualité.	Deuxième Qualité.	Première Qualité pour PAIN BLANC.	Deuxième Qualité pour PAIN MOYEN.	
FOUNITURE DE FARINES.							
	sacs. liv.	sacs. liv.	sacs. liv.	sacs. liv.	fr. c.	fr. c.	fr. c.
Mrs. Carrié	4,415 »	4,185 »	61 74	55 74	272,582 10	233,271 90	505,854 »
Simonnin	450 »	» »	53 »	» »	23,850 »	» »	23,850 »
Beudker	3,139 »	1,885 »	52 »	46 »	163,228 »	86,710 »	249,938 »
An X. Restans en Magasin au 1er. vendémiaire an XI.	698 165	635 264	83 51	79 51	58,433 73	48,502 27	106,936 »
	8,702 165	6,705 264			518,093 83	368,484 17	886,578 »
MANUTENTION.							
S.-Martin. Frais de manutenton.	8,123 16	6,476 164	4 15	4 15	33,710 45	26,877 69	60,588 14
					551,804 28	395,361 86	947,166 14

DÉPENSES PARTICULIÈRES.

Réparations. Maçonnerie	1,028 46				
Charpente	64 80				
Serrurerie	243 20				
Plomberie	277 27	2,017 42			
Pavage	207 23				
Terrasse	45 60				
Vidange	150 86				
Contribution foncière		2,465 »			
Appointemens des Employés de l'Administration.		4,400 04			
Frais de Bureau		112 95			
Combustibles		394 73			
Chaudronnier		43 50			
Achat de Sel pour le Manutentionnaire		584 »			
		10,017 64			
Laquelle Somme, divisée proportionnellement, s'applique ainsi			5,820 72	4,196 92	10,017 64
Total général de la Dépense			557,625 »	399,558 78	957,183 78

A DÉDUIRE

	Première Qualité.	Deuxième Qualité	SOMMES EN RÉSULTANTES. Première Qualité pour PAIN BLANC.	SOMMES EN RÉSULTANTES. Deuxième Qualité pour PAIN MOYEN.	TOTAL GÉNÉRAL.
			fr. c.	fr. c.	fr. c.
De l'autre part.			557,625 »	399,558 78	957,183 78
A DÉDUIRE, Pour établir le prix du Pain consommé en l'an XI, suivant le Tableau n°. V.					
1°. Restant en Magasin, au 1er. vendémiaire an XII, conformément au Tableau n°. II :					
sacs. liv. — liv. — c. dix-mil.	fr. c.	fr. c.			
534 99 ou 173,649 à 18 31	31,795 13				
313 30 ou 101,755 à 16 90	. . . .	17,196 60			
2°. Le Pain livré, en nature, par la Boulangerie gén. aux Entrepreneurs, Régisseurs et Etablissemens indépendans de l'Administration, qui doivent en rembourser le montant :					
323,147 liv. 5 onc. de Pain blanc, livrées aux Entrepreneurs et Régisseurs-généraux, à raison de 15c 28dix-m. la liv.	49,376 91				
266,063 Aux Aveugles des Quinze-Vingts.	40,654 43				
60,554 Aux Sourds-Muets.	9,252 65				
7,260 Aux Ouvrières St. Paul.	1,109 33		134,917 31	17,199 13	152,116 44
3,294 A l'Agent de surveillance et au Contrôleur de Scipion.	503 10				
660,318 liv. 5 onc. Total porté en dépense d'ordre, attendu le remboursement qui en doit être fait à l'an XI. . . .	132,691 55	17,196 60			
3°. Le montant de la Farine livrée, en nature, aux Hospices, suivant le Tableau n°. III.					
sacs. liv. — c. dix-mil.					
37 131 Farine 1re. qualité, à 18 31 la liv . .	2,225 76	» »			
15 d°. 2e. id. à 16 90 id . . .	» »	2 53			
	134,917 31	17,199 13			
RESTE NET.			422,707 69	382,359 65	805,067 34

Il a été consommé par les Hopitaux, Hospices et Etablissemens dépendans de l'Administration : SAVOIR :

2,767,610 liv. 11 onc. de Pain blanc, confectionné avec la Farine de première Qualité, revenant, suivant les calculs ci-dessus, à 422,707 fr. 69 c.; ce qui donne un prix moyen de . . . 0 15 c. 27,34 la livre.

2,771,945 liv. . . . . . . de Pain moyen, confectionné avec la Farine de la deuxième Qualité, revenant, suivant les mêmes calculs, à 382,359 fr. 65 c.; ce qui donne un prix moyen de 0 13 c. 79,39 la livre.

[N°. Ier.]

TABLEAU GÉNÉRAL des quantités de PAIN, fournies en l'an XI, par la BOULANGERIE GÉNÉRALE aux Etablissemens ci-après désignés ;

SAVOIR :

NOMS des ÉTABLISSEMENS.	PAIN BLANC.	PAIN MOYEN.	TOTAL.	OBSERVATIONS.
	liv. onc.	liv. onc.	liv. onc.	
HOPITAUX, HOSPICES, ETABLISns.	2,767,610 11	2,771,945 »	5,539,555 11	Voyez le Tableau n°. , qui contient les quantités fournies à chaque Etablissement, etc.
ENTREPRISES ET RÉGIE...	323,147 5	» »	323,147 5	Porté en dépense d'ordre dans le Tableau qui précède, comme devant être remboursé à l'Administration.
SOURDS-MUETS..........	60.554 »	» »	60,554 »	
AVEUGLES..............	266,063 »	» »	266,063 »	
OUVRIÈRES ST.-PAUL....	7,260 »	» »	7,260 »	
SCIPION...............	3,294 »	» »	3,294 »	
	3,427,929 »	2,771,945 »	6,199,874 »	

Ce Tableau et ceux qui suivent, résultent du Compte, vérifié et arrêté, de M. DE ST.-MARTIN, Manutentionnaire de l'Administration.

[N°. II.]

TABLEAU DES FARINES livrées et consommées, en l'an XI, à la BOULANGERIE GÉNÉRALE, avec les Restans en Magasin au 1er. Vendémiaire an XII ;

SAVOIR:

LIVRAISONS.					CONSOMMATION.				
NOMS des FOURNISSEURS.	QUANTITÉS DE SACS FOURNIS. Première QUALITÉ.		Deuxième QUALITÉ.		NOM du MANUTENTIONNAIRE.	QUANTITÉS DE SACS CONSOMMÉS. Première QUALITÉ.		Deuxième QUALITÉ.	
	sacs.	liv.	sacs	liv.		sacs.	liv.	sacs.	liv.
Mrs. CARRIÉ	4,415	»	4,185	»	Mr. St.-MARTIN	8,123	16	6,476	164
SYMONNIN	450	»	»	»	FARINE livrée, en nature, aux HOSPICES, suivant le Tableau n°. III	37	131	»	15
BEUDKER	3,139	»	1,885	»					
Restant en Magasin, au 1er. vendémiaire an XI	698	165	635	264					
	8,702	165	6,705	264		8,160	147	6,476	179
BONI RÉSULTANT de la Manutention	»	»	83	270	DÉFICIT RÉSULTANT de la Manutention	7	244	»	»
	8,702	165	6,789	209		8,168	66	6,476	179

RÉSUMÉ.

	Première QUALITÉ.		Deuxième QUALITÉ.	
	sacs.	liv.	sacs.	liv.
IL A ÉTÉ LIVRÉ	8,702	165	6,789	209
——— CONSOMMÉ	8,168	66	6,476	179
RESTANT EN MAGASIN au 1er. vendémiaire an XII	534	99	313	30

[N°. III.]

TABLEAU DE LA FARINE, livrée en nature, aux Etablissemens ci-après, dans le cours de l'AN XI;

SAVOIR:

HOPITAUX et HOSPICES.	FARINES. QUALITÉS. 1re.		2e.		PRIX. 1re. à 18c. 31 dix-m.		2e. à 16c. 90 dix-m.		TOTAL par ÉTABLISSEMENT.	
	sacs	liv.	sacs	liv.	fr.	c.	fr.	c.	fr.	c.
VÉNÉRIENS....	17	75	»	»	1,025	36	»	»	1,025	36
SAINT-ANTOINE...	»	290	»	»	53	09	»	»	53	09
NECKER.........	»	20	»	»	3	66	»	»	3	66
COCHIN.........	»	160	»	»	29	29	»	»	29	29
BEAUJON........	»	72	»	»	13	19	»	»	13	19
MAISON DE SANTÉ..	»	170	»	»	31	12	»	»	31	12
MATERNITÉ......	2	250	»	»	164	79	»	»	164	79
SALPÊTRIÈRE....	14	»	»	15	833	10	2	53	835	63
MONTROUGE......	»	90	»	»	16	47	»	»	16	47
PHARMACIE......	»	304	»	»	55	69	»	»	55	69
	37	131	»	15	2,225	76	2	53	2,228	29
	37 sacs 146 livres.				2,228 fr. 29 cent.					

[N°. IV.]

TRANSPORT DE PAIN, fait en l'an XI, dans les Établissemens ci-après, par M. DE SAINT-MARTIN.

SAVOIR:

HOPITAUX et HOSPICES.	QUANTITÉS.	SOMMES en résultantes à 25 c. pour 100.		OBSERVATIONS.
	liv.	fr.	c.	
VÉNÉRIENS	180,850	452	12	Arrêté du Conseil général du 1er. frimaire an XI.
SAINT-ANTOINE	46,507	116	26	La Maison de Santé n'est pas comprise au présent compte, parce que cet Établissement prend son pain directement à SCIPION.
NECKER	44,672	111	68	
COCHIN	41,670	104	17	
BEAUJON	28,017	70	04	
MATERNITÉ	186,240	465	62	
SALPÊTRIÈRE	1,923,277	4,808	18	
MONTROUGE	53,853	134	64	
	liv. 2,505,086	fr. 6,262	c. 71	

NOTA. On n'a porté dans ce Tableau que les frais de transport du Pain consommé par les Hopitaux et Hospices régis directement, attendu que, pour les autres Etablissemens, ces frais étaient à la charge des Entrepreneurs et Régisseurs.

[N°. V.]

TABLEAU FIXANT LA DÉPENSE faite par les *Hopitaux*, *Hospices et Établissemens* ci-après, à cause du PAIN et de la FARINE, qui leur ont été livrés par la BOULANGERIE GÉNÉRALE, en l'AN XI, et des frais de Transport payés pour les *Etablissemens* régis directement;

SAVOIR :

HOPITAUX, et HOSPICES.	QUANTITÉS DU PAIN LIVRÉ. BLANC.	MOYEN.	MONTANT EN ARGENT DU PAIN. BLANC, à 15 c. 27,34	MOYEN, à 13 c. 79,39	TOTAL du prix du Pain par Etablissement.	FARINE livrée en nature, suivant le Tableau N°. III.	FRAIS de transport, suivant le Tableau N°. IV.	TOTAL GÉNÉRAL de LA DÉPENSE en ARGENT.
	liv. onc.	liv. onc.	fr. c.	fr. c.	fr. c.	fr. c.	fr. c.	fr. c.
HOTEL-DIEU	366,142 6	2,064 »	55,922 33	284 70	56,207 03	» »	» »	56,207 03
SAINT-LOUIS	228,568 8	» »	34,910 08	» »	34,910 08	» »	» »	34,910 08
VÉNÉRIENS	180,850 »	» »	27,621 94	» »	27,621 94	1,025 36	452 12	29,099 42
LA CHARITÉ	61,136 2	» »	9,337 54	» »	9,337 54	» »	» »	9,337 54
SAINT-ANTOINE	46,507 »	» »	7,103 20	» »	7,103 20	53 09	116 26	7,272 55
NECKER	44,672 »	» »	6,822 93	» »	6,822 93	3 66	111 68	6,938 27
COCHIN	41,670 »	» »	6,364 42	» »	6,364 42	29 29	104 17	6,497 88
BEAUJON	28,017 »	» »	4,279 14	» »	4,279 14	13 19	70 04	4,362 37
ENFANS-MALADES	55,520 »	» »	8,479 79	» »	8,479 79	» »	» »	8,479 79
MAISON DE SANTÉ	28,742 »	» »	4,389 88	» »	4,389 88	31 12	» »	4,421 »
MATERNITÉ	186,240 »	» »	28,445 18	» »	28,445 18	164 79	465 62	29,075 59
SALPÊTIÈRE	637,211 »	1,286,066 »	97,323 78	177,398 85	274,722 63	835 63	4,808 18	280,366 44
BICÊTRE	71,875 3	997,005 »	10,977 75	137,525 97	148,503 72	» »	» »	148,503 72
INCURABLES-FEMMES	221,700 12	» »	33,861 12	» »	33,861 12	» »	» »	33,861 12
INCURABLES-HOMMES	152,969 4	» »	23,363 56	» »	23,363 56	» »	» »	23,363 56
MÉNAGES	104,177 8	» »	15,911 36	» »	15,911 36	» »	» »	15,911 36
MONTROUGE	53,853 »	» »	8,225 18	» »	8,225 18	16 47	134 64	8,376 29
ORPHELINS	63,128 »	422,784 »	9,641 79	58,318 46	67,960 25	» »	» »	67,960 25
ORPHELINES	18,882 »	63,412 »	2,883 92	8,746 98	11,630 90	» »	» »	11,630 90
TOTAL	2,591,861 11	2,771,331 »	395,864 89	382,274 96	778,139 85	2,172 60	6,262 71	786,575 16
CHEF-LIEU	614 »	614 »	93 77	84 69	178 46	» »	» »	178 46
PHARMACIE CENTRALE	1,650 »	» »	252 »	» »	252 »	55 69	» »	307 69
PRÉAU	159,66 »	» »	24,385 50	» »	24,385 50	» »	» »	24,385 50
VACCINE	5,980 »	» »	913 34	» »	913 34	» »	» »	913 34
CLINIQUE	7,845 »	» »	1,198 19	» »	1,198 19	» »	» »	1,198 19
TOTAL GÉNÉRAL	2,767,610 11	2,771,945 »	422,707 69	382,359 65	805,067 34	2,228 29	6,262 71	813,558 34

NOMS ET TRAITEMENS DES EMPLOYÉS DE LA BOULANGERIE GÉNÉRALE.

			fr. c.	fr. c.
EMPLOYÉS de l'Administration.	REGNARD	Agent de surveillance	2,000 »	3,200 »
	PHILIPPE	Commis-Contrôleur	1,200 »	
GENS DE SERVICE.	LANÇON	Portier	600 »	1,200 »
	PILET	Commissionnaire	600 »	
		TOTAL		4,400 »

PHARMACIE CENTRALE (1).

CET ÉTABLISSEMENT fait le service pharmaceutique des *Hopitaux* et *Hospices civils*, *Comités de Bienfaisance* et *Maisons de Détention* du Département de la Seine.

La Maison n'est pas entièrement occupée par la PHARMACIE CENTRALE; une partie sert au logement du Secrétaire général de l'Administration, et à l'Imprimerie.

La dépense de la PHARMACIE CENTRALE, en l'an XI, a été, suivant les compte et tableau ci-après, de 194,925 fr. 35 cent.

(1) Rue Neuve-Notre-Dame, ancienne maison des Enfans-Trouvés.

DÉPENSE.

CONSTRUCTIONS ET RÉPARATIONS.

	fr. c.		fr. c.	fr. c.
Maçonnerie	1,128 53	Ci-contre	2,192 61	
Couverture	8 »	Vitrerie	303 80	
Serrurerie	828 38	Plomberie	20 01	2,934 72
Menuiserie	196 64	Poëlerie	418 30	
Peinture	31 06	» » »	» »	
	2,192 61			

CONTRIBUTIONS.

Extrait du rôle des contributions du huitième Arrondissement . . . . . 600 »

DÉPENSES D'ÉCONOMAT.

Achat de Drogues, etc., suivant le compte rendu par le Chef de l'Établissement 6,010 85

APPOINTEMENS ET GAGES (1).

Chefs, Pharmaciens, Employés 14,931 60

FRAIS DE BUREAU.

Pour fournitures faites par le Papetier de l'Administration 717 80

EXTRAIT DU COMPTE DES RÉGISSEURS (2).

2,903 journées de Garçons, nourris à l'Hôtel-Dieu . . . . . à » 94 c. la journée 2,728 82

27,923 79

(1) Voyez, ci-après, le tableau relatif à cette dépense.

(2) Les Garçons sont nourris à l'Hôtel-Dieu; et cette dépense a été payée aux Régisseurs de cet Hopital.

		fr. c.
Ci-contre.		27,923 79

COMBUSTIBLES.

				fr. c.		fr. c.	fr. c.	
280 stères . .	221 stères. .	Bois neuf	à	14 84	le stère. . . .	3,279 64	4,027 77	4,698 31
	59 id.	Bois flotté.	à	12 68	id.	748 13		
105 voies ½ . .	35 voies ½	Charbon	à	5 »	la voie	177 50	485 50	
	70 voies. .	Idem	à	4 40	id.	308 »		
. . . .	10,595 heures.	Lumière	à	. . . . . .	17,50 m l'heure . . .		185 04	

HABILLEMENT DES GARÇONS.

			fr. c.			
49 mètres 39 c.	Drap croisé	à	3 79	le mètre.	153 07	505 07
3 aunes	Drap bleu naturel.	à	18 »	l'aune	54 »	
Articles divers fournis par le marchand Drapier		»		. . . .	243 90	
14 aunes.	Coutil noir pour habillement d'Hommes.	à	2 35	l'aune	32 90	
14 façons. . . .	Habillemens complets	à	1 »	pièce.	14 »	
1 façon	Habillement complet.	à	2 »	pièce.	2 »	
26 façons	Tabliers.	à	» 20	pièce.	5 20	

ACHAT D'USTENSILES ET FRAIS DE RÉPARATIONS.

Chaudronnerie	4,565 90	9,363 05
Poterie d'etain.	939 87	
Balancier	232 25	
Vannerie.	88 »	
Tourneur.	740 »	
Corderie.	61 48	
Boissellerie, Brosserie, etc.	2,735 55	

FOURNITURES DE SONDES.

		fr.			
36 Sondes simples.	à	3	pièce.	108 »	150 »
7 Canules	à	6	pièce.	42 »	

42,640 32

		fr. c.
De l'autre part.		42,640 22

DÉPENSE PARTICULIÈRE A LA PHARMACIE CENTRALE.

	fr. c.	
Drogueries.	127,669 96	151,977 44
Plantes et Fleurs.	10,950 59	
Vins.	12,778 15	
Drogues en nature, rendues par un Comité de bienfaisance	578 74	

BOULANGERIE GÉNÉRALE (1).

	c.	fr. c.	
1,650 livres Pain blanc	à 15 27,34^{m} la livre. . . .	252 »	307 69
304 livres Farine livrée en nature.	à 18 31,00 la livre	55 69	

TOTAL général de la Dépense.	194,925 35

(1) Pain fourni pour les déjeûners des Garçons de la Pharmacie.

RÉPARTITION DE LA DÉPENSE de la *Pharmacie Centrale*, sur les Hopitaux et Hospices ci-après désignés, suivant le Compte rendu par le Bureau chargé de la surveillance de cet Etablissement.

HOPITAUX et HOSPICES.	ACHAT DE MATIÈRES premières.	FRAIS de manutention.	TOTAL.
	fr. c.	fr. c.	fr. c.
HOTEL-DIEU. . .	38,980 63	5,185 63	44,166 26
SAINT-LOUIS . . .	24,017 55	3,199 15	27,216 70
VÉNÉRIENS. . . .	23,781 79	3,167 90	26,949 69
LA CHARITÉ . . .	20,234 45	2,694 60	22,929 05
SAINT-ANTOINE. .	5,510 25	732 52	6,242 77
NECKER.	596 28	79 05	675 33
COCHIN	5,770 65	767 05	6,537 70
BEAUJON.	2,568 28	340 49	2,908 77
ENFANS-MALADES.	5,434 84	722 53	6,157 37
MAISON DE SANTÉ.	4,005 35	531 02	4,536 37
MATERNITÉ. . . .	3,515 11	466 02	3,981 13
BICÊTRE	12,386 39	1,707 22	14,093 61
SALPÊTRIÈRE. . .	18,946 67	2,523 88	21,470 55
INCURAB.-HOMes.	3,000 75	397 82	3,398 57
Idem. FEMes.	1,800 97	238 76	2,039 73
MÉNAGES.	326 52	43 28	369 80
MONTROUGE . . .	233 13	30 90	264 03
ORPHELINS. . . .	274 78	36 42	311 20
ORPHELINES . . .	86 52	11 46	97 98
	171,470 91	22,875 70	194,346 61
DÉPENSES D'ORDRE.	. . . .	. . . .	578 74
TOTAL GÉNÉRAL.			194,925 35

OBSERVATIONS.

La 1re. Colonne est composé ainsi qu'il suit :

SAVOIR :

1°. Achat de Drogues.	127,669 96	
2°. Idem de Vins.	12,778 15	
3°. Idem de Plantes et Fleurs	10,950 59	
4°. Dépenses faites par M. Henry, chef.	6,010 85	
5°. Achat de Bois.	4,698 31	
6°. Mémoires réglés, du Chaudronnier.	9,363 05	
TOTAL de la 1re. Colonne.		171,470 91
Deuxième Colonne.		
Bâtimens. (Entretien). . .	2,934 72	
Contribution foncière. . .	600 »	
Appointement du Chef, Employes et Garçons. .	14,931 60	
Frais de Bureau.	717 80	
Nourriture des Garçons, par la Régie.	2,728 82	
Pain, des mêmes.	307 69	
Habillement id.	505 07	
Achat de Sondes.	150 »	22,875 70
		194,346 61
DÉPENSE D'ORDRE.		
Rembours^nt. à un Comité de Bienfaisance.		578 74
		194,925 35

NOMS ET TRAITEMENS DES EMPLOYÉS DE LA PHARMACIE CENTRALE.

			fr. c.	
EMPLOYÉS de l'Administ.	DEMACHY	Chef	3,600 »	11,900 »
	HENRY	Idem	2,400 »	
	GUILLAUME	Idem des Magasins	2,400 »	
	BRUNNER	Teneur de livres	1,700 »	
	BARBOT	Expéditionnaire	400 »	
	BIDOT	Elève en Pharmacie	700 »	
	BOSSE	Idem	700 »	
GENS DE SERVICE	7 Garçons	à 333 fr. 12 c. chaque	2,331 84	3,031 84
	1 Raccommodeuse de linge	à 100 »	100 »	
	1 Portier	à 600 »	600 »	
			TOTAL	14,931 84

DÉPENSES D'ADMINISTRATION GÉNÉRALE.

Cette Dépense s'élève, pour l'an XI, à 202,463 fr. 32 c.

Elle est composée, 1°. des Réparations et Imposition du Chef-Lieu d'Administration, situé Parvis Notre-Dame, n°. 3;

2°. Des Pensions accordées aux divers Employés de l'Administration et des Hospices, qui ont 30 ans de service;

3°. Des Appointemens des Employés de l'Administration générale, non compris le traitement des cinq Administrateurs, qui a été payé sur la caisse du Mont-de-Piété.

4°. Des Frais de Bureau, Chauffage, etc., desdits Employés;

5°. Enfin de tous les Articles qui, ne pouvant s'appliquer à un Hospice ou Etablissement de l'Administration, doivent être conséquemment répartis sur tous.

La répartition de la somme de 202,463 fr. 32 c. a été faite et portée au compte de chaque Etablissement, en proportion des journées.

Ainsi, l'on a dit: Le nombre total des journées de l'an XI est de 4,311,195; la dépense, de 202,463 fr. 32 c.; ce qui fait, par journée, 0 fr. 4 c. 69,622 cent millimes.

(*Voyez cette Répartition, ci-après*).

DÉPENSE.

RÉPARATIONS AU CHEF-LIEU D'ADMINISTRATION.

	fr. c.		fr. c.	fr. c.
Couverture	8 »	Ci-contre	1,084 48	
Serrurerie	402 79	Carrelage	145 69	
Menuiserie	508 41	Poëlerie	369 25	1,628 62
Vitrerie	146 88	Pompier	29 20	
Plomberie	18 40	» »	» »	
	1,084 48			

IMPOSITION DU CHEF-LIEU.

Les bâtimens du Chef-Lieu de l'Administration sont compris dans le Rôle du Receveur particulier du 8e. Arrondissement, pour une somme de 650 05

PENSIONS ACCORDÉES, POUR ANCIENNETÉ DE SERVICE,

AUX EMPLOYÉS DE L'ADMINISTRATION.

Divers arrêtés du Conseil, notamment celui du 4 pluviose an X, ont créé 32 Pensions, montant à . . (1) 10,621 50

APPOINTEMENS ET GAGES.

Secrétariat du Conseil général d'Administration	(2)	11,400 »	120,540 46
Chefs et Employés de l'Administration	(3)	66,540 46	
Caisse générale	(4)	15,000 »	
Contrôle général	(5)	3,000 »	
Architectes, Inspecteurs et Vérificateurs des Bâtimens	(6)	12,800 04	
Officiers de Santé et Gens de service du Bureau Central d'Admission	(7)	11,799 96	

133,440 63

(1) Aucun Pensionnaire n'est décédé en l'an XI. Voyez l'Etat nominatif, folio 63.
(2) Allouée, suivant le Tableau annexé aux Instructions, du 15 brumaire an X.
(3) Allouée suivant idem. Voyez les Noms et Emplois, ci-après.
(4) Moitié de la remise accordée au Receveur général; l'autre portion est comprise dans les dépenses relatives à la perception des revenus.
(5) Moitié du traitement alloué au Contrôleur général; l'autre partie étant comprise comme il est dit ci-dessus.
(6) Moitié du traitement alloué à la direction des bâtimens; l'autre portion étant comprise comme il est dit ci-dessus.
(7) Ce Bureau a été établi à compter du premier germinal an XI. Sa dépense, en appointemens, sera annuellement de 22 à 23,000 francs. (Voyez quel est le but de son institution. " Notes.)

		fr. c.
	Ci-contre.	133,440 63

FRAIS DE BUREAU.

			fr. c.	
Fournitures faites par le Papetier de l'Administration			9,813 25	34,648 35
Impressions. . .	Par divers Imprimeurs	4,111 »	15,556 61	
	Par l'Imprim. des Hospices, y compris l'achat de l'imprimerie.	10,245 61		
	Par l'Imprimerie des Sourds-Muets	1,200 »		
Ports de Lettres.			416 25	
Achat de Lois, par l'Archiviste			42 55	
Menus Frais divers, pour Timbre de registres, Commissions, etc.			1,319 69	
Frais de voiture des cinq Membres de la Commission administrative.			7,500 »	

ÉCHANTILLONS DE PAIN (1).

			c.	mil.			
1,228 livres . .	614 livres Pain blanc.	à »	15	27,34	la livre.	93 77	178 46
	614 id. id. moyen.	à »	13	79,39	id.	84 69	

COMBUSTIBLES.

				fr.	c.				
239 stères. .	188 stères	Bois neuf.	à	14	85	le stère.	2,791 80	3,566 77	4,122 26
	20 id.	Bois flotté.	à	12	67	id.	253 40		
	31 id.	Bois flotté.	à	16	»	id.	496 »		
Frais relatifs.							25 57		
30,028 ½ heures. .	Lumière.		à	»	175ᵐ	l'heure.	525 49	555 49	
60	Lampions		à	»	10ᶜ	chacun.	30 »		

OBJETS D'HABILLEMENT ET DE COUCHER.

Achat de Fils fournis aux Ateliers de Tisserands, établis dans l'Hospice de Bicêtre, et frais relatifs, occasionnés par la confection des Toiles (2).

172,389 70

(1) Tous les jours, le Manutentionnaire général est tenu, aux termes de son marché, d'envoyer à l'Administration un échantillon du Pain blanc et moyen, par lui fabriqué.

(2) On a compris dans la dépense générale d'Administration, celle occasionnée par la Tisseranderie de Bicêtre, attendu qu'il n'a pas été possible de se procurer le compte de la distribution faite aux Hospices, des toiles fabriquées par les Ateliers de cette maison. Ce compte devait être rendu par le Chef du Bureau du Matériel.

	fr.	c.
De l'autre part.	172,389	70

Suite des Objets d'Habillement et de Coucher.

Achat de Fils.

L'Administration de la Filature a fourni, en l'an XI :

					fr.	c.		fr.	c.	fr.	c.	fr.	c.
4,894 kil. 18 h.	626 kilo.	11 hecto.	Fil. . . .	à	132	50	les % k.	829	60	10,042	82	15,587	27
	1,174	81	id. . . .	à	195	»	id.	2,290	88				
	2,006	25	id. . . .	à	210	»	id.	4,213	12				
	783	04	id. . . .	à	247	»	id.	1,934	10				
	303	97	id. . . .	à	255	»	id.	775	12				

Blanchissage et Boulevardage.

Mr. GUENET, Propriétaire de la Blanchisserie, près Clermont-Oise, a blanchi ou boulevardé,

1°. — 7,565 mètres ou 6,366 aunes ¾ de Toiles, provenant de Bicêtre, à raison de 9838m l'aune	628	80	1,185	»
2°. — 6,180 mètres à 9 fr. les cent mètre.	556	20		

Frais de Main-d'œuvre.

Il a été confectionné, en l'an XI, dans lesdits Ateliers, 236 pièces de Toile, contenant 13,072 m. dont l'Administ. a payé la main-d'œuvre aux Indigens dudit hospice, à raison de 33,35m le mèt.	4,359	45

ACHAT DE MEUBLES ET USTENSILES.

Quincaillerie	52	70	494	35
Vannerie.	20	50		
Tourneur.	15	»		
Ameublement.	300	»		
Paillassons	42	40		
Boissellerie, Brosserie, etc.	45	75		
Entretien d'Horloge	18	»		

	188,471	32

	fr.	c.
Ci-contre.	188,471	32

BANDAGES DÉLIVRÉS PAR LE BUREAU CENTRAL D'ADMISSION (1).

			fr.	c.				
25	Suspensoirs	à	2	»	pièce.	50	»	7,019 »
189	Paissaires en cire.	à	2	»	pièce.	378	»	
12	Id. en gomme.	à	3	»	pièce.	36	»	
911	Bandages simples	à	4	»	pièce.	3,644	»	
31	Idem Exomphales.	à	5	»	pièce.	155	»	
507	Idem doubles, à 1 cercle	à	5	»	pièce.	2,535	»	
36	Idem doubles, à 2 cercles.	à	6	»	pièce.	216	»	
1	Crémaillère	à	5	»	pièce.	5	»	

DÉPENSES DIVERSES.

			fr.	c.			
Gratifications accordées aux Sieurs	Dufet. . . .	Vérificateur de la Comptabilité en nature . .	925	»	1,273 »		6,973 »
	Martin. . .	Pour travaux relat. au dégrévement des Imp.	200	»			
	Chomereau.	Expéditionnaire	48	»			
	Lemaitre. .	Garçon de Bureau	100	»			
Somme allouée au sieur Lefevre, chargé de la rédaction des comptes généraux des années V, VI, VII et VIII					4,500 »		
Abonnement annuel avec le sieur Ancelin, chargé de la destruction des Rats, dans les Hospices.					1,200 »		

Total général de la Dépense. 202,463 32

(1) Le Bureau Central d'Admission délivre gratuitement des Bandages aux Indigens qui ne peuvent s'en procurer; on a classé cette dépense avec celles qui doivent être réparties sur tous les Hopitaux et Hospices

RÉPARTITION

DE LA DÉPENSE GÉNÉRALE D'ADMINISTRATION,

Sur les Hopitaux et Hospices ci-après désignés, en proportion du nombre des journées de chacun.

HOPITAUX ET HOSPICES.	NOMBRE DE JOURNÉES.	PORTION portée au compte de chaque ÉTABLISSEMENT. fr.	c.	OBSERVATIONS.
Hotel-Dieu	402,972	18,924	45	
Saint-Louis	234,801	11,026	77	
Vénériens	166,144	7,802	49	
Charité	88,881	4,174	05	
Saint-Antoine	46,520	2,184	68	
Necker	44,674	2,097	99	
Cochin	31,716	1,489	45	
Beaujon	29,572	1,388	76	
Enfans-Malades	95,435	4,481	84	
Maison de santé	19,087	896	37	
Maternité	108,759	5,107	56	
Bicêtre	789,405	37,072	20	
Salpêtrière	1,274,509	59,853	86	
Incurables-Hommes	122,813	5,767	58	
Incurables-Femmes	176,891	8,307	18	
Ménages	211,448	9,930	06	
Montrouge	36,337	1,706	47	
Orphelins	362,701	17,033	24	
Orphelines	68,530	3,218	32	
	4,311,195	202,463	32	

NOMS DES CHEFS ET EMPLOYÉS DE L'ADMINISTRATION GÉNÉRALE, EN L'AN XI.

SECRÉTARIAT DU CONSEIL.

		fr. c.	ORGANISATION DE L'AN XII.
MAISON	Secrétaire-général du Conseil	11,400 » (1)	Secrétaire-général de l'Administration.

SECRÉTARIAT DE LA COMMISSION.

LÉVÉVILLE	Secrétaire de la Commission	4,000 »	Nmé. Econ.-Gard.-Mag. de l'hop. S.-Louis.
HUCHERARD	Sous-Chef	2,400 »	Idem. Agent de surveil. de la Maternité.
CHOMEREAU	1er. Commis-expéditionnaire	1,600 »	Pé. au Bau. de la Compté. aux app. de 1,800.
BLIN	Expéditionnaire	1,100 »	Supprimé.
MAGNIEN	Idem	1,000 »	Passé à la 1re. Don. aux appoint. de 1,600.
		10,100 »	

BUREAU DE LA COMPTABILITÉ GÉNÉRALE.

GIRAULT	Chef	3,200 »	Passé Econ.-Garde-Mag. des Orphelins.
PÉLIGOT	Teneur de livres	3,000 »	Passé Chef du Bureau.
LEMAIGNEN	Vérificateur	2,200 »	Passé a la 1re. Division, à 2,400 f.
MOUZAY	Commis-principal	2,000 »	Supprimé.
COMBES	Commis	1,600 »	Conservé, et porté à 1,800.
DEVILLERS	Idem	1,700 »	Idem. à 1,900.
CLAUSEL	Idem	1,600 »	Idem. à 2,000.
PRETERRE	1er. Expéditionnaire	1,500 »	Idem. à 1,700.
BOCQUET	2e. Idem	1,200 »	Supprimé.
		18,000 »	

BUREAU DU MATÉRIEL.

ROZET	Chef	3,000 »	Économe-Garde-magasin de la Charité.
ROYER	Chef-adjoint	3,000 »	Passé à la 2e. Division.
HÉDOU	Commis	2,000 »	Conservé. Idem.
VASSELLE	Idem	2,000 »	Passé à la 2e. Division.
LENOBLE	Expéditionnaire	1,300 »	Idem.
DALLÉAS	Idem	1,200 »	Passé au Secrétariat.
		12,500 »	

(1) Traitement du Secrétaire, appointemens des Employés, et Frais de Bureau.

BUREAU DU DOMAINE.

Suite de l'Organisation de l'an XII.

		fr. c.	
GUÉRIN père.	Chef	3,000 » . . .	Conservé.
DESMAGNY.	Commis, chargé des Archives. .	2,400 » . . .	Idem.
PELTIER.	Idem, des Bâtimens	2,400 » . . .	Econome Garde-magasin des Vénériens.
BONNAFOUS	1er. Expéditionnaire	1,100 » . . .	Conservé, et porté à 1200 fr.
VERMILLION.	2e. Idem	1,000 » . . .	Supprimé.
LAFFY	Commis-voyageur.	3,000 » . . .	Conservé.
		12,900 »	

BUREAU DU PLACEMENT.

EVELINGES.	Chargé du Placement	1,200 » (1)	Conservé.
BARRIÈRE	Inspecteur des Apprentis	1,800 » . . .	Idem.
LEROI	Commis.	2,000 » . . .	Passé au Bau. de Récept., Hotel-Dieu
		5,000 »	

BUREAU D'ADMISSION.

BILON.	Médecin.	3,000 » . . .	
CHAMSERU.	Idem.	2,400 » . . .	
PARFAIT.	Chirurgien	3,000 » . . .	
PRAT.	Idem	2,400 » . . .	
MASSON.	1er. Commis	2,400 » . . .	Conservé.
ROLAND	Expéditionnaire.	1,500 » . . .	Passé à la 2e. Division.
AMOUREUX.	Garçon de Bureau.	1,000 » . . .	Décédé.
		15,700 »	

CAISSE GÉNÉRALE.

GUÉRIN fils	Receveur-Caissier.		
DORIVAL.	Employé.		
RABON.	Idem.		
ANSEAUME.	Idem.		
COLINET.	Idem	30,000 » . .	Non compris 4,000 f. pour la Recette des Secours à Domicile.
ROCHEVEUN.	Idem.		
DOULCET.	Idem		
FONTENAY.	Idem.		
LECLERC	Idem.		
FOULAIIER.	Garçon de Caisse.		

(1) Outre ce traitement, M. [illegible] reçoit une indemnité de 3 fr. par Enfant placé à la campagne ou en apprentissage. (Voyez ci-après le Compte intitulé PLACEMENT D'ENFANS.)

CONTROLE GÉNÉRAL.

Suite de l'Organisation de l'an XII.

LAVIT	Contrôleur-général	fr. c. 6,000 » . .	Non compris 600 fr. pour la Recette de Secours à Domicile.
BICHET	Employé		

DIRECTION DES BATIMENS.

VIEL	Architecte	6,500 » . .	Dans la somme de 6,500 fr. sont compr. 2,500 francs, pour frais de voyages expéditionnaires, dessinateurs, etc.
CLAVAREAU	Idem	6,500 » . .	
PERDEREAU	Inspecteur	1,500 » . .	
VIEL jeune	Idem	1,500 » . .	
GILBERT	Idem	1,500 » . .	
PHILIPPE	Idem	1,500 » . .	
LUSSAULT	Idem	1,500 » . .	
DUVILLARS	Idem	1,500 » . .	
THUNOT (*)	Idem	600 » . .	(*) M. Brasle, Ingénieur hydraulique, inspecte et dirige bénévolement tout ce qui est dans sa partie ; M. Thun lui est particulièrement attaché.
DUBOIS	Vérificateur	1,500 » . .	
PERRIN	Idem	1,500 » . .	
		25,600 »	

SERVICE DE LA COMMISSION.

TASSE	Portier	1,000 » . .	Conservés.
MAITRE	Garçon de Bureau	700 » . .	
BRU	Idem	700 » . .	
PARISET	Idem	700 » . .	
LEFEBVRE	Commissionnaire	700 » . .	
		3,800 »	

RÉCAPITULATION.

		fr.	c.	
SECRÉTARIAT DU CONSEIL		11,400	»	
——— DE LA COMMISSION		10,100	»	
BUREAUX, DE LA COMPTABILITÉ GÉNÉRALE		18,000	»	
——— DU MATÉRIEL		12,500	»	
——— DU DOMAINE		12,900	»	
——— DU PLACEMENT		5,000	»	151,000
——— D'ADMISSION		15,700	»	
CAISSE GÉNÉRALE		30,000	»	
CONTRÔLE GÉNÉRAL		6,000	»	
DIRECTION DES BATIMENS		25,600	»	
SERVICE DE LA COMMISSION		3,800	»	

ENFANS ABANDONNÉS (1).

Les Enfans abandonnés sont reçus, à toute heure, dans une Maison, rue de la Bourbe, connue sous le nom de *Maternité-Allaitement* : ils sont soignés dans des salles que l'on nomme *la Crèche*, et sont confiés ensuite à des Nourrices de campagne. Ils restent à la charge de l'Administration jusqu'à l'âge de douze ans.

		fr.	
Les Mois de Nourrices et Pensions se paient	Depuis la naissance jusqu'à un an.	7	par mois.
	D'un an à deux.	6	id.
	De deux à sept.	5	id.
	Et de sept à douze.	40	par an.

On paie en outre aux Nourrices les frais de leur voyage, et des primes d'encouragement; on donne aux enfans des layettes et vêtures.

Si les Nourrices de la campagne ne viennent pas assez promptement, ou en nombre suffisant pour allaiter les enfans, on les met, en attendant, entre les mains de Nourrices qui demeurent dans la maison, et que l'on nomme *Nourrices Sédentaires*.

La dépense des Enfans, quoique faite par l'Administration des Hospices, doit être acquittée sur les fonds du Département de la Seine.

Cette dépense s'est élevée pour l'an XI, suivant le compte ci-après, à 677,262 fr. 27 cent.

On a reçu, en l'an XI, { 2,371 garçons. / 2,303 filles. } Au Total 4,674 Enfans abandonnés, dont 3,700 ont été envoyés à la campagne (2).

(1) Voyez le Compte de la Maternité, pag. 165.

(2) Voyez les feuilles de Population.

DÉPENSE.

		fr. c.	fr. c.	
Mois de Nourrices		270,106 98	322,684 54	393,028 54 (*)
Pensions		52,577 56		
Frais de départ.	Frais de Voyages aux Nourrices, lors de leur départ	28,070 20	64,294 21	
	Mois d'avance, aux mêmes	17,551 »		
	Droits de Meneurs	16,122 70		
	Indemnité de Vivres, aux mêmes	502 40		
	Remboursement de Droits de passe	2,047 91		
Mois de Nourrices et Pensions à divers, dans Paris		753 98	6,049 79	
Gages des Nourrices sédentaires, dans l'hospice		4,476 16		
Ports de lettres et menues Dépenses relatives au présent Chapitre		819 65		

LAYETTES DES ENFANS ABANDONNÉS,

REÇUS DANS LA SECTION DE L'ALLAITEMENT.

			fr.	c.			
2,230	Langes piqués	à	1	05	pièce	2,341 50	
1,154	Langes Idem	à	1	30	pièce	1,500 »	
5,683	Langes de toile	à	1	10	pièce	6,251 30	
502	Langes de laine	à	1	10	pièce	552 20	
882	Langes de laine	à	1	18	pièce	1,040 76	
7,636	Langes de laine	à	1	20	pièce	9,163 20	
2,000	Couches	à	»	54	pièce	1,080 »	
2,000	Couches	à	»	55	pièce	1,100 »	
20,014	Couches	à	»	58	pièce	11,608 15	
10,000	Béguins	à	»	17	pièce	1,700 »	
6,000	Bonnets d'indienne	à	»	64	pièce	3,840 »	
4,462	Bonnets d'indienne	à	»	65	pièce	2,900 »	
3,000	Fichus de toile	à	»	18	pièce	540 »	
5,000	Chemises à Brassière	à	»	50	pièce	2,500 »	
1,800	Chemises de vêture	à	1	34	pièce	2,412 »	
600	Chemises du 5e. âge	à	1	50	pièce	900 »	
2,530 paires	Bas de laine, pesant 542 liv. $\frac{3}{4}$	à	5	»	la livre	2,713 75	
1,599 paires	Bas de laine, pesant 280 liv. $\frac{3}{4}$	à	5	68	la livre	1,594 66	
						53,737 52	
							393,028 54

(*) Voyez les détails, Chapitre IX, folio 65.

						fr. c.	fr. c.
					Ci-contre. . . .		393,028 54
Suite des Layettes des Enfans abandonnés.		Ci-contre.				53,737 51	
			fr.	c.			
2,670	Bonnets drapés de laine, pesant 180 l. ½.	à	6	»	la livre. . . .	1,083 »	
490	Bonnets Idem. pesant 29 liv. ¼ . . .	à	6	68	la livre. . . .	195 39	
811 aunes ¼ .	Toile Laval pour fichus.	à	2	15	l'aune	1,744 17	
1,224 aunes. . .	Toile blanche.	à	2	45	l'aune.	3,000 »	
450 aunes. . .	Toile ⅞ pour béguins.	à	2	50	l'aune.	1,125 »	
2,050 aunes. . .	Toile ⅞ pour chemises du 4e. âge. . . .	à	2	50	l'aune.	5,125 »	
2,500 aunes. . .	Toile ⅞ pour chemises de vêture.	à	2	50	l'aune.	6,250 »	
3,385 aunes [illegible].	Siamoise.	à	2	37,32m	l'aune.	8,033 87	
40 aunes. . .	Siamoise.	à	2	57	l'aune.	102 80	
32 pièces. . .	Garas pour fichus.	à	40	50	la pièce. . . .	1,296 »	
15 pièces. . .	Garas.	à	41	»	la pièce. . . .	615 »	
6 pièces . .	Garas.	à	43	»	la pièce. . . .	258 »	
222 aunes. . .	Molleton finette.	à	3	30	l'aune.	732 60	
135 aunes ½ .	Anvoile savonné, 1 poil.	à	2	25	l'aune.	304 88	
314 aunes. . .	Anvoile Idem.	à	2	50	l'aune.	785 »	
294 aunes. . .	Sommiers.	à	2	65	l'aune.	779 10	
820 aunes ¾ .	Sommiers.	à	2	95	l'aune.	2,421 03	
1,688	Couvert. de lain. pr. berc. pt. 3,377 l. ¾	à	3	»	la livre. . . .	10,133 25	
Pr. blanchissage et raccommod. de 349 couvertures de berceaux.		à	»	40	pièce.	139 60	100,193 66
						97,861 21	

LAYETTES DES ENFANS ABANDONNÉS,

TRAITÉS À L'HOPITAL DES VÉNÉRIENS.

400	Langes de toile.	à	1	10	pièce.	440 »	
120	Chemises d'enfant.	à	1	40	pièce.	168 »	
1,200	Bonnets piqués.	à	1	30	pièce.	696 »	
100	Mouchoirs ou petits fichus.	à	»	80	pièce.	80 »	
48 aunes. . .	Toile cretonne ⅞ pour fichus.	à	2	85	l'aune.	136 80	
53 mèt. 61 c.	Molleton blanc pour brassières.	à	3	45	le mètre. . .	184 95	
3 douzaines.	Bas de coton.	à	12	»	la douzaine. .	36 »	
3 douzaines.	Bas de coton pour nourrices.	à	23	»	la douzaine. .	69 »	
5 douzaines.	Bas de laine, drapés.	à	12	50	la douzaine. .	62 50	
5 douzaines.	Bas de laine, Idem. pr. nourrices. . .	à	22	»	la douzaine. .	110 »	
40	Couvertures de laine, à bercean. pt. 82 liv.	à	3	»	la livre. . . .	246 »	
24 paires. . .	Souliers du 1er. âge.	à	1	30	la paire. . . .	31 20	
24 paires. . .	de Pentoufles, pour nourrices.	à	3	»	la paire. . . .	72 »	
						2,332 45	493,222 20

		fr. c.
De l'autre part.		493,222 20

A QUOI IL FAUT AJOUTER.

1°. Une portion de la dépense comprise dans le compte de la Maternité (page 165), résultante du nombre de 59,018 journées de LA SECTION DE L'ALLAITEMENT, qui, calculées au prix moyen de 2 fr. 34 c. 67 mil., donnent	138,498 fr. 54 c.	184,262 27
2°. Les Dépenses faites pour la conservation et administration des Propriétés appartenantes aux Enfans abandonnés, ainsi qu'il est établi au Compte général de la perception des revenus (page 281)	45,763 73	
TOTAL GÉNÉRAL de la dépense des Enfans abandonnés		677,484 47
Les Recettes particulières aux Enfans abandonnés ne s'étant élevées (suivant la récapitulation générale, page 37) qu'à la somme de		453,066 88
Il résulte du présent Compte, que le DÉPARTEMENT, chargé d'acquitter les dépenses des Enfans abandonnés, doit à la COMMUNE, chargée d'acquitter les dépenses des Hôpitaux et Hospices, une somme de		224,417 59

CHARENTON.

CET Établissement n'est pas sous la direction immédiate du Conseil; mais, afin que le traitement de la folie ne se fît plus à l'Hôtel-Dieu, il fut arrêté, le 28 Prairial an X, que quarante lits d'homme et vingt lits de femme seraient désignés, à l'hospice de Charenton, pour le traitement des indigens attaqués de la folie, qui sont à la charge des hospices de Paris.

Il est alloué au Directeur (1) de l'hospice de Charenton, 1 fr. 50 c. par journée de malade, pour tous frais.

Un second arrêté du 28 Fructidor an X, porte que l'Administration des Hospices remboursera, sur le même pied, les journées des insensés qui seront envoyés à Charenton, lorsque leur état sera constaté par le Bureau central d'admission.

Au bout de quelques mois de traitement dans cette maison, les malades indigens, lorsqu'ils sont jugés incurables, sont transférés dans les hospices de Bicêtre et de la Salpêtrière.

DÉPENSE.

Le nombre des journées de Fous à la charge de l'Administration, s'élève, pour l'an XI, à 34,429; qui, à 1 fr. 50 c., ont coûté	51,643	50
Total général de la Dépense	51,643	50 (2)

(1) M. Decoulmier.
(2) Voyez Chap. XII, fol 70.

VACCINE.

Le Préfet du Département, cherchant les moyens de propager la découverte importante de la Vaccine, arrêta, en Germinal an X, la formation d'un Hospice d'inoculation de la Vaccine, sous la direction immédiate du Comité central établi à Paris, par les Souscripteurs, pour l'examen de cette découverte. Les dépenses de cette maison ont été mises à la charge de l'Administration des Hospices.

L'hospice d'inoculation de la Vaccine a été d'abord établi dans les bâtimens du Saint-Esprit, place de Grêve; mais il a été ensuite transféré dans une maison, rue du Battoir, appartenant aux Hospices.

Le Conseil général des Hospices n'a pas la direction de cet Etablissement, qui est sous la surveillance du Directeur de l'Ecole de Médecine.

L'Administration est chargée d'acquitter toutes les dépenses, qui se sont élevées, en l'an XI, à la somme de 6,664 fr. 19 c.

DÉPENSE.

CONSTRUCTIONS ET RÉPARATIONS.

	fr. c.	fr. c.
Maçonnerie	289 48	522 18
Peinture	232 70	

APPOINTEMENS ET GAGES.

Appointemens de Mlle. Dubois, Directrice ; et Gages des Gens de service	1,675 »	2,662 09
Menues dépenses, suivant le compte de Mlle. Dubois	987 09	

VIANDE.

			fr.	c.		
1,774 livres. .	786 livres Viande	à	»	36 $\frac{1}{2}$ le kilo	286 88	669 93
	988 livres idem (1)	à	»	76 $\frac{1}{5}$ la livre	370 58	
Indemnité accordée au Boucher					12 47	

VIN.

1,013 lit. 26 c.	Vin de malade	à	»	60 le litre	» »	607 98

COMESTIBLES DIVERS.

97 livres $\frac{1}{2}$	Beurre	à	67 50 le cent		65 81	
39 décalit.	Haricots	à	3 » le décalitre		117 »	
900	400 Oeufs	à	47 50 le mille	19 f. » c.	35 50	374 0
	500 Oeufs	à	36 » idem	16 50		
			fr. c.			
104 livres $\frac{1}{4}$	Fromage de Comté	à	48 33,33 le cent		50 62	
24 livres	Vermicel	à	42 50 le cent		10 20	
12 livres	Riz	à	55 » le cent		6 60	
	Articles divers d'Épiceries				88 30	
						4,836 1

(1) Les 983 livres de Viande représentent 483 Kilo 63 hecto.

				fr. c.
		Ci-contre.		4,836 19

COMBUSTIBLES.

			fr. c.	fr. c.	
39 stères . .	11 stères Bois neuf. . . . . . à 35 » le stère.	385 »			
	24 id. idem. . . . . . à 14 84 id.	356 16	809 66		
	4 id. Bois flotté. . . . . . à 16 » id.	64 »			
Frais relatifs		4 50		914 66	
12 voies	Charbon. . . . . à 5 f. » la voie.		60 »		
50 livres. . . .	Chandelles. . . . . à 90 » le cent.		45 »		

BOULANGERIE GÉNÉRALE (1).

5,980 livres. . . .	Pain blanc. . . . . à 15c 27,34m la livre.	913 34
	Total général de la Dépense.	6,664 19

(1) Voyez le compte de cet Établissement, folio 147.

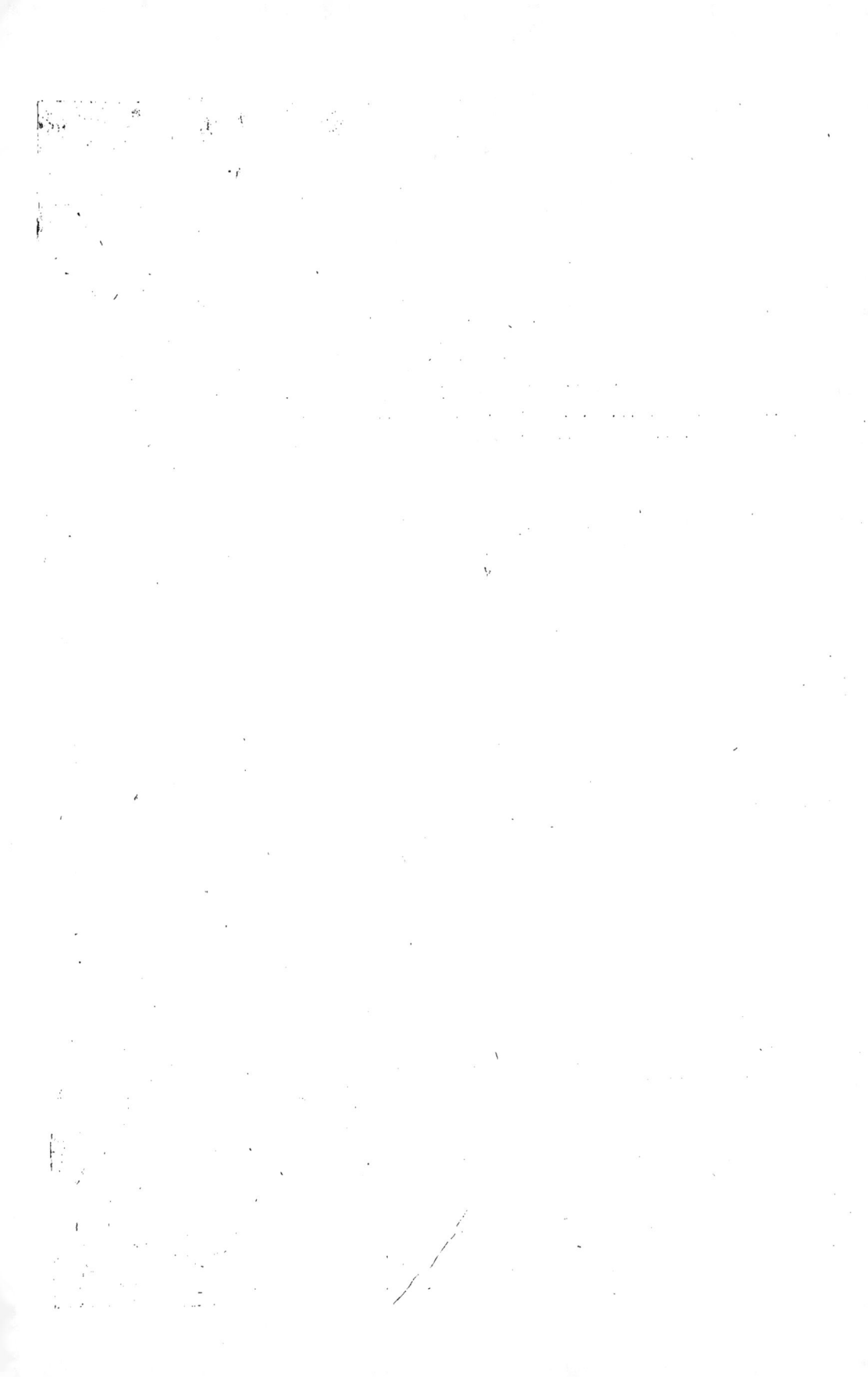

CLINIQUE.

Les CLINIQUES sont établies dans deux Maisons; l'une, dans l'Hopital de LA CHARITÉ; l'autre, dans un Hopital particulier, qui est sous la direction immédiate de L'ECOLE DE MÉDECINE (1).

A l'Hopital de LA CHARITÉ, les malades de la CLINIQUE sont soignés de la même manière que les autres Malades de la Maison, et aux frais communs à toute la Maison (2).

Quant à la Clinique de L'ECOLE DE MÉDECINE, il fut arrêté, les 6 Germinal et 30 Messidor an X, que l'Administration des Hospices payerait, à cet Etablissement, 1 fr. 25 c. par journée de Malades qui y seraient reçus.

DÉPENSE.

				fr. c.
8,634 journées. . .	Malades	à 1 fr. 25 c.	» la journée	10,792 50 (3).
	COMBUSTIBLES.			
36 voies	Charbon	à 4 40	» la voie	158 40
	BOULANGERIE GÉNÉRALE (4).			
7,845 livres	Pain blanc	à » 15 27,34	la livre.	1,198 19
			TOTAL général de la Dépense	12,149 09

(1) Rue de l'Observance.
(2) Voyez le compte de l'Hopital de LA CHARITÉ, folio 119.
(3) Conforme au Chapitre X[illegible]V, folio [illegible]2.
(4) Voyez le Compte de cet Etablissement, folio 147.

PLACEMENT D'ENFANS.

LE but principal que l'Administration se propose, dans les secours qu'elle donne aux Enfans, est de les mettre en état de gagner leur vie par le travail. Elle a établi, à cet effet, des moyens d'instruction et d'apprentissage de métiers, dans les Hospices où ils sont rassemblés; mais elle préfère les placer au-dehors, chez des Ouvriers et dans des Manufactures, où le travail est plus actif que dans les Hospices; pour remplir ces vues, elle a institué un Bureau particulier, uniquement occupé du PLACEMENT DES ENFANS (1).

LA dépense faite, pour les Enfans mis en apprentissage, en l'an XI, s'est élevée à 23,533 fr. 50 c.

Cette somme a été employée à payer les pensions des Enfans placés, et à leur donner des trousseaux, lorsqu'ils sont sortis des hospices.

(1) Voyez, folio 263, la composition de ce Bureau.

DÉPENSE.

PLACEMENT D'ENFANS DANS LES MANUFACTURES.

	fr. c.	fr. c.
27,801 journées. . . Enfans placés dans la Manufacture de dentelles de la dame Ruphy; à 50 c. par journée.	13,900 50	23,533 50
15,855 journées. . . Enfans placés dans la Manufacture de dentelles de MM. Fremont et Latour-d'Auvergne ; à 40 c. par journée	6,342 »	
Pension annuelle de six Orphelines, placées dans la Manufacture de MM. Royer et Salendrouze; à raison de 150 fr. chacune, par année	900 »	
Pension annuelle, payée à l'Administration des Sourds-Muets, pour Placement de la nommée Bette, Orpheline	430 »	
Rétribution allouée à M. Sevelinges, chef du Bureau du Placement de l'Administration, à cause du Placement, en l'an XI, de 627 Enfans, à 3 fr. chacun.	1,881 »	
Indemnité accordée à la veuve Poinsignon, pour avoir retiré son Fils des Orphelins. . . .	50 »	
Indemnité accordée au sieur Bouille, à cause du soin qu'il a pris de deux Enfans orphelins, placés chez lui	30 »	

TROUSSEAUX.

			fr.	c.		
556 aunes 1/8 . .	Drap croisé.	à	4	»	l'aune	2,225 50
Articles divers fournis par le marchand Drapier			»	»	. . . .	575 88
490 paires. . . .	Bas de laine, pesant 132 livres 1/4 . .	à	4	20	la livre	555 45
168	Bonnets de laine, pesant 27 livres 1/2. .	à	4	20	la livre	115 50
100 paires. . . .	Souliers	à	4	»	la paire	400 »
111 façons	Habillemens complets	à	1	»	pièce	111 »
29	Chemises d'enfans.	à	2	50	pièce.	72 50
48	Idem.	à	1	25	pièce.	60 »
35	Idem.	à	»	25	pièce.	8 75
9	Vestes.	à	4	»	pièce.	36 »
26	Idem.	à	2	»	pièce.	52 »
58	Idem.	à	1	»	pièce.	58 »
4	Gilets.	à	2	»	pièce.	8 »
11	Idem.	à	1	»	pièce.	11 »
						4,289 58

23,533 50

			fr. c.
		Ci-contre.	23,533 50

			fr.	c.		fr. c.
	Suite des Trousseaux				Ci-contre	4,289 53
8	Pantalons.	à	4	»	pièce.	32 »
26	Idem.	à	2	»	pièce.	52 »
59	Idem.	à	1	»	pièce.	59 »
4	Robes d'enfans.	à	8	»	pièce.	32 »
5	Idem.	à	6	»	pièce.	30 »
5	Idem.	à	4	»	pièce.	20 »
2 paires	Souliers.	à	3	50	la paire. . . .	7 »
1	Idem.	à	»	50	la paire. . . .	» 50
11 paires	Bas.	à	»	90	la paire. . . .	9 90
3	Idem.	à	»	45	la paire. . . .	1 35
3	Camisoles.	à	1	50	pièce.	4 50
2	Idem.	à	»	75	pièce.	1 50
80	Chemises.	à	2	50	pièce.	200 »
79	Idem.	à	1	25	pièce.	98 75
44	Idem.	à	1	20	pièce.	52 80
76	Fichus.	à	»	65	pièce.	49 40
8	Idem.	à	»	80	pièce.	6 40
134	Idem.	à	»	30	pièce.	40 20
5	Idem.	à	»	10	pièce.	» 50
3	Robes d'Étoffe.	à	8	»	pièce.	24 »
9	Idem.	à	7	50	pièce.	67 50
145	Idem.	à	4	»	pièce.	580 »
49	Idem.	à	1	80	pièce.	88 20
1	Idem.	à	2	»	pièce.	2 »
1	Idem, Siamoise	à	8	»	pièce.	8 »
6	Idem.	à	5	»	pièce.	30 »
8	Idem.	à	4	»	pièce.	32 »
7	Idem.	à	1	50	pièce.	10 50
106	Jupons de Molleton.	à	5	»	pièce.	530 »
18	Idem.	à	1	55	pièce.	27 90
34	Idem.	à	2	50	pièce.	85 »
5	Idem.	à	1	10	pièce.	5 50
10	Jupons d'Étoffe.	à	5	»	pièce.	50 »
2	Idem.	à	1	20	pièce.	2 40
						6,530 38

	23,533 50

							fr. c.
				De l'autre part.			23,533 50
	Suite des Trousseaux.			De l'autre part.	fr. c. 6,530 38		
			fr. c.				
6	Jupons d'étoffe	à	1 25	pièce	7 50		
125	Pantalons de laine	à	1 20	pièce	150 »		
8	Idem.	à	» 75	pièce	6 »		
26	Idem.	à	» 60	pièce	15 60		
51	Idem.	à	» 30	pièce	15 30		
1	Idem.	à	» 30	pièce	» 30		6,749 18
4 paires	Bas de fil	à	» 90	la paire	3 60		
10	Idem.	à	» 75	la paire	7 50		
1	Idem.	à	» 45	la paire	» 45		
16	Idem.	à	» 30	la paire	4 80		
1	Camisole	à	» 75	pièce	» 75		
2 paires	Souliers	à	3 50	la paire	7 »		
				Total			30,282 68

DÉPENSES

RELATIVES A LA PERCEPTION DES REVENUS.

CETTE Dépense s'élève, pour l'an XI, à la somme de 561,652 fr. 18 c.

Elle se divise en trois parties : la 1re. applicable aux produits des Maisons de ville; la 2e. aux Biens ruraux; et la 3e. aux autres Revenus de l'Administration.

Il résulte de cette division, établie dans le compte ci-après, que les Maisons de ville ont exigé une dépense de

une dépense de	458,764 fr.	09 c.	561,652 fr. 18 c.
Les Biens ruraux, celle de	100,696	22	
Et les autres Revenus, celle de	2,191	87	

Suivant les Récapitulations des Recettes, pages 27 et 37, le montant des Revenus des Maisons de Ville, est de

de Ville, est de	909,885 fr.	26 c.	1,164,285 fr. 31 c.
Et celui des Biens ruraux, de	254,400	05	

De sorte que les 731 Maisons situées dans Paris, appartenant, tant aux Hopitaux qu'aux Enfans abandonnés, n'ont rapporté que la somme de

abandonnés, n'ont rapporté que la somme de	451,121 fr.	17 c.	604,825 fr. 00 c.
Et les Biens ruraux, celle de	153,703	83	

Dans la somme de 561,652 fr. 18 c. et dans les calculs ci-dessus, sont comprises les dépenses faites pour la conservation et administration des Propriétés appartenant aux Enfans abandonnés. Afin d'établir, aussi exactement qu'il est possible, la portion portée à leur compte particulier, on a dit :

Les Revenus résultant des Propriétés appartenant aux Hopitaux et Hospices, page 27, s'élèvent à la somme de

à la somme de	1,069,418 fr.	69 c.	1,164,285 fr. 31 c.
Ceux des Enfans abandonnés, page 37, à	94,866	62	

La dépense totale, pour l'administration et conservation de leurs Propriétés réunies, étant de . . . . 561,652 fr. 18 c.

Les Hopitaux doivent être employés pour une somme de	515,888 fr.	45 c.
Et les Enfans abandonnés, pour	45,763	73
SOMME PAREILLE.	561,652	18

DÉPENSE.

		BIENS DE VILLE.	BIENS RURAUX.
CONSTRUCTIONS ET RÉPARATIONS.		fr. c.	fr. c.
Maçonnerie		51,526 91	18,525 77
Charpente		9,916 01	2,108 41
Couverture		18,809 42	2,501 90
Serrurerie		5,127 02	744 66
Menuiserie		8,893 83	845 63
Peinture		858 53	107 60
Vitrerie		1,397 46	» »
Plomberie		2,700 17	» »
Pavage		5,039 08	30 22
Carrelage		1,263 25	» »
Marbrerie		712 40	» »
Poëlerie		666 38	» »
Pompier		41 50	» »
Terrasse		32 50	» »
Vidange		12,080 37	» »
		119,064 83	24,864 19
CONTRIBUTIONS.			
Ier. Arrondissement	4,096 »	167,810 20	» »
2e. Idem.	3,091 70		
3e. Idem.	5,512 10		
4e. Idem.	5,562 90		
5e. Idem.	19,308 75		
6e. Idem.	21,619 40		
7e. Idem.	14,611 65		
8e. Idem.	8,627 90		
9e. Idem.	11,503 95		
10e. Idem.	43,699 80		
11e. Idem.	16,638 70		
12e. Idem.	13,537 35		
		286,875 03	24,864 19

			BIENS DE VILLE.	BIENS RURAUX.
		fr. c.	fr. c.	fr. c.
Suite des Contributions. Ci-contre.			286,875 03	24,864 19
Département de la Seine		5,317 26	» »	44,095 08
Idem. de Seine et Oise		15,194 48		
Idem. de Seine et Marne		10,926 24		
Idem. de l'Oise		3,492 22		
Idem. des Ardennes		986 26		
Idem. de la Marne		7,431 19		
Idem. de l'Eure		747 43		
Divers objets de Quincaillerie, fournis par le sieur Liesse			524 62	» »
DÉPENSES DIVERSES.				
Non-Valeurs provenant de folle-enchères, insolvabilité reconnue de divers principaux locataires, etc.		65,000 »	73,731 41	» »
Indemnités à divers locataires, pour cause de non-jouissance, etc.		8,659 16		
Balayage		13 50		
Enlèvement de Gravois		58 75		
Indemnités à divers Fermiers, pour non-jouissance, etc.		2,674 69	» »	4,439 17
Gages de Garde-Bois		1,764 48		
Frais de Procédures		8,440 71		
Rentes Perpétuelles et Viagères		81,670 06		
Appointemens. Moitié de la remise accord. au Recev^r. génér.	15,000 »	30,800 04		
Idem. au Contrôleur	3,000 »			
Idem. des appoint. de la direct. des bâtim.	12,800 04			
Gratification aux Vérificateurs des bâtimens	1,620 »	4,020 »		
Intérêt du cautionnement de M. Guérin, Receveur général	2,400 »			
		124,930 81		
Laquelle Somme de 124,930 fr. 81 c., divisée en proportion des produits des Maisons de ville et des Biens Ruraux, s'applique ainsi			97,633 03	27,297 78
			458,764 09	100,696 22
			559,460 31	

				fr. c.
De l'autre part.				559,460 31

PORTIONS DE RENTES RÉSERVÉES PAR DIVERS,

ADMIS DANS LES HOSPICES.

Duberné. . . admis aux Incurables-Hommes.	40f. »			
Legras. . . . Idem.	50 »	fr. c.		
Chevalier. . . Idem. aux Incurables-Femmes.	635 »	825 »		
Phœnix. . . . Idem. à Montrouge.	100 »			
Guérin. . . . Receveur général : Remboursement de sommes par lui avancées, pour achat d'une Inscription.		966 87	2,191 87	
Saboureux. , Remboursement en échange d'abandon d'arrérages de rentes.		400 »		
Total général de la Dépense de la perception des Revenus.				561,652 18

Tableau comparatif *des Prix de Journées*, résultans de chaque nature de Dépense.

Nature de Dépense.	Noms des hopitaux et hospices, régis directement, en l'an XI, par l'administration. Saint-Antoine.	Vénériens.	Necker.	Cochin.	Beaujon.	Maison de Santé.	Maternité.	Salpêtrière.	Mont-Rouge.	Observations.
	f. c. m.	f. c. m.	f. c. m.	f. c. m.	f. c. m.	fr c. m.	f. c. m.	f. c. m.	f. c. m.	
Appointemens . . .	0,25,40	0,11,91	0,07,59	0,31,38	0,35,33	0,51,03	0,32,78	0,16,10	0,12,31	Si l'on veut connaître et comparer les prix communs de journées, résultans de toutes les dépenses faites en l'an XI, on trouvera ce résultat à la fin du Tableau qui suit. On ne donne, dans les colonnes ci-contre, que les prix des journées des Etablissemens régis directement par l'Administration, les autres ayant été confiés à des Entrepreneurs ou Régisseurs intéressés.
Viande.	0,25,80	0,18,17	0,15,81	0,22,19	0,27,54	0,34,82	0,40,74	0,16,20	0,31,91	
Vin.	0,19,51	0,05,87	0,07,01	0,23,29	0,08,91	0,29,65	0,16,08	0,05,55	0,30,92	
Comest. divers . .	0,08,75	0,12,75	0,01,05	0,15,11	0,04,79	0,22,49	0,20,47	0,07,82	0,08,53	
Combustibles . . .	0,22,00	0,03,63	0,08,87	0,18,93	0,22,91	0,30,09	0,23,54	0,02,75	0,11,99	
Habill. et coucher.	0,05,18	0,04,28	0,09,65	0,07,26	0,13,91	0,75,54	0,20,05	0,15,51	0,02,64	
Buanderie.	0,06,01	0,06,19	0,01,00	0,06,69	0,02,3	0,06,24	0,07,71	0,00,85	0,06,01	
Meubl., Ustensil.	0,07,52	0,01,76	0,00,61	0,05,80	0,08,23	0,27,43	0,04,75	0,01,36	0,04,55	
Pain.	0,15,63	0,17,51	0,15,53	0,20,48	0,14,75	0,23,16	0,26,73	0,21,99	0,23,05	
Pharmacie.	0,13,41	0,16,22	0,01,51	0,20,61	0,09,83	0,23,76	00,3,66	0,01,68	0,00,72	
	f. c. m.	f. c. m.	f. c. m.	f. c. m.	f. c. m.	f. c. m.	f. c. m.	f. c. m.	f. c. m.	
Prix commun des dépenses ci-dessus.	1 49 21	1,03,29	» 68,63	1,71,74	1,48,53	3,24,21	1,96,51	» 89,81	1,32,63	

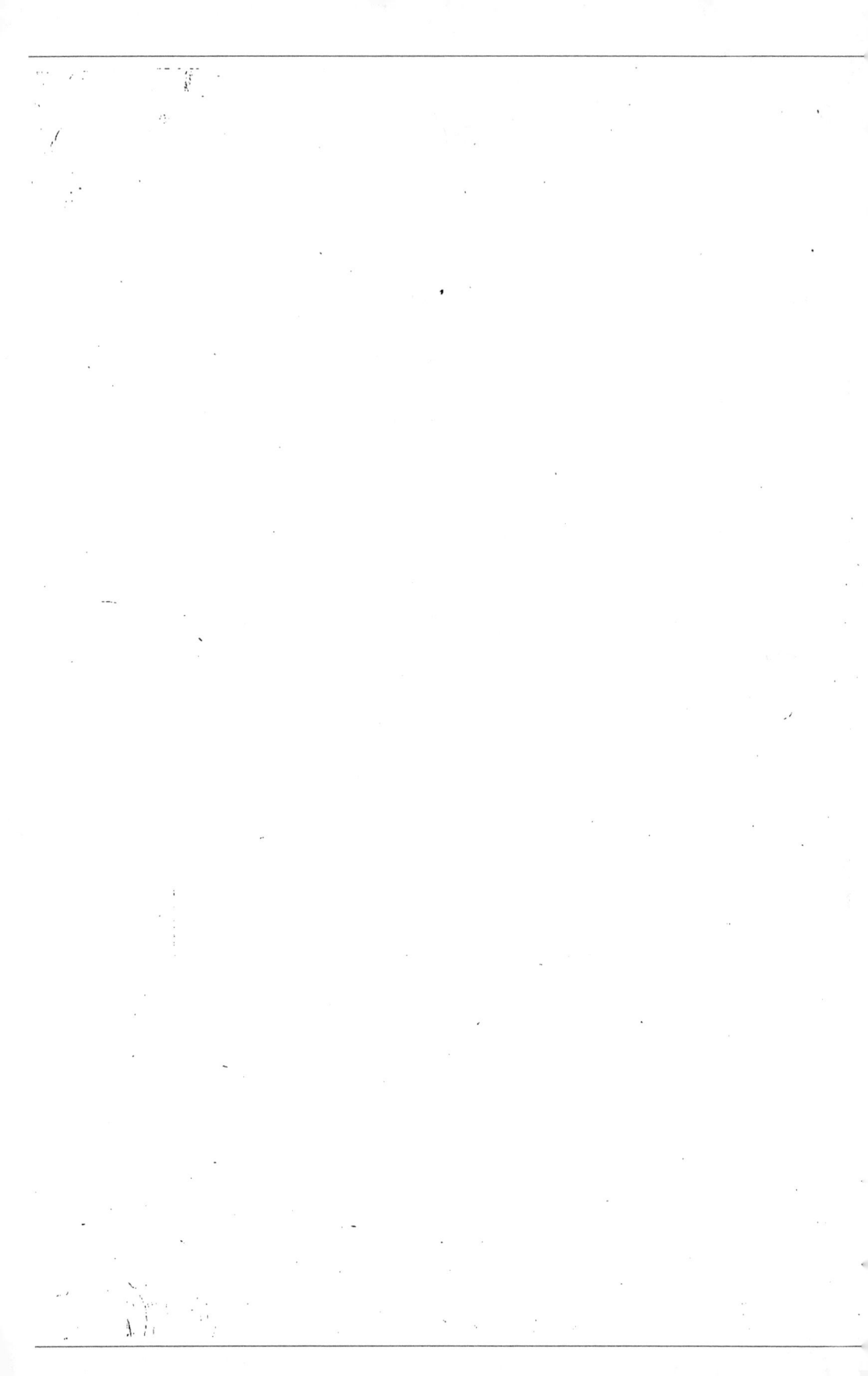

TABLEAU COMPARATIF *des Prix de Journées et de la Dépense* de chaque Indigent malade ou valide, dans les Hopitaux et Hospices civils de Paris, en l'an onze ;

SAVOIR:

	HOPITAUX et HOSPICES.	NOMBRE de JOURNÉES.	PRIX des JOURNÉES.	DURÉE MOYENNE du séjour.	DÉPENSE MOYENNE de chaque indigent.	OBSERVATIONS.
			fr. c.	Jours.	fr. c. m.	
HOPITAUX.	Hotel-Dieu. . . .	402,972	1 57	35 $\frac{11}{100}$	55 12,27	
	Saint-Louis	234,801	1 25	141 $\frac{70}{100}$	177 12,50	
	Vénériens.	166,144	1 18	78 $\frac{81}{100}$	92 99,58	
	Charité.	88,881	1 68	25 $\frac{32}{100}$	42 53,76	
	Saint-Antoine. . .	46,520	2 03	24 $\frac{91}{100}$	50 56,73	
	Necker.	44,674	» 95	42 $\frac{66}{100}$	40 52,70	
	Cochin.	31,716	1 99	31 »	61 69,00	
	Beaujon.	29,572	1 87	22 $\frac{73}{100}$	42 50,51	
	Enfans-Malades. .	95,435	1 25	48 $\frac{15}{100}$	60 18,75	
	Maison de santé. .	19,087	3 96	29 $\frac{96}{100}$	118 64,16	
	Maternité.	108,759	2 34	12 $\frac{87}{100}$	30 11,58	Voyez le Compte de la Maternité, pag. 165.
	Total.	1,268,561	1 56	Jours. 36 $\frac{18}{100}$	56 44,08	
			fr. c.	NOMBRE MOYEN d'indigens.		
HOSPICES.	Bicêtre.	789,405	» 88	2,156	323 24,89	Comme il faut plusieurs années pour établir la durée du séjour dans les hospices, on donne, pour l'an XI, le nombre moyen des indigens.
	Salpêtrière.	1,274,509	» 94	3,482	343 12,11	
	Incurab.-Hom^es^. . .	122,813	1 23	335	452 34,14	
	Idem. Fem^es^. . .	176,891	1 18	483	431 73,21	
	Ménages.	211,448	» 90	578	330 45,69	
	Montrouge	36,337	1 57	99	575 53,41	
	Orphelins.	362,701	» 93	991	352 74,97	
	Orphelines	68,530	1 »	187	365 34,25	
	Total.	3,042,634	» 96	8,311	3,174 52,67	

TABLEAU RÉCAPIES DE L'EXERCICE AN XI; divisées par Nature et par Établissement.

CHAPITRES.	NATURE DES DÉPENSES.	HOSPICES.													TOTAL GÉNÉRAL DES HÔPITAUX et HOSPICES.	ENFANS ABANDONNÉS.	DÉPENSES A RÉPARTIR SUR LES HÔPITAUX ET HOSPICES.			DÉPENSES			TOTAL GÉNÉRAL DE LA DÉPENSE AN XI.	SOMMES PAYÉES			TOTAL DES PAIEMENS applicables à l'exercice an XI.	RESTE DÛ au 1er vendre. an XIII, sur l'exercice an XI.
		HÔTEL-DIEU.	[illegible]	VÉNÉRIENS.	CHARITÉ.	[illegible]	[illegible]	INCURABLES HOMMES.	INCURABLES FEMMES.	MÉNAGES.	[illegible]	[illegible]	[illegible]	TOTAL.			SCIPION. (A)	PHARMACIE. (B)	Dépenses gén. (C)	Particulières à quelques Établissemens	Relatives à la perception des Revenus	d'Ordre.		en l'an XI.	en l'an XII.	en nature.		
		fr. c.	fr. c.	fr. c.	fr. c.	fr. c.	fr. c.	fr. c.	fr. c.	fr. c.	fr. c.	fr. c.	fr. c.	fr. c.	fr. c.	fr. c.	fr. c.	fr. c.	fr. c.	fr. c.	fr. c.	fr. c.	fr. c.	fr. c.	fr. c.	fr. c.	fr. c.	fr. c.
1	Constructions et Réparations	[illegible]	[illegible]	[illegible]	[illegible]	[illegible]	[illegible]	[illegible]	[illegible]	[illegible]	[illegible]	[illegible]	[illegible]	[illegible]	[illegible]	[illegible]	[illegible]	[illegible]	[illegible]	[illegible]	[illegible]	[illegible]	[illegible]	[illegible]	[illegible]	[illegible]	[illegible]	[illegible]
2	Impositions Foncières	[illegible]	[illegible]	[illegible]	[illegible]	[illegible]	[illegible]	[illegible]	[illegible]	[illegible]	[illegible]	[illegible]	[illegible]	[illegible]	[illegible]	[illegible]	[illegible]	[illegible]	[illegible]	[illegible]	[illegible]	[illegible]	[illegible]	[illegible]	[illegible]	[illegible]	[illegible]	[illegible]
3	Frais de Voyages	[illegible]	[illegible]	[illegible]	[illegible]	[illegible]	[illegible]	[illegible]	[illegible]	[illegible]	[illegible]	[illegible]	[illegible]	[illegible]	[illegible]	[illegible]	[illegible]	[illegible]	[illegible]	[illegible]	[illegible]	[illegible]	[illegible]	[illegible]	[illegible]	[illegible]	[illegible]	[illegible]
4	Frais de Procédures et d'Actes conservatoires	[illegible]	[illegible]	[illegible]	[illegible]	[illegible]	[illegible]	[illegible]	[illegible]	[illegible]	[illegible]	[illegible]	[illegible]	[illegible]	[illegible]	[illegible]	[illegible]	[illegible]	[illegible]	[illegible]	[illegible]	[illegible]	[illegible]	[illegible]	[illegible]	[illegible]	[illegible]	[illegible]
5	Rentes Perpétuelles et Viagères	[illegible]	[illegible]	[illegible]	[illegible]	[illegible]	[illegible]	[illegible]	[illegible]	[illegible]	[illegible]	[illegible]	[illegible]	[illegible]	[illegible]	[illegible]	[illegible]	[illegible]	[illegible]	[illegible]	[illegible]	[illegible]	[illegible]	[illegible]	[illegible]	[illegible]	[illegible]	[illegible]
6	Pensions pour ancienneté de service	[illegible]	[illegible]	[illegible]	[illegible]	[illegible]	[illegible]	[illegible]	[illegible]	[illegible]	[illegible]	[illegible]	[illegible]	[illegible]	[illegible]	[illegible]	[illegible]	[illegible]	[illegible]	[illegible]	[illegible]	[illegible]	[illegible]	[illegible]	[illegible]	[illegible]	[illegible]	[illegible]
7	Id. représentat. d'admission dans les Hospices	[illegible]	[illegible]	[illegible]	[illegible]	[illegible]	[illegible]	[illegible]	[illegible]	[illegible]	[illegible]	[illegible]	[illegible]	[illegible]	[illegible]	[illegible]	[illegible]	[illegible]	[illegible]	[illegible]	[illegible]	[illegible]	[illegible]	[illegible]	[illegible]	[illegible]	[illegible]	[illegible]
8	Traitemens, Appointemens, Gages et Salaires	[illegible]	[illegible]	[illegible]	[illegible]	[illegible]	[illegible]	[illegible]	[illegible]	[illegible]	[illegible]	[illegible]	[illegible]	[illegible]	[illegible]	[illegible]	[illegible]	[illegible]	[illegible]	[illegible]	[illegible]	[illegible]	[illegible]	[illegible]	[illegible]	[illegible]	[illegible]	[illegible]
9	Dépenses particulières aux Enfans abandonnés	[illegible]	[illegible]	[illegible]	[illegible]	[illegible]	[illegible]	[illegible]	[illegible]	[illegible]	[illegible]	[illegible]	[illegible]	[illegible]	[illegible]	[illegible]	[illegible]	[illegible]	[illegible]	[illegible]	[illegible]	[illegible]	[illegible]	[illegible]	[illegible]	[illegible]	[illegible]	[illegible]
10	Dépenses d'Économat	[illegible]	[illegible]	[illegible]	[illegible]	[illegible]	[illegible]	[illegible]	[illegible]	[illegible]	[illegible]	[illegible]	[illegible]	[illegible]	[illegible]	[illegible]	[illegible]	[illegible]	[illegible]	[illegible]	[illegible]	[illegible]	[illegible]	[illegible]	[illegible]	[illegible]	[illegible]	[illegible]
11	Prix de l'Hospice des Ménages	[illegible]	[illegible]	[illegible]	[illegible]	[illegible]	[illegible]	[illegible]	[illegible]	[illegible]	[illegible]	[illegible]	[illegible]	[illegible]	[illegible]	[illegible]	[illegible]	[illegible]	[illegible]	[illegible]	[illegible]	[illegible]	[illegible]	[illegible]	[illegible]	[illegible]	[illegible]	[illegible]
12	Traitement des Fous, à Charenton	[illegible]	[illegible]	[illegible]	[illegible]	[illegible]	[illegible]	[illegible]	[illegible]	[illegible]	[illegible]	[illegible]	[illegible]	[illegible]	[illegible]	[illegible]	[illegible]	[illegible]	[illegible]	[illegible]	[illegible]	[illegible]	[illegible]	[illegible]	[illegible]	[illegible]	[illegible]	[illegible]
13	Vaccine	[illegible]	[illegible]	[illegible]	[illegible]	[illegible]	[illegible]	[illegible]	[illegible]	[illegible]	[illegible]	[illegible]	[illegible]	[illegible]	[illegible]	[illegible]	[illegible]	[illegible]	[illegible]	[illegible]	[illegible]	[illegible]	[illegible]	[illegible]	[illegible]	[illegible]	[illegible]	[illegible]
14	Clinique	[illegible]	[illegible]	[illegible]	[illegible]	[illegible]	[illegible]	[illegible]	[illegible]	[illegible]	[illegible]	[illegible]	[illegible]	[illegible]	[illegible]	[illegible]	[illegible]	[illegible]	[illegible]	[illegible]	[illegible]	[illegible]	[illegible]	[illegible]	[illegible]	[illegible]	[illegible]	[illegible]
15	Placement d'Enfans	[illegible]	[illegible]	[illegible]	[illegible]	[illegible]	[illegible]	[illegible]	[illegible]	[illegible]	[illegible]	[illegible]	[illegible]	[illegible]	[illegible]	[illegible]	[illegible]	[illegible]	[illegible]	[illegible]	[illegible]	[illegible]	[illegible]	[illegible]	[illegible]	[illegible]	[illegible]	[illegible]
16	Frais de Bureau, Voitures, etc.	[illegible]	[illegible]	[illegible]	[illegible]	[illegible]	[illegible]	[illegible]	[illegible]	[illegible]	[illegible]	[illegible]	[illegible]	[illegible]	[illegible]	[illegible]	[illegible]	[illegible]	[illegible]	[illegible]	[illegible]	[illegible]	[illegible]	[illegible]	[illegible]	[illegible]	[illegible]	[illegible]
17	Entreprises générales	[illegible]	[illegible]	[illegible]	[illegible]	[illegible]	[illegible]	[illegible]	[illegible]	[illegible]	[illegible]	[illegible]	[illegible]	[illegible]	[illegible]	[illegible]	[illegible]	[illegible]	[illegible]	[illegible]	[illegible]	[illegible]	[illegible]	[illegible]	[illegible]	[illegible]	[illegible]	[illegible]
18	Régie intéressée	[illegible]	[illegible]	[illegible]	[illegible]	[illegible]	[illegible]	[illegible]	[illegible]	[illegible]	[illegible]	[illegible]	[illegible]	[illegible]	[illegible]	[illegible]	[illegible]	[illegible]	[illegible]	[illegible]	[illegible]	[illegible]	[illegible]	[illegible]	[illegible]	[illegible]	[illegible]	[illegible]
19	Farines et Manutention	[illegible]	[illegible]	[illegible]	[illegible]	[illegible]	[illegible]	[illegible]	[illegible]	[illegible]	[illegible]	[illegible]	[illegible]	[illegible]	[illegible]	[illegible]	[illegible]	[illegible]	[illegible]	[illegible]	[illegible]	[illegible]	[illegible]	[illegible]	[illegible]	[illegible]	[illegible]	[illegible]
20	Viande	[illegible]	[illegible]	[illegible]	[illegible]	[illegible]	[illegible]	[illegible]	[illegible]	[illegible]	[illegible]	[illegible]	[illegible]	[illegible]	[illegible]	[illegible]	[illegible]	[illegible]	[illegible]	[illegible]	[illegible]	[illegible]	[illegible]	[illegible]	[illegible]	[illegible]	[illegible]	[illegible]
21	Vin	[illegible]	[illegible]	[illegible]	[illegible]	[illegible]	[illegible]	[illegible]	[illegible]	[illegible]	[illegible]	[illegible]	[illegible]	[illegible]	[illegible]	[illegible]	[illegible]	[illegible]	[illegible]	[illegible]	[illegible]	[illegible]	[illegible]	[illegible]	[illegible]	[illegible]	[illegible]	[illegible]
22	Comestibles divers	[illegible]	[illegible]	[illegible]	[illegible]	[illegible]	[illegible]	[illegible]	[illegible]	[illegible]	[illegible]	[illegible]	[illegible]	[illegible]	[illegible]	[illegible]	[illegible]	[illegible]	[illegible]	[illegible]	[illegible]	[illegible]	[illegible]	[illegible]	[illegible]	[illegible]	[illegible]	[illegible]
23	Combustibles	[illegible]	[illegible]	[illegible]	[illegible]	[illegible]	[illegible]	[illegible]	[illegible]	[illegible]	[illegible]	[illegible]	[illegible]	[illegible]	[illegible]	[illegible]	[illegible]	[illegible]	[illegible]	[illegible]	[illegible]	[illegible]	[illegible]	[illegible]	[illegible]	[illegible]	[illegible]	[illegible]
24	Objets d'Habillement et de Coucher	[illegible]	[illegible]	[illegible]	[illegible]	[illegible]	[illegible]	[illegible]	[illegible]	[illegible]	[illegible]	[illegible]	[illegible]	[illegible]	[illegible]	[illegible]	[illegible]	[illegible]	[illegible]	[illegible]	[illegible]	[illegible]	[illegible]	[illegible]	[illegible]	[illegible]	[illegible]	[illegible]
25	Buanderie	[illegible]	[illegible]	[illegible]	[illegible]	[illegible]	[illegible]	[illegible]	[illegible]	[illegible]	[illegible]	[illegible]	[illegible]	[illegible]	[illegible]	[illegible]	[illegible]	[illegible]	[illegible]	[illegible]	[illegible]	[illegible]	[illegible]	[illegible]	[illegible]	[illegible]	[illegible]	[illegible]
26	Achat de Meubles et Ustensiles	[illegible]	[illegible]	[illegible]	[illegible]	[illegible]	[illegible]	[illegible]	[illegible]	[illegible]	[illegible]	[illegible]	[illegible]	[illegible]	[illegible]	[illegible]	[illegible]	[illegible]	[illegible]	[illegible]	[illegible]	[illegible]	[illegible]	[illegible]	[illegible]	[illegible]	[illegible]	[illegible]
27	Frais d'Écurie, etc.	[illegible]	[illegible]	[illegible]	[illegible]	[illegible]	[illegible]	[illegible]	[illegible]	[illegible]	[illegible]	[illegible]	[illegible]	[illegible]	[illegible]	[illegible]	[illegible]	[illegible]	[illegible]	[illegible]	[illegible]	[illegible]	[illegible]	[illegible]	[illegible]	[illegible]	[illegible]	[illegible]
28	Bandages	[illegible]	[illegible]	[illegible]	[illegible]	[illegible]	[illegible]	[illegible]	[illegible]	[illegible]	[illegible]	[illegible]	[illegible]	[illegible]	[illegible]	[illegible]	[illegible]	[illegible]	[illegible]	[illegible]	[illegible]	[illegible]	[illegible]	[illegible]	[illegible]	[illegible]	[illegible]	[illegible]
29	Pharmacie	[illegible]	[illegible]	[illegible]	[illegible]	[illegible]	[illegible]	[illegible]	[illegible]	[illegible]	[illegible]	[illegible]	[illegible]	[illegible]	[illegible]	[illegible]	[illegible]	[illegible]	[illegible]	[illegible]	[illegible]	[illegible]	[illegible]	[illegible]	[illegible]	[illegible]	[illegible]	[illegible]
30	Dépenses diverses	[illegible]	[illegible]	[illegible]	[illegible]	[illegible]	[illegible]	[illegible]	[illegible]	[illegible]	[illegible]	[illegible]	[illegible]	[illegible]	[illegible]	[illegible]	[illegible]	[illegible]	[illegible]	[illegible]	[illegible]	[illegible]	[illegible]	[illegible]	[illegible]	[illegible]	[illegible]	[illegible]
31	Dépenses d'ordre	[illegible]	[illegible]	[illegible]	[illegible]	[illegible]	[illegible]	[illegible]	[illegible]	[illegible]	[illegible]	[illegible]	[illegible]	[illegible]	[illegible]	[illegible]	[illegible]	[illegible]	[illegible]	[illegible]	[illegible]	[illegible]	[illegible]	[illegible]	[illegible]	[illegible]	[illegible]	[illegible]
		[illegible]	[illegible]	[illegible]	[illegible]	[illegible]	[illegible]	[illegible]	[illegible]	[illegible]	[illegible]	[illegible]	[illegible]	[illegible]	[illegible]	[illegible]	[illegible]	[illegible]	[illegible]	[illegible]	[illegible]	[illegible]	[illegible]	[illegible]	[illegible]	[illegible]	[illegible]	[illegible]
(A)	Répartition de la Dépense de Scipion	[illegible]	[illegible]	[illegible]	[illegible]	[illegible]	[illegible]	[illegible]	[illegible]	[illegible]	[illegible]	[illegible]	[illegible]	[illegible]	[illegible]	[illegible]	[illegible]	[illegible]	[illegible]	[illegible]	[illegible]	[illegible]	[illegible]	[illegible]	[illegible]	[illegible]	[illegible]	[illegible]
(B)	——— de la Pharmacie	[illegible]	[illegible]	[illegible]	[illegible]	[illegible]	[illegible]	[illegible]	[illegible]	[illegible]	[illegible]	[illegible]	[illegible]	[illegible]	[illegible]	[illegible]	[illegible]	[illegible]	[illegible]	[illegible]	[illegible]	[illegible]	[illegible]	[illegible]	[illegible]	[illegible]	[illegible]	[illegible]
(C)	——— des Dépenses générales	[illegible]	[illegible]	[illegible]	[illegible]	[illegible]	[illegible]	[illegible]	[illegible]	[illegible]	[illegible]	[illegible]	[illegible]	[illegible]	[illegible]	[illegible]	[illegible]	[illegible]	[illegible]	[illegible]	[illegible]	[illegible]	[illegible]	[illegible]	[illegible]	[illegible]	[illegible]	[illegible]
	TOTAL GÉNÉRAL DES DÉPENSES	[illegible]	[illegible]	[illegible]	[illegible]	[illegible]	[illegible]	[illegible]	[illegible]	[illegible]	[illegible]	[illegible]	[illegible]	[illegible]	[illegible]	[illegible]	[illegible]	[illegible]	[illegible]	[illegible]	[illegible]	[illegible]	[illegible]	[illegible]	[illegible]	[illegible]	[illegible]	[illegible]

VU ET CERTIFIÉ.
Le Membre de la Commission Administrative, chargé de l'administration des Hospices et Secours.
Signé

Tableau récapitulatif des Dépenses de l'Exercice an XI, appuyé des pièces voulues par les [illegible]
Le Chef de la Comptabilité générale.
Signé PELICOT.

APPROUVÉ.
Le Membre du Conseil, surveillant spécialement la Comptabilité générale.
Signé B. DELESSERT.

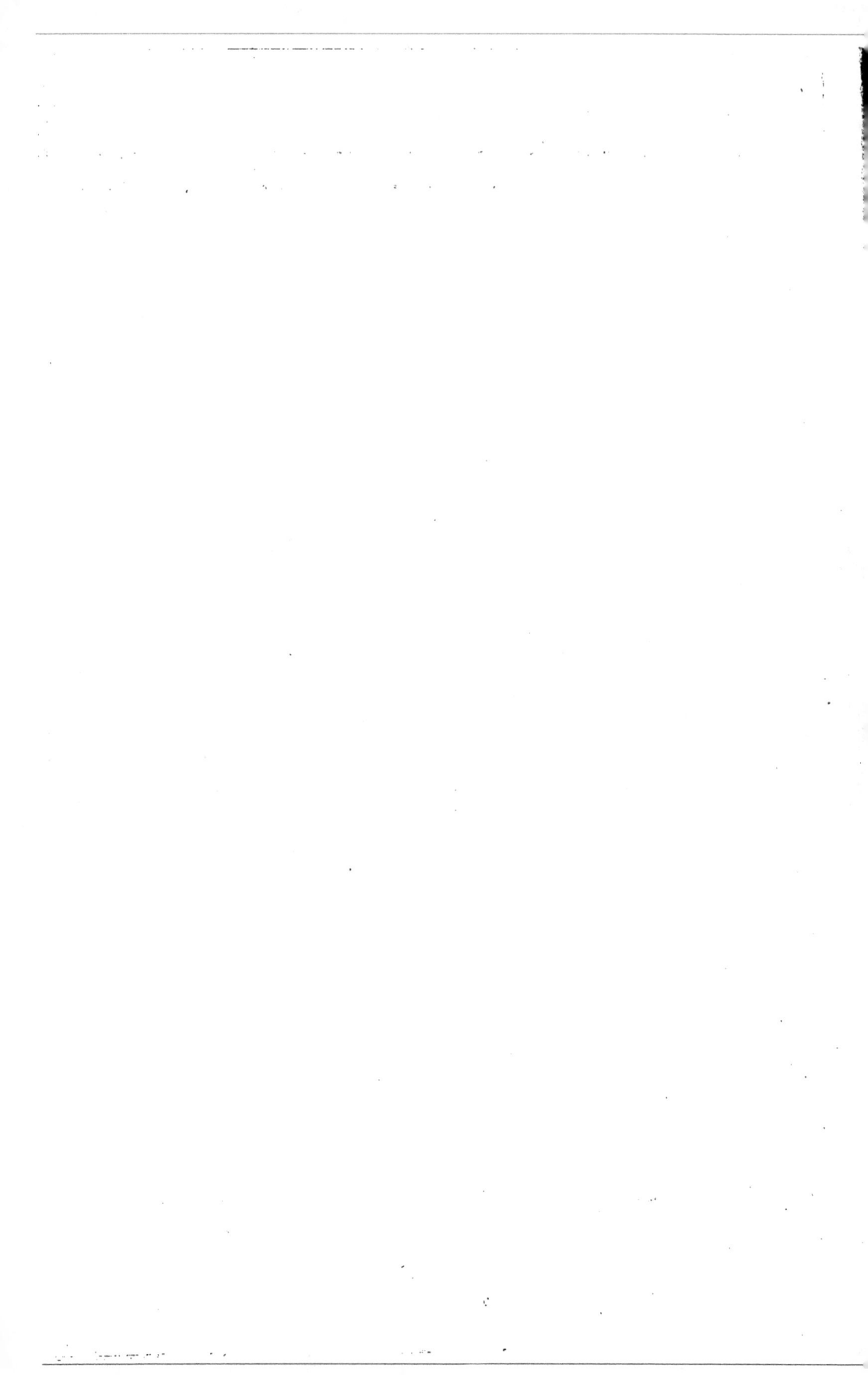

TROISIÈME PARTIE.

POPULATION

DES HOPITAUX ET HOSPICES CIVILS,

EN L'AN XI.

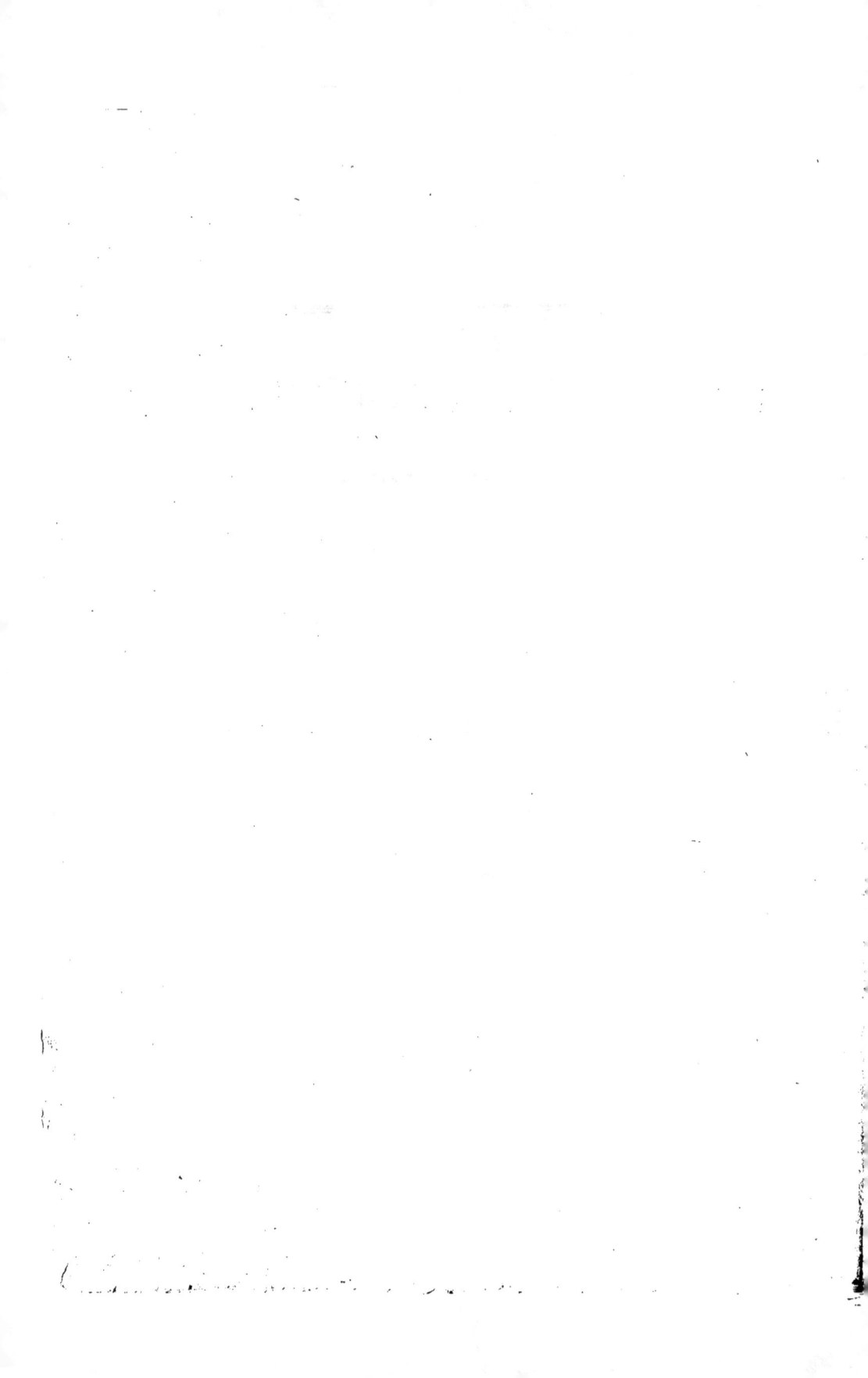

TITRE PREMIER.

HOPITAUX.

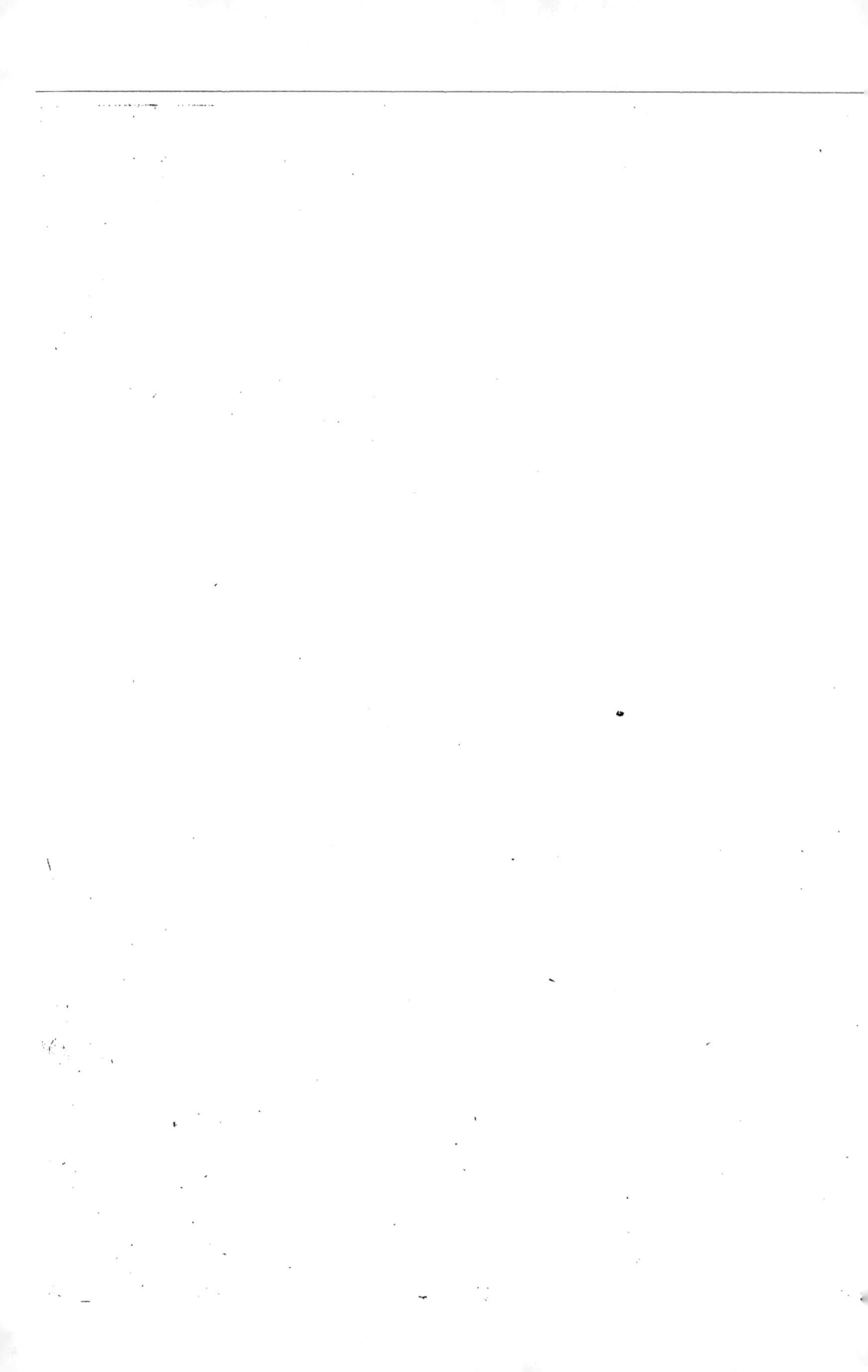

HOTEL-DIEU.

2200 lits.

MOIS.	EXISTANS le 1er. de chaque mois au matin.	ENTRÉS pendant l'année.	TOTAL des EXISTANS et DES ENTRÉS.	SORTIS.	MORTS.	TOTAL des SORTIS et MORTS.	RESTANS le 30 de chaque mois au soir.	JOURNÉES.
Vendémiaire . .	1,155	1,004	2,159	770	183	953	1,206	36,128
Brumaire. . . .	1,206	917	2,123	684	232	916	1,207	36,556
Frimaire.	1,207	813	2,020	665	197	862	1,158	36,303
Nivose	1,158	1,077	2,235	610	212	822	1,413	36,674
Pluviose	1,413	1,625	3,038	949	530	1,479	1,559	48,659
Ventose.	1,559	931	2,490	935	250	1,185	1,305	42,062
Germinal. . . .	1,305	746	2,051	836	239	1,075	976	34,755
Floréal.	976	768	1,744	578	221	799	945	29,437
Prairial.	945	688	1,633	646	196	842	791	27,058
Messidor	791	712	1,503	606	157	763	740	22,378
Thermidor . . .	740	772	1,512	576	154	730	782	22,959
Fructidor. . . .	782	1,105	1,887	852	201	1,053	834	30,003
TOTAUX . . .	13,237	11,158	24,395	8,707	2,772	11,479	12,916	402,972

RÉSUMÉ....

Il existait le 1er. Vendémiaire an XI.	1,155	12,313	834	RESTANS.
Il est entré.	11,158			
Il est sorti.	8,707	11,479		
Il est mort	2,772			

MORTALITÉ.

Un sur 4 $\frac{14}{100}$

DURÉE DU SÉJOUR.

35 jours $\frac{11}{100}$

SAINT-LOUIS.

800 lits.

MOIS.	EXISTANS le 1er. de chaque mois au matin.	ENTRÉS pendant l'année.	TOTAL des EXISTANS et DES ENTRÉS.	SORTIS.	MORTS.	TOTAL des SORTIS et MORTS.	RESTANS le 30 de chaque mois au soir.	JOURNÉES.
Vendémiaire. . .	702	128	830	123	28	151	679	21,295
Brumaire. . . .	679	138	817	97	27	124	693	20,315
Frimaire.	693	119	812	87	31	118	694	20,482
Nivose	694	136	830	90	30	120	710	21,192
Pluviose.	710	94	804	75	35	110	694	21,563
Ventose.	694	87	781	100	21	121	660	20,604
Germinal	660	136	796	144	27	171	625	18,936
Floréal	625	134	759	106	29	135	624	18,767
Prairial	624	140	764	138	15	153	611	19,494
Messidor	611	103	714	132	10	142	572	17,570
Thermidor . . .	572	105	677	108	18	126	551	16,819
Fructidor	551	130	681	164	22	186	495	17,764
TOTAUX . . .	7,815	1,450	9,265	1,364	293	1,657	7,608	234,801

RÉSUMÉ . . .

Il existait le 1er. Vendémiaire an XI.	702	2,152	495 RESTANS.
Il est entré	1,450		
Il est sorti	1,364	1,657	
Il est mort.	293		

MORTALITÉ.

Un sur 5 $\frac{63}{100}$

DURÉE DU SÉJOUR.

141 Jours $\frac{70}{100}$

VÉNÉRIENS.

550 lits.

MOIS.	EXISTANS le 1er. de chaque mois au matin.	ENTRÉS pendant l'année.	TOTAL des EXISTANS et DES ENTRÉS.	SORTIS.	MORTS.	TOTAL des SORTIS et MORTS.	RESTANS le 30 de chaque mois au soir.	JOURNÉES.
Vendémiaire . .	412	182	594	150	19	169	425	12,387
Brumaire	425	180	605	131	16	147	458	13,438
Frimaire	458	199	657	177	9	186	471	13,696
Nivose.	471	160	631	143	14	157	474	14,027
Pluviose.	474	179	653	162	25	187	466	14,112
Ventose.	466	191	657	164	16	180	477	14,063
Germinal. . . .	477	178	655	164	13	177	478	14,367
Floréal	478	186	664	164	15	179	485	14,314
Prairial	485	130	615	161	8	169	446	13,876
Messidor. . . .	446	177	623	191	11	202	421	13,025
Thermidor . . .	421	173	594	151	7	158	436	12,794
Fructidor	436	189	625	183	14	197	428	16,045
TOTAUX. . .	5,449	2,124	7,573	1,941	167	2,108	5,465	166,144

RÉSUMÉ. . . . . . .

Il existait le 1er. Vendémiaire an XI. 412
Il est entré. . . . . 2,124 } 2,536

Il est sorti 1,941
Il est mort. . . . . 167 } 2,108

} 428 RESTANS.

MORTALITÉ.

Un sur 12 $\frac{62}{100}$

DURÉE DU SÉJOUR.

78 Jours $\frac{81}{100}$

CHARITÉ.

250 lits.

MOIS.	EXISTANS le 1er. de chaque mois au matin.	ENTRÉS pendant l'année.	TOTAL des EXISTANS et DES ENTRÉS.	SORTIS.	MORTS.	TOTAL des SORTIS et MORTS.	RESTANS le 30 de chaque mois au soir.	JOURNÉES.
Vendémiaire . .	230	287	517	238	35	273	244	7,202
Brumaire	244	318	562	283	40	323	239	7,129
Frimaire.	239	321	560	281	40	321	239	7,186
Nivose	239	288	527	238	38	276	251	7,516
Pluviose.	251	290	541	219	74	293	248	7,548
Ventose	248	273	521	253	43	296	225	7,294
Germinal	225	311	536	247	46	293	243	7,144
Floréal.	243	291	534	254	35	289	245	7,276
Prairial	245	266	511	243	30	273	238	7,364
Messidor.	238	295	533	254	38	292	241	7,281
Thermidor . . .	241	269	510	242	34	276	234	7,172
Fructidor	234	313	547	48	257	305	242	8,769
TOTAUX . . .	2,877	3,522	6,399	2,800	710	3,510	2,889	88,881

RÉSUMÉ. . . .

Il existait le 1er. Vendémiaire an XI.	230	3,752	242 RESTANS.
Il est entré.	3,522		
Il est sorti.	2,800	3,510	
Il est mort.	710		

MORTALITÉ.

Un sur 4 $\frac{94}{100}$

DURÉE DU SÉJOUR.

25 jours $\frac{32}{109}$

SAINT-ANTOINE.

230 lits.

MOIS.	EXISTANS le 1er. de chaque mois au matin.	ENTRÉS pendant l'année.	TOTAL des EXISTANS et DES ENTRÉS.	SORTIS.	MORTS.	TOTAL des SORTIS et MORTS.	RESTANS le 30 de chaque mois au soir.	JOURNÉES.
Vendémiaire. . .	139	192	331	146	43	189	142	4,324
Brumaire. . . .	142	196	338	163	24	187	151	4,391
Frimaire.	151	171	322	140	35	175	147	4,630
Nivose	147	198	345	123	62	185	160	4,635
Pluviose.	160	224	384	149	81	230	154	4,688
Ventose.	154	166	320	138	32	170	150	4,447
Germinal	150	166	316	135	36	171	145	4,307
Floréal	145	179	324	142	44	186	138	4,347
Prairial	138	149	287	140	27	167	120	4,141
Messidor	120	81	201	104	18	122	79	3,114
Thermidor . . .	79	21	100	44	10	54	46	1,692
Fructidor	46	42	88	24	7	31	57	1,804
TOTAUX . . .	1,571	1,785	3,356	1,448	419	1,867	1,489	46,520

RÉSUMÉ . . .

- Il existait le 1er. Vendémiaire an XI. 139
- Il est entré 1,785
- } 1,924
- Il est sorti 1,448
- Il est mort. 419
- } 1,867

} 57 RESTANS.

MORTALITÉ.

Un sur 4 $\frac{45}{100}$

DURÉE DU SÉJOUR.

24 Jours $\frac{91}{100}$

NECKER.

130 lits.

MOIS.	EXISTANS le 1er. de chaque mois au matin.	ENTRÉS pendant l'année.	TOTAL des EXISTANS et DES ENTRÉS.	SORTIS.	MORTS.	TOTAL des SORTIS et MORTS.	RESTANS le 30 de chaque mois au soir.	JOURNÉES.
Vendémiaire . .	104	99	203	72	11	83	120	3,393
Brumaire. . . .	120	87	207	67	13	80	127	3,666
Frimaire	127	82	209	67	12	79	130	3,878
Nivose.	130	90	220	73	19	92	128	3,840
Pluviose.	128	117	245	76	35	111	134	3,844
Ventôse.	134	83	217	63	26	89	128	3,909
Germinal	128	77	205	73	17	90	115	3,664
Floréal	115	98	213	68	24	92	121	3,486
Prairial	121	81	202	67	11	78	124	3,779
Messidor. . . .	124	76	200	69	15	84	116	3,515
Thermidor . . .	116	69	185	55	14	69	116	3,415
Fructidor	116	104	220	87	13	100	120	4,285
TOTAUX . . .	1,463	1,063	2,526	837	210	1,047	1,479	44,674

RÉSUMÉ. . . . . .

Il existait le 1er. Vendémiaire an XI. 104
Il est entré. . . . . 1,063 } 1,167

Il est sorti 837
Il est mort. . . . . 210 } 1,047

} 120 RESTANS.

MORTALITÉ.

Un sur 5

DURÉE DU SÉJOUR.

42 Jours $\frac{66}{100}$

COCHIN.

100 lits.

MOIS.	EXISTANS le 1er. de chaque mois au matin.	ENTRÉS pendant l'année.	TOTAL des EXISTANS et DES ENTRÉS.	SORTIS.	MORTS.	TOTAL des SORTIS et MORTS.	RESTANS le 30 de chaque mois au soir.	JOURNÉES.
Vendémiaire. . .	86	87	173	68	12	80	93	2,630
Brumaire. . . .	93	65	158	56	10	66	92	2,808
Frimaire.	92	85	177	66	17	83	94	2,738
Nivose	94	76	170	56	20	76	94	2,781
Pluviose.	94	89	183	55	36	91	92	2,906
Ventose.	92	78	170	69	11	80	90	2,634
Germinal	90	88	178	73	18	91	87	2,659
Floréal	87	93	180	73	13	86	94	2,689
Prairial	94	120	214	114	10	124	90	2,692
Messidor	90	66	156	74	9	83	73	2,482
Thermidor . . .	73	70	143	60	15	75	68	2,073
Fructidor	68	100	168	76	12	88	80	2,624
TOTAUX . . .	1,053	1,017	2,070	840	183	1,023	1,047	31,716

RÉSUMÉ...				
	Il existait le 1er. Vendémiaire an XI.	86	1,103	80 RESTANS.
	Il est entré	1,017		
	Il est sorti	840	1,023	
	Il est mort.	183		

MORTALITÉ.

Un sur 5 $\frac{59}{100}$

DURÉE DU SÉJOUR.

31 Jours.

BEAUJON.

110 lits.

MOIS.	EXISTANS le 1er, de chaque mois au matin.	ENTRÉS pendant l'année.	TOTAL des EXISTANS et DES ENTRÉS.	SORTIS.	MORTS.	TOTAL des SORTIS et MORTS.	RESTANS le 30 de chaque mois au soir.	JOURNÉES.
Vendémiaire . .	69	79	148	98	8	106	42	2,001
Brumaire	42	106	148	65	9	74	74	1,883
Frimaire.	74	119	193	94	15	109	84	2,497
Nivose	84	110	194	84	23	107	87	2,536
Pluviose.	87	108	195	81	28	109	86	2,607
Ventose	86	89	175	75	24	99	76	2,554
Germinal	76	102	178	82	23	105	73	2,335
Floréal.	73	108	181	88	19	107	74	2,284
Prairial	74	129	203	102	24	126	77	2,271
Messidor.	77	106	183	96	13	109	74	2,290
Thermidor . . .	74	106	180	89	14	103	77	2,344
Fructidor	77	158	235	123	24	147	88	3,970
TOTAUX . . .	893	1,320	2,213	1,077	224	1,301	912	29,572

RÉSUMÉ. . . .

Il existait le 1er. Vendémiaire an XI. . . . 69
Il est entré. . . . . 1,320 } 1,389

88 RESTANS.

Il est sorti. 1,077
Il est mort. . . . . 224 } 1,301

MORTALITÉ.

Un sur 5 $\frac{80}{100}$

DURÉE DU SÉJOUR.

22 Jours $\frac{73}{100}$

ENFANS MALADES.

400 lits.

MOIS.	EXISTANS le 1er. de chaque mois au matin.	ENTRÉS pendant l'année.	TOTAL des EXISTANS et DES ENTRÉS.	SORTIS.	MORTS.	TOTAL des SORTIS et MORTS.	RESTANS le 30 de chaque mois au soir.	JOURNÉES.
Vendémiaire . .	241	190	431	132	37	169	262	7,476
Brumaire	262	258	520	174	61	235	285	8,428
Frimaire	285	163	448	126	67	193	255	7,865
Nivose.	255	163	418	96	50	146	272	7,636
Pluviose.	272	165	437	107	57	164	273	8,092
Ventose.	273	175	448	126	38	164	284	8,433
Germinal	284	147	431	127	33	160	271	8,284
Floréal	271	141	412	108	26	134	278	8,381
Prairial	278	119	397	124	28	152	245	7,900
Messidor. . . .	245	152	397	117	22	139	258	7,509
Thermidor . . .	258	117	375	113	36	149	226	7,258
Fructidor	226	198	424	142	35	177	247	8,173
TOTAUX . . .	3,150	1,988	5,138	1,492	490	1,982	3,156	95,435

RÉSUMÉ. . . . . .

Il existait le 1er. Vendémiaire an XI.	241	2,229	247 RESTANS.
Il est entré.	1,988		
Il est sorti	1,492	1,982	
Il est mort.	490		

MORTALITÉ.

Un sur 4

DURÉE DU SÉJOUR.

48 Jours $\frac{15}{100}$

MAISON DE SANTÉ.

100 lits.

MOIS.	EXISTANS le 1er. de chaque mois au matin.	ENTRÉS pendant l'année.	TOTAL des EXISTANS et DES ENTRÉS.	SORTIS.	MORTS.	TOTAL des SORTIS et MORTS.	RESTANS le 30 de chaque mois au soir.	JOURNÉES.
Vendémiaire . .	34	34	68	27	9	36	32	956
Brumaire	32	36	68	20	6	26	42	1,016
Frimaire.	42	45	87	30	12	42	45	1,260
Nivose	45	71	116	43	11	54	62	1,585
Pluviose.	62	76	138	56	23	79	59	1,820
Ventose	59	65	124	46	15	61	63	1,771
Germinal	63	61	124	57	16	73	51	1,693
Floréal.	51	61	112	43	10	53	59	1,773
Prairial	59	62	121	38	12	50	71	1,706
Messidor.	71	41	112	43	12	55	57	1,941
Thermidor . . .	57	38	95	37	12	49	46	1,623
Fructidor	46	70	116	46	13	59	57	1,943
TOTAUX . . .	621	660	1,281	486	151	637	644	19,087

RÉSUMÉ. . . .

- Il existait le 1er. Vendémiaire an XI. 34
- Il est entré. 660
- } 694

- Il est sorti. 486
- Il est mort. 151
- } 637

} 57 RESTANS.

MORTALITÉ.

Un sur 4 $\frac{21}{100}$

DURÉE DU SÉJOUR.

29 Jours $\frac{196}{100}$

MATERNITÉ.

Femmes enceintes et accouchées.

MOIS.	Existantes le 1er. de chaque mois au matin.	ENTRÉES pendant l'année.	TOTAL des EXISTANTES et DES ENTRÉES.	SORTIES.	MORTES.	TOTAL des SORTIES et MORTES.	RESTANTES le 30 de chaque mois au soir.	JOURNÉES.
Vendémiaire . .	124	115	239	111	4	115	124	3,568
Brumaire. . . .	124	138	262	113	2	115	147	4,181
Frimaire.	147	142	289	143	3	146	143	4,464
Nivose	143	223	366	171	5	176	190	4,859
Pluviose	190	186	376	207	15	222	154	5,376
Ventose.	154	175	329	173	5	178	151	4,881
Germinal	151	142	293	143	17	160	133	4,013
Floréal.	133	130	263	141	15	156	107	3,669
Prairial.	107	135	242	143	7	150	92	3,240
Messidor	92	108	200	106	7	113	87	2,538
Thermidor . . .	87	120	207	118	8	126	81	2,501
Fructidor. . . .	81	153	234	131	12	143	91	3,176
TOTAUX . . .	1,533	1,767	3,300	1,700	100	1,800	1,500	46,466

RÉSUMÉ....

Il existait le 1er. Vendémiaire an XI.	124	1,891	91 RESTANTES.
Il est entré	1,767		
Il est sorti.	1,700	1,800	
Il est mort	100		

MORTALITÉ.

Un sur $17 \frac{91}{100}$

DURÉE DU SÉJOUR.

25 Jours $\frac{81}{100}$

[*Accouchement.*]

MATERNITÉ.

Enfans des Accouchées.

MOIS	EXISTANS le 1er. de chaque mois au soir.		ENTRÉS pendant l'année.		TOTAUX DES EXISTANS et DES ENTRÉS.		SORTIS.		MORTS.		TOTAUX DES SORTIS et MORTS.		RESTANS le 30 de chaque mois au soir.		TOTAL des Restans	JOURNÉES.
	Garç.	Filles.	Garç.	Filles.	Garç.	Filles.	Garç.	Filles.	Garç.	Filles.	Garç.	Filles.	Garç.	Filles.		
Vendémiaire.	7	6	48	61	55	67	51	61	1	3	52	64	3	3	6	341
Brumaire. . .	3	3	54	48	57	51	53	48	2	»	55	48	2	3	5	201
Frimaire. . . .	2	3	67	69	69	72	63	66	1	5	64	71	5	1	6	162
Nivose.	5	1	85	70	90	71	81	63	2	5	83	68	7	3	10	226
Pluviose. . . .	7	3	98	89	105	92	93	73	6	8	99	81	6	11	17	383
Ventose. . . .	6	11	87	79	93	90	83	84	4	2	87	86	5	5	10	615
Germinal. . .	5	5	68	61	73	66	68	56	4	5	72	61	2	4	6	208
Floréal.	2	4	72	58	74	62	67	53	4	5	71	58	3	4	7	180
Prairial. . . .	3	4	61	59	64	63	54	59	3	4	57	63	7	»	7	240
Messidor. . . .	7	»	62	50	69	50	60	46	3	2	63	48	7	1	8	214
Thermidor. .	7	1	59	47	66	48	60	47	1	1	61	48	3	2	5	186
Fructidor. . .	3	2	77	57	80	59	66	56	5	2	71	58	10	»	10	319
TOTAUX. . .	57	43	838	748	895	791	799	712	36	42	835	754	60	37	97	3,275

RÉSUMÉ.

	Existans.	Entrés.	TOTAL.	Sortis.	Morts.	TOTAL.	Restans.	Mortalité.
Garçons.	7	838	845	799	36	835	10	1 sur 23 $\frac{2}{10}$
Filles.	6	748	754	712	42	754	»	1 sur 18
TOTAL. . . .	13	1,586	1,599	1,511	78	1,589	10	1 sur 20 $\frac{37}{100}$

DURÉE DU SÉJOUR.

2 Jours $\frac{6}{100}$

MATERNITÉ.

Nourrices Sédentaires.

MOIS.	Existantes le 1er. de chaque mois au matin.	ENTRÉES pendant l'année.	TOTAL des EXISTANTES et DES ENTRÉES.	SORTIES.	MORTES.	TOTAL des SORTIES et MORTES.	RESTANTES le 30 de chaque mois au soir.	JOURNÉES.
Vendémiaire . .	119	9	128	42	»	42	86	3,271
Brumaire. . . .	86	»	86	55	»	55	31	1,705
Frimaire.	31	3	34	7	»	7	27	855
Nivose	27	12	39	2	»	2	37	581
Pluviose	37	15	52	6	»	6	46	1,112
Ventose.	46	6	52	11	»	11	41	1,342
Germinal. . . .	41	2	43	9	»	9	34	1,152
Floréal.	34	1	35	6	»	6	29	982
Prairial.	29	1	30	7	»	7	23	805
Messidor	23	»	23	7	»	7	16	576
Thermidor . . .	16	7	23	1	»	1	22	557
Fructidor. . . .	22	16	38	10	»	10	28	906
TOTAUX . . .	511	72	583	163	»	163	420	13,844

RÉSUMÉ. . . .

Il existait le 1er. Vendémiaire an XI.	119	191	28 RESTANTES.
Il est entré	72		
Il est sorti.	163	163	
Il est mort	»		

MORTALITÉ.	DURÉE DU SÉJOUR.
« »	84 Jours $\frac{93}{100}$

[*Allaitement.*]

MATERNITÉ.

Enfans des Nourrices Sédentaires.

MOIS.	EXISTANS le 1er. de chaque mois au matin.		ENTRÉS pendant l'année.		TOTAUX DES EXISTANS et DES ENTRÉS.		SORTIS.		MORTS.		TOTAUX DES SORTIS et MORTS.		RESTANS le 30 de chaque mois au soir.		TOTAL des Restans.	JOURNÉES.
	Garç.	Filles.	Garç.	Filles.	Garç.	Filles.	Garç.	Filles.	Garç.	Filles.	Garç.	Filles.	Garç.	Filles.		
Vendémiaire.	67	37	3	5	70	42	21	11	1	2	22	13	48	29	77	2,880
Brumaire. . .	48	29	1	»	49	29	27	23	1	»	28	23	21	6	27	1,513
Frimaire . . .	21	6	2	1	23	7	3	4	»	»	3	4	20	3	23	735
Nivose.	20	3	7	3	27	6	2	»	1	»	3	»	24	6	30	789
Pluviose. . . .	24	6	8	5	32	11	4	3	»	»	4	3	28	8	36	1,075
Ventose. . . .	28	8	6	»	34	8	5	»	3	4	8	4	26	4	30	980
Germinal. . .	26	4	1	1	27	5	7	3	»	1	7	4	20	1	21	783
Floréal.	20	1	1	»	21	1	4	1	»	»	4	1	17	»	17	612
Prairial. . . .	17	»	»	»	17	»	1	»	»	»	1	»	16	»	16	483
Messidor. . . .	16	»	»	»	16	»	4	»	»	»	4	»	12	»	12	429
Thermidor. .	12	»	5	2	17	2	2	»	»	»	2	»	15	2	17	417
Fructidor. . .	15	2	12	7	27	9	8	4	»	»	8	4	19	5	24	703
TOTAUX. . .	314	96	46	24	360	120	88	49	6	7	94	56	266	64	330	11,399

RÉSUMÉ.

	Existans.	Entrés.	TOTAL.	Sortis.	Morts.	TOTAL.	Restans.	Mortalité.
Garçons.	67	46	113	88	6	94	19	1 sur 15
Filles	37	24	61	49	7	56	5	1 sur 8
TOTAL. . . .	104	70	174	137	13	150	24	1 sur 11 ½

DURÉE DU SÉJOUR.

76 Jours.

[*Allaitement.*]

MATERNITÉ.

Enfans abandonnés.

MOIS	EXISTANS le 1er. de chaque mois au soir.		ENTRÉS pendant l'année.		TOTAUX DES EXISTANS et DES ENTRÉS.		SORTIS.		MORTS.		TOTAUX DES SORTIS et MORTS.		RESTANS le 30 de chaque mois au soir.		TOTAL des Restans.	JOURNÉES.
	Garç.	Filles.	Garç.	Filles.	Garç.	Filles.	Garç.	Filles.	Garç.	Filles.	Garç.	Filles.	Garç.	Filles.		
Vendémiaire.	85	28	173	151	258	179	188	160	41	18	229	178	29	1	30	2,300
Brumaire. . .	29	1	179	193	208	194	162	170	17	14	179	184	29	10	39	1,183
Frimaire. . . .	29	10	186	191	215	201	145	138	38	24	183	162	32	39	71	2,135
Nivose.	32	39	226	205	258	244	112	114	65	49	177	163	81	81	162	3,361
Pluviose. . . .	81	81	243	220	324	301	87	91	167	117	254	208	70	93	163	5,116
Ventose. . . .	70	93	227	234	297	327	135	144	101	104	236	248	61	79	140	4,388
Germinal. . .	61	79	227	208	288	287	205	188	57	51	262	239	26	48	74	3.661
Floréal.	26	48	212	202	238	250	180	161	44	26	224	187	14	63	77	2,285
Prairial. . . .	14	63	193	163	207	226	184	171	19	17	203	188	4	38	42	1,766
Messidor. . . .	4	38	171	168	175	206	157	182	7	6	164	188	11	18	29	1,080
Thermidor. .	11	18	154	178	165	196	65	100	32	19	97	119	68	77	145	2,384
Fructidor. . .	68	77	180	190	248	267	173	199	55	48	228	247	20	20	40	4,116
TOTAUX. . .	510	575	2,371	2,303	2,881	2,878	1,793	1,818	643	493	2,436	2,311	445	567	1,012	33,775

RÉSUMÉ.

	Existans.	Entrés.	TOTAL.	Sortis.	Morts.	TOTAL.	Restans.	Mortalité.
Garçons.	85	2,371	2,456	1,793	643	2,436	20	1 sur 3 $\frac{78}{100}$
Filles.	28	2,303	2,331	1,818	493	2,311	20	1 sur 4 $\frac{68}{100}$
TOTAL. . . .	113	4,674	4,787	3,611	1,136	4,747	40	1 sur 4 $\frac{18}{100}$

DURÉE DU SÉJOUR.

7 Jours $\frac{11}{100}$

RÉCAPITULATION

DE LA POPULATION DE LA MATERNITÉ.

500 lits. —— 500 berceaux.

MOIS.	Existans le 1er. de chaq. mois au matin.	Entrés pendant l'année.	TOTAL des Existans et des Entrés.	SORTIS.	MORTS.	TOTAL des Sortis et Morts.	Restans le 30 de chaq. mois au soir.	JOURNÉES. Allaitement.	JOURNÉES. Accouchement.	TOTAL des JOURNÉES en l'an XI.
Vendémiaire . .	473	565	1,038	645	70	715	323	8,451	3,909	12,360
Brumaire. . . .	323	613	936	651	36	687	249	4,401	4,382	8,783
Frimaire	249	661	910	569	71	640	270	3,725	4,626	8,351
Nivose.	270	831	1,101	545	127	672	429	4,731	5,085	9,816
Pluviose	429	864	1,293	564	313	877	416	7,303	5,759	13,062
Ventose	416	814	1,230	635	223	858	372	6,710	5,496	12,206
Germinal. . . .	372	710	1,082	679	135	814	268	5,596	4,221	9,817
Floréal.	268	676	944	613	94	707	237	3,879	3,849	7,728
Prairial.	237	612	849	619	50	669	180	3,054	3,480	6,534
Messidor. . . .	180	559	739	562	25	587	152	2,085	2,752	4,837
Thermidor. . .	152	572	724	393	61	454	270	3,358	2,687	6,045
Fructidor. . . .	270	692	962	647	122	769	193	5,725	3,495	9,220
TOTAUX. . .	3,639	8,169	11,808	7,122	1,327	8,449	3,359	59,018	49,741	108,759

RÉSUMÉ. . .
- Il existait au 1er. Vendémiaire an XI. 473 }
- Il est entré . . . . 8,169 } 8,642 }
- Il est sorti . . . . 7,122 }
- Il est mort . . . . 1,327 } 8,449 }

} 193 RESTANS.

MORTALITÉ.

Un sur 6 $\frac{16}{100}$

DURÉE DU SÉJOUR

12 jours (*) $\frac{87}{100}$

(*) On observe que, dans ces résultats, les Enfans sont compris.

RÉCAPITULATION

DE LA POPULATION DES HOPITAUX.

5870 lits.

NOMS des HOPITAUX.	LITS.	Existans le 1er. de l'année au matin.	Entrés pendant l'année.	TOTAL des existans et des entrés.	Sortis pendant l'année.	MORTS.	TOTAL des sortis et morts.	Restans le 5e. jour compl. au soir.	JOURNÉES.	DURÉE du séjour.	Mortalité.
										Jours.	1 sur
HOTEL-DIEU. . .	2,200	1,155	11,158	12,313	8,707	2,772	11,479	834	402,972	35 $\frac{11}{100}$	4 $\frac{14}{100}$
SAINT-LOUIS. . .	800	702	1,450	2,152	1,364	293	1,657	495	234,801	141 $\frac{70}{100}$	5 $\frac{65}{100}$
VÉNÉRIENS. . . .	550	412	2,124	2,536	1,941	167	2,108	428	166,144	78 $\frac{81}{100}$	12 $\frac{62}{100}$
CHARITÉ.	250	230	3,522	3,752	2,800	710	3,510	242	88,881	25 $\frac{32}{100}$	4 $\frac{94}{100}$
SAINT-ANTOINE.	230	139	1,785	1,924	1,448	419	1,867	57	46,520	24 $\frac{91}{100}$	4 $\frac{45}{100}$
NECKER.	130	104	1,063	1,167	837	210	1,047	120	44,674	42 $\frac{66}{100}$	5 »
COCHIN.	100	86	1,017	1,103	840	183	1,023	80	31,716	31 »	5 $\frac{59}{100}$
BEAUJON.	110	69	1,320	1,389	1,077	224	1,301	88	29,572	22 $\frac{73}{100}$	5 $\frac{80}{100}$
ENFANS MALADES.	400	241	1,988	2,229	1,492	490	1,982	247	95,435	48 $\frac{15}{100}$	4 »
M.on DE SANTÉ. .	100	34	660	694	486	151	637	57	19,087	29 $\frac{96}{100}$	4 $\frac{21}{100}$
MATERNITÉ. . .	1,000	473	8,169	8,642	7,122	1,327	8,449	193	108,759	12 $\frac{87}{100}$	6 $\frac{36}{100}$
TOTAUX. . .	5,870	3,645	34,256	37,901	28,114	6,946	35,060	2,841	1,268,561	36 $\frac{18}{100}$	5 $\frac{5}{100}$

RÉSUMÉ...

Il existait le 1er. Vendémiaire an XI.	3,645	37,901	2,841 RESTANS.
Il est entré dans l'année.	34,256		
Il est sorti.	28,114	35,060	
Il est mort.	6,946		

MORTALITÉ.

Un sur 5 $\frac{5}{100}$ (*)

DURÉE DU SÉJOUR.

36 Jours $\frac{18}{100}$ (*)

(*) Les Enfans sont compris dans ces résultats.

TITRE IIme.

HOSPICES.

BICÊTRE.

2200 lits.

MOIS.	EXISTANS le 1er. de chaque mois au matin.	ENTRÉS pendant l'année.	TOTAL des EXISTANS et DES ENTRÉS.	SORTIS.	MORTS.	TOTAL des SORTIS et MORTS.	RESTANS le 30 de chaque mois au soir.	JOURNÉES.
Vendémiaire. . .	2,243	98	2,341	95	22	117	2,224	66,765
Brumaire. . . .	2,224	48	2,272	39	19	58	2,214	66,502
Frimaire.	2,214	72	2,286	30	28	58	2,228	66,891
Nivose	2,228	36	2,264	28	39	67	2,197	66,174
Pluviose.	2,197	68	2,265	32	51	83	2,182	65,864
Ventose.	2,182	43	2,225	32	62	94	2,131	64,654
Germinal	2,131	69	2,200	57	31	88	2,112	64,028
Floréal	2,112	53	2,165	51	27	78	2,087	63,037
Prairial	2,087	46	2,133	51	19	70	2,063	62,424
Messidor	2,063	134	2,197	76	15	91	2,106	63,136
Thermidor . . .	2,106	53	2,159	44	21	65	2,094	62,911
Fructidor	2,094	127	2,221	44	27	71	2,150	77,019
TOTAUX . . .	25,881	847	26,728	579	361	940	25,788	789,405

RÉSUMÉ. . .
- Il existait le 1er. Vendémiaire an XI. 2,243 }
- Il est entré . . . . 847 } 3,090
- Il est sorti . . . . 579 }
- Il est mort. . . . . 361 } 940

2,150 RESTANS.

MORTALITÉ.

Un sur 6

NOMBRE MOYEN d'Indigens.

2,156

SALPÊTRIÈRE.

4000 lits.

MOIS.	Existantes le 1er. de chaque mois au matin.	ENTRÉES pendant l'année.	TOTAL des EXISTANTES et DES ENTRÉES.	SORTIES.	MORTES.	TOTAL des SORTIES et MORTES.	RESTANTES le 30 de chaque mois au soir.	JOURNÉES.
Vendémiaire . .	3,920	71	3,991	65	37	102	3,889	104,737
Brumaire	3,889	47	3,936	56	39	95	3,841	104,081
Frimaire.	3,841	50	3,891	41	38	79	3,812	103,286
Nivose	3,812	136	3,948	25	56	81	3,867	104,544
Pluviose.	3,867	74	3,941	29	118	147	3,794	101,296
Ventose	3,794	70	3,864	40	77	117	3,747	100,045
Germinal	3,747	78	3,825	40	77	117	3,708	98,868
Floréal.	3,708	50	3,758	27	37	64	3,694	101,427
Prairial	3,694	103	3,797	43	30	73	3,724	105,643
Messidor.	3,724	97	3,821	46	24	70	3,751	108,968
Thermidor . . .	3,751	81	3,832	51	15	66	3,766	109,708
Fructidor	3,766	196	3,962	111	7	118	3,844	131,965
TOTAUX . . .	45,513	1,053	46,566	574	555	1,129	45,437	1,274,509 (*)

RÉSUMÉ. . . .

Il existait le 1er. Vendémiaire an XI.	3,920	4,973	3,844 RESTANTES.
Il est entré.	1,053		
Il est sorti.	574	1,129	
Il est mort.	555		

MORTALITÉ.

Un sur 6 $\frac{29}{100}$

NOMBRE MOYEN d'Indigentes.

3,482

(*) Dans ce nombre sont comprises 108,844 journées d'Indigentes malades, traitées à l'infirmerie.

INCURABLES-HOMMES.

400 lits.

MOIS.	EXISTANS le 1er. de chaque mois au matin.	ENTRÉS pendant l'année.	TOTAL des EXISTANS et DES ENTRÉS.	SORTIS.	MORTS.	TOTAL des SORTIS et MORTS.	RESTANS le 30 de chaque mois au soir.	JOURNÉES.
Vendémiaire. . .	358	19	377	9	6	15	362	10,784
Brumaire. . . .	362	8	370	11	7	18	352	10,750
Frimaire.	352	11	363	4	3	7	356	10,733
Nivose	356	7	363	»	7	7	356	10,671
Pluviose.	356	3	359	5	21	26	333	10,358
Ventose.	333	9	342	7	10	17	325	9,885
Germinal	325	11	336	5	7	12	324	9,807
Floréal	324	5	329	4	3	7	322	9,681
Prairial	322	6	328	7	2	9	319	9,607
Messidor	319	5	324	8	1	9	315	9,555
Thermidor . . .	315	11	326	7	2	9	317	9,571
Fructidor	317	12	329	7	5	12	317	11,411
TOTAUX . . .	4,039	107	4,146	74	74	148	3,998	122,813

RÉSUMÉ . . .

Il existait le 1er. Vendémiaire an XI.	358	465	317 RESTANS.
Il est entré	107		
Il est sorti	74	148	
Il est mort.	74		

MORTALITÉ.

Un sur 4 $\frac{1}{2}$

NOMBRE MOYEN d'Indigens.

335

INCURABLES-FEMMES.

510 lits.

MOIS.	Existantes le 1er. de chaque mois au matin.	ENTRÉES pendant l'année.	TOTAL des EXISTANTES et DES ENTRÉES.	SORTIES.	MORTES.	TOTAL des SORTIES et MORTES.	RESTANTES le 30 de chaque mois au soir.	JOURNÉES.
Vendémiaire . .	507	16	523	10	3	13	510	15,351
Brumaire	510	13	523	7	7	14	509	15,343
Frimaire.	509	17	526	7	10	17	509	15,329
Nivose	509	10	519	6	13	19	500	15,251
Pluviose.	500	9	509	4	21	25	484	14,870
Ventose	484	5	489	3	8	11	478	14,472
Germinal	478	4	482	3	12	15	467	14,173
Floréal.	467	8	475	7	4	11	464	13,956
Prairial	464	8	472	5	5	10	462	13,958
Messidor.	462	11	473	8	1	9	464	13,898
Thermidor . . .	464	8	472	9	5	14	458	13,828
Fructidor	458	4	462	4	4	8	454	16,462
TOTAUX . . .	5,812	113	5,925	73	93	166	5,759	176,891

RÉSUMÉ. . . .

Il existait le 1er. Vendémiaire an XI.	507	620	454 RESTANTES.
Il est entré.	113		
Il est sorti.	73	166	
Il est mort.	93		

MORTALITÉ.

Un sur 5 $\frac{20}{100}$

NOMBRE MOYEN d'Indigentes.

483

MÉNAGES.

550 lits.

MOIS.	Existans le 1er. de chaq. mois au matin.	Entrés pendant l'année.	TOTAL des Existans et des Entrés.	SORTIS.	MORTS.	TOTAL des Sortis et Morts.	Restans le 30 de chaq. mois au soir.	JOURNÉES. DORTOIRS.	JOURNÉES. PRÉAU.	TOTAL des JOURNÉES.
Vendémiaire . .	632	10	642	1	»	1	641	7,921	11,130	19,051
Brumaire. . . .	641	16	657	1	6	7	650	8,039	11,500	19,539
Frimaire	650	2	652	»	6	6	646	8,027	11,470	19,497
Nivose.	646	1	647	2	21	23	624	7,833	11,380	19,213
Pluviose	624	11	635	4	66	70	565	7,006	10,590	17,596
Ventose	565	4	569	2	17	19	550	6,371	10,420	16,791
Germinal. . . .	550	5	555	»	11	11	544	6,288	10,169	16,457
Floréal.	544	1	545	»	11	11	534	6,117	10,021	16,138
Prairial.	534	4	538	1	6	7	531	6,232	9,827	16,059
Messidor	531	10	541	6	4	10	531	6,190	9,827	16,017
Thermidor. . .	531	2	533	2	»	2	531	6,130	9,850	15,980
Fructidor. . . .	531	3	534	3	2	5	529	7,634	11,476	19,110
TOTAUX. . .	6,979	69	7,048	22	150	172	6,876	83,788	127,660	211,448

RÉSUMÉ...

Il existait au 1er. Vendémiaire an XI.	632	701	529 RESTANS.
Il est entré	69		
Il est sorti	22	172	
Il est mort	150		

MORTALITÉ.

Un sur 3 $\frac{86}{100}$

NOMBRE MOYEN d'Indigens.

578

MONTROUGE.

110 lits.

MOIS.	EXISTANS le 1er. de chaque mois au matin.	ENTRÉS pendant l'année.	TOTAL des EXISTANS et DES ENTRÉS.	SORTIS.	MORTS.	TOTAL des SORTIS et MORTS.	RESTANS le 30 de chaque mois au soir.	JOURNÉES.
Vendémiaire . .	94	5	99	11	1	12	87	2,871
Brumaire	87	21	108	12	»	12	96	2,734
Frimaire	96	14	110	12	»	12	98	2,903
Nivose.	98	7	105	5	»	5	100	3,006
Pluviose.	100	3	103	2	5	7	96	2,905
Ventose.	96	9	105	8	1	9	96	2,956
Germinal	96	4	100	1	»	1	99	2,935
Floréal	99	4	103	3	1	4	99	3,018
Prairial	99	1	100	4	3	7	93	2,818
Messidor. . . .	93	12	105	3	2	5	100	2,922
Thermidor . . .	100	15	115	»	2	2	113	3,117
Fructidor	113	8	121	2	2	4	117	4,142
TOTAUX . . .	1,171	103	1,274	63	17	80	1,194	36,337

RÉSUMÉ. . . . . .

Il existait le 1er. Vendémiaire an XI.	94	197	117 RESTANS.
Il est entré.	103		
Il est sorti	63	80	
Il est mort.	17		

MORTALITÉ.

Un sur 5 $\frac{83}{100}$

NOMBRE MOYEN d'Indigens.

99

ORPHELINS.

1000 lits.

MOIS.	EXISTANS le 1er. de chaque mois au matin.	ENTRÉS pendant l'année.	TOTAL des EXISTANS et DES ENTRÉS.	SORTIS.	MORTS.	TOTAL des SORTIS et MORTS.	RESTANS le 30 de chaque mois au soir.	JOURNÉES.
Vendémiaire . .	986	72	1,058	92	»	92	966	29,789
Brumaire. . . .	966	110	1,076	104	»	104	972	29,324
Frimaire.	972	70	1,042	79	»	79	963	29,677
Nivose	963	74	1,037	58	»	58	979	29,628
Pluviose	979	72	1,051	61	»	61	990	30,006
Ventose.	990	68	1,058	67	»	67	991	30,434
Germinal. . . .	991	72	1,063	96	»	96	967	29,954
Floréal	967	89	1,056	89	»	89	967	29,396
Prairial	967	80	1,047	78	»	78	969	29,456
Messidor	969	99	1,068	107	»	107	961	29,505
Thermidor . . .	961	90	1,051	76	»	76	975	29,609
Fructidor	975	101	1,076	81	»	81	995	35,923
TOTAUX . . .	11,686	997	12,683	988	»	988	11,695	362,701

RÉSUMÉ....
- Il existait le 1er. Vendémiaire an XI. 986 }
- Il est entré . . . . 997 } 1,983
- Il est sorti. . . . . 988 }
- Il est mort . . . . » } 988

} 995 RESTANS.

MORTALITÉ. (1)

NOMBRE MOYEN d'Enfans. 991

(1) Voyez les Enfans Malades, page 153.

ORPHELINES.

300 lits.

MOIS.	Existantes le 1er. de chaque mois au matin.	ENTRÉES pendant l'année.	TOTAL des EXISTANTES et DES ENTRÉES.	SORTIES.	MORTES.	TOTAL des SORTIES et MORTES.	RESTANTES le 30 de chaque mois au soir.	JOURNÉES.
Vendémiaire . .	237	35	272	40	»	40	232	7,804
Brumaire. . . .	232	43	275	22	»	22	253	7,870
Frimaire	253	29	282	132	»	132	150	5,835
Nivose.	150	34	184	44	»	44	140	4,858
Pluviose.	140	33	173	13	1	14	159	5,122
Ventose.	159	47	206	57	»	57	149	4,955
Germinal	149	37	186	48	»	48	138	4,822
Floréal	138	30	168	27	»	27	141	4,903
Prairial	141	37	178	26	»	26	152	4,937
Messidor. . . .	152	46	198	45	»	45	153	5,384
Thermidor . . .	153	45	198	39	»	39	159	5,419
Fructidor	159	44	203	41	»	41	162	6,621
TOTAUX . . .	2,063	460	2,523	534	1	535	1,988	68,530

RÉSUMÉ. . . . . .

Il existait le 1er. Vendémiaire an XI.	237	697	162 RESTANTES.
Il est entré.	460		
Il est sorti	534	535	
Il est mort.	1		

MORTALITÉ.

(1)

NOMBRE MOYEN d'Enfans.

187

(1) Voyez les Enfans Malades, page 153.

RÉCAPITULATION

DE LA POPULATION DES HOSPICES.

9070 lits.

NOMS des HOPITAUX.	LITS.	Existans le 1er. de l'année au matin.	Entrés pendant l'année.	TOTAL des existans et des entrés.	Sortis pendant l'année.	MORTS.	TOTAL des sortis et morts.	Restans le 6e. jour compl. au soir.	JOURNÉES.	NOMBRE moyen d'Indigens.	Mortalité.
Bicêtre.	2,200	2,243	847	3,090	579	361	940	2,150	789,405	2,156	1 sur 6 »
Salpêtrière. . .	4,000	3,920	1,053	4,973	574	555	1,129	3,844	1,274,509	3,482	6 $\frac{29}{100}$
Incur.-Hommes.	400	358	107	465	74	74	148	317	122,813	335	4 $\frac{54}{100}$
——— Femmes.	510	507	113	620	73	93	166	454	176,891	483	5 $\frac{20}{100}$
Ménages.	550	632	69	701	22	150	172	529	211,448	578	3 $\frac{86}{100}$
Montrouge. . .	110	94	103	197	63	17	80	117	36,337	99	5 $\frac{83}{100}$
Orphelins. . . .	1,000	986	997	1,983	988	»	988	995	362,701	991	» » (*)
Orphelines. . .	300	237	460	697	534	1	535	162	68,530	187	» »
Totaux. . .	9,070	8,977	3,749	12,726	2,907	1,251	4,158	8,568	3,042,634	8,311	5 $\frac{73}{100}$

RÉSUMÉ. . .

Il existait le 1er. Vendémiaire an XI.	8,977	12,726	8,568 Restans.
Il est entré dans l'année.	3,749		
Il est sorti.	2,907	4,158	
Il est mort.	1,251		

Mortalité.

Un sur 5 $\frac{73}{100}$ (*)

Nombre moyen d'Indigens.

8,311

(*) Voyez, pour la mortalité des Enfans, la Population des Enfans Malades, page 301.

LIVRE DEUXIÈME.

SECOURS A DOMICILE.

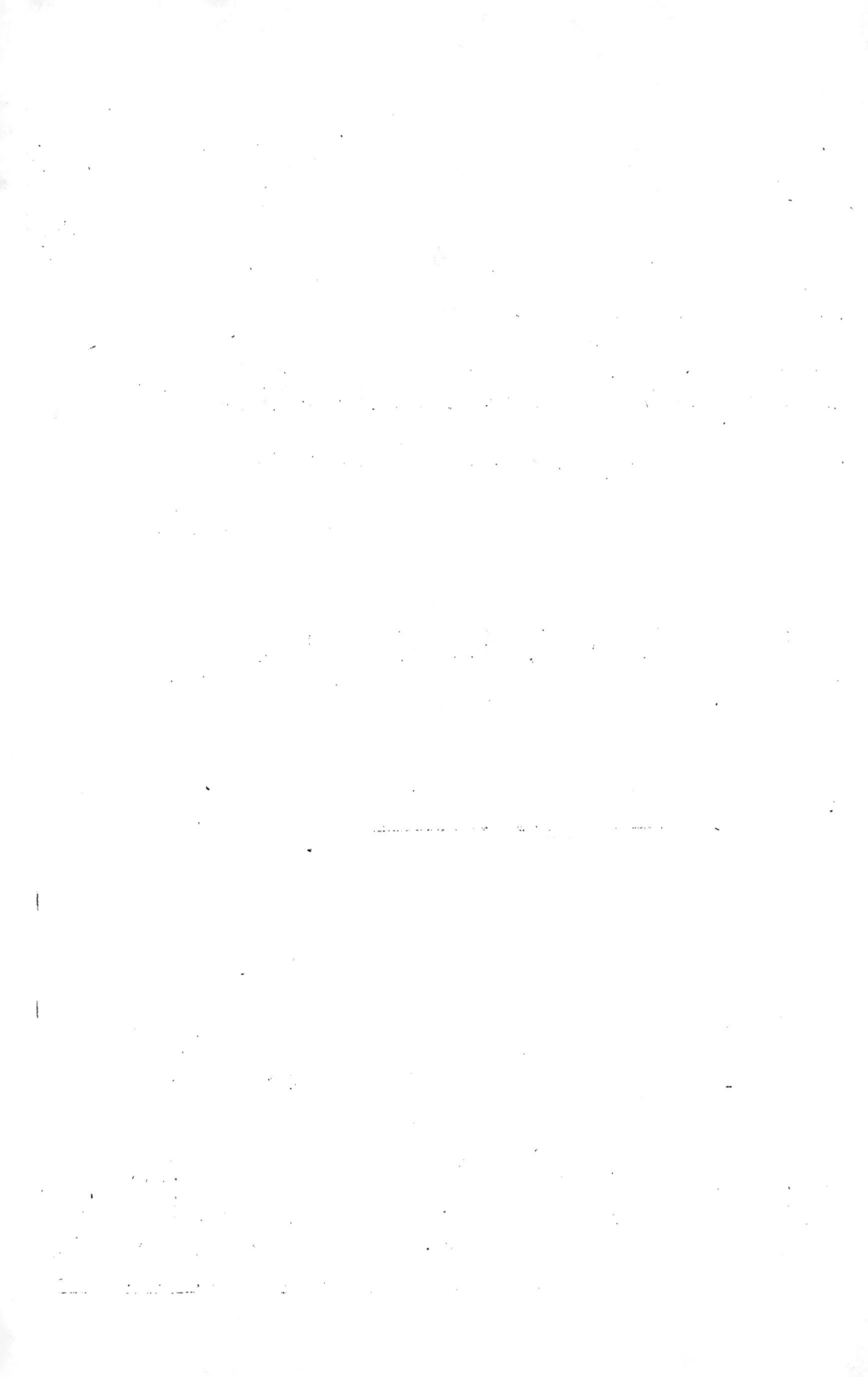

SOMMAIRE DU LIVRE DEUXIÈME.

Ce Livre est divisé en deux Parties : *RECETTE*, *DÉPENSE*.

La Recette effective a été de 1,242,525 fr. 06 cent., non compris 71,035 francs qui restent à recouvrer sur l'Octroi.

La Dépense s'est élevée à 1,188,636 fr. 21 cent.

Suivant le Tableau qui termine ce livre, le nombre des Indigens secourus à domicile, a été en l'an XI, de 86,936 ; il était en l'an X, de 111,626 ; et en l'an IX, de 118,784 ; ce qui donne une diminution d'un 5e. environ.

Le même Tableau indique le montant des Secours donnés aux Indigens, dans chaque arrondissement ; le terme moyen de ces secours a été, en l'an XI, de 11 fr. 15 cent. par Indigent.

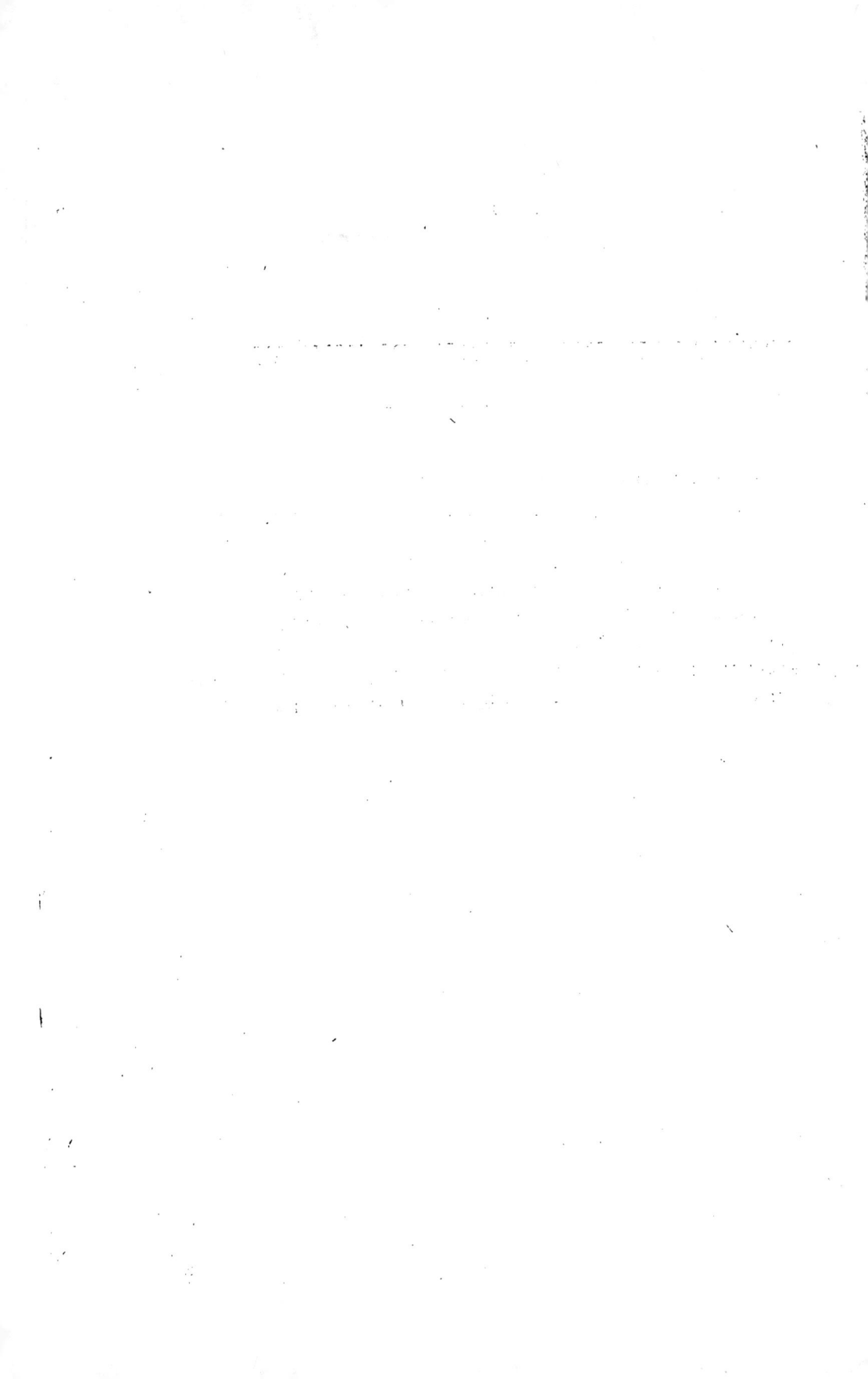

PREMIÈRE PARTIE.

RECETTE.

TITRE PREMIER.

REVENUS FIXES.

LOYERS DE MAISONS.

FAIT RECETTE L'ADMINISTRATION, de la somme de Trente-un-mille vingt-trois francs quatre-vingt-six centimes ; montant des baux des maisons situées dans Paris, appartenant aux Indigens de ladite ville, ainsi qu'il suit ;

SAVOIR:

	N°.		fr.	c.
Amandiers (des). N°.	»	Caillar.	332	50
Aumaire.	4	Gein.	600	»
Argenteuil (d'). . .	»	Lefebvre.	3,000	»
Bernard (Saint). . .	20	Veuve Guepel. . .	888	92
Idem.	21	Roussel.	600	»
Idem.	»	Migaçer, Fournier.	345	»
Idem.	»	Veuve Dapremont.	15	»
Idem.	24	Le Comte.	22	50
			5,803	92

	N°.		fr.	c.
		Ci-contre . . .	5,803	92
Bernard (Saint). . N°.	»	Bureau.	7	50
Idem.	»	Audin.	10	»
Idem.	22	Roussel.	150	»
Idem.	»	Duchesne	40	»
Idem.	»	Mayer.	60	»
Idem.	»	Brisseville.	24	»
Idem.	»	Testard.	100	»
Idem.	»	Lamotte.	48	»
			6,243	42

			fr.	c.
		De l'autre part. . .	6,243	42
Bernard (Saint). . N°.	22	Roy.	72	»
Idem.	»	Emery.	18	»
Idem.	»	Judde.	80	»
Idem.	»	Gomard.	30	»
Idem.	»	Jautru.	40	»
Idem.	23	Dlle. Renaud. . . .	40	»
Idem.	»	Maillet.	36	»
Idem.	»	Plouquet.	40	»
Idem.	»	Epaulard.	310	»
Idem.	»	Hanetin.	90	»
Idem.	»	Lièvre.	45	»
Idem.	»	Coster.	132	»
Idem.	»	Girardin.	30	»
Idem.	»	Colas.	18	»
Idem.	»	Mathias.	22	50
Idem.	25	Josselin.	20	»
Idem.	»	Durand Neveu. . .	30	»
Idem.	»	Durand Oncle. . .	15	»
Idem.	»	Olivier	10	»
Idem.	»	Lépine.	22	50
Idem.	»	Ducluzel.	400	»
Cossonerie (de la). .	»	Vannard.	1,310	»
Couronnes (des 3).	»	Reisner.	350	»
Crucifix S.-Jac. (du).	»	Badoulleau.	395	08
Denis (du faub. S.).	»	Pobecheim.	1,800	»
Dominique (Saint).	»	Lebrun.	716	08
Férou.	»	Beuvelot.	820	»
Férou (Impasse). . .	»	Quinette.	45	»
Idem.	»	Hartelle.	30	»
Idem.	»	Fabre.	25	»
Idem.	»	Dlle. Sauvage. . .	20	»
Idem.	»	Poirier.	80	»
Idem.	»	Fe. Boïeldieu. . . .	20	»
			13,355	58

			fr.	c.
		Ci-contre. . . .	13,355	58
Férou (Impasse). N°.	»	Le Clerc.	30	»
Idem.	»	Masson.	25	»
Geneviève (mont. Ste.)	»	Robialle jeune. . .	450	»
Grenelle (de) . . .	»	Ruelle.	500	»
Gros-Chenet (du). .	13	Jumel.	1,481	48
Idem.	»	Queck.	410	»
Hyppolite (Saint). .	»	Lermillier.	30	»
Idem.	»	Fretté.	40	»
Idem.	»	Bichepoix.	37	50
Idem.	»	Feroux	36	»
Idem.	»	Carton.	50	»
Idem.	»	Noisette.	37	50
Idem.	»	Barrier.	12	50
Joseph (Saint). . .	»	Bouguet.	395	08
Lard (au).	»	Timon.	60	»
Lune (de la).	»	Maingot	1,800	»
Martin (r. faub. S.).	»	Berthauer.	1,010	»
Montmartre (du fb.).	»	Berthault.	160	»
Idem.	»	Rudillon.	200	»
Idem.	»	Grivet.	200	»
Mouffetard.	»	Petit.	360	»
Orléans (d').	»	Teinquer.	120	»
Ortics (des).	»	Renoir.	1,975	32
Picpus (de).	»	Leroux.	2,074	08
Pierre (Impasse S.).	»	Bocage.	1,580	24
Poitevins. (des). . .	»	Floriet.	400	»
Reuilly (de).	»	Pierre.	637	50
Idem.	»	Duloy et Hébert. .	175	»
Idem.	»	Denain.	470	»
Sauveur (Saint). . .	»	Barry.	1,750	»
Tison (Jean). . . .	»	Jolver	395	08
Voyes (des 7). . . .	»	Milleville.	760	»
Accroissement en l'an XII.			6	»
			31,023	86

FERMAGES.

FAIT RECETTE L'ADMINISTRATION, de la somme de Quinze cent trente-huit francs soixante-seize centimes, montant des Baux des Fermes, appartenant aux Indigens de la ville de Paris, ainsi qu'il suit; SAVOIR:

Fontenay.........	Gittard.	1,402 46
Fontenay-aux-Roses. . .	Guyot.	17 78
Meudon...........	Delagarde.	118 52
	TOTAL.........	1,538 76

RENTES SUR L'ÉTAT.

FAIT RECETTE L'ADMINISTRATION, de la somme de Quatre-vingt-quatorze mille cinq cent-trois francs, montant des Rentes dues par l'État; ci. . . . . . . 94,503 fr. »

RENTES SUR PARTICULIERS.

FAIT RECETTE L'ADMINISTRATION, de la somme de Deux mille cinq cent cinquante-six francs seize centimes, montant de Quinze Rentes dues par divers; ci . . . 2,556 16

CRÉANCES SUR PARTICULIERS.

FAIT RECETTE L'ADMINISTRATION, de la somme de cent trente-huit francs vingt-huit centimes, montant d'une Créance due par le Sieur Dambray; ci. 138 28

TITRE II.

REVENUS VARIABLES.

OCTROI.

FAIT RECETTE L'ADMINISTRATION, de la somme de Sept cent vingt mille francs, montant du Crédit ouvert sur les produits de l'Octroi, par le Conseil municipal de la ville de Paris, pour le service des Indigens de la Ville de Paris ; ci. . . . . . . 720,000 fr. »

NOTA. Observe l'Administration que, sur cette somme, il n'a été versé dans la caisse des Indigens, que celle de 648,964 fr. 45 c. ; et qu'il restait dû 71,035 fr. 55 c., à l'époque du 1er. Vendémiaire an XIII.

DROITS SUR LES SPECTACLES, FÊTES, etc.

FAIT RECETTE L'ADMINISTRATION, de la somme de Quatre cent soixante-trois mille huit cents francs, provenant de l'affermage en l'an XI, à MM. Cottereau et Thierry, du droit sur les Spectacles, Bals et Fêtes publiques; ci. . . . . 463,800 fr. »

NOTA. Sur la réclamation des Fermiers dénommés ci-dessus, le Conseil leur a accordé, le 4 Fructidor an XII, une indemnité de 2,400 fr., qui est comprise ci-après, dans les Dépenses diverses, Chap. XV.

TITRE III.

DÉPOTS
ET FONDS DE REMPLACEMENT.

LOYERS D'AVANCE.

FAIT RECETTE L'ADMINISTRATION, de la somme de Soixante-dix-neuf mille neuf cent soixante-sept francs cinquante centimes, montant des Loyers d'avance payés par divers, à cause des nouvelles adjudications faites en l'an XI; ci. 79,967 50

INTÉRÊTS DE CAPITAUX

PLACÉS AU MONT-DE-PIÉTÉ.

FAIT RECETTE L'ADMINISTRATION, de la somme de Vingt mille cent-un francs trente-sept centimes, provenant d'Intérêts de Capitaux placés au Mont-de-Piété; ci. 20,101 37

REMBOURSEMENT DE CAPITAUX.

FAIT RECETTE L'ADMINISTRATION, de la somme de Soixante-dix-neuf francs un centime, provenant de Remboursemens de Rentes, faits par divers; ci. 79 01

DONS ET LEGS.

FAIT RECETTE L'ADMINISTRATION, de la somme de Douze mille cent trente-neuf francs soixante-douze centimes, provenant de Dons et Legs faits par divers, en faveur des Indigens; ci. 12,139 72

AMENDES.

FAIT RECETTE L'ADMINISTRATION, de la somme de Deux cent vingt-deux francs, montant des Amendes prononcées au profit des Indigens, tant par les Bureaux de Police municipale et les Tribunaux, que par l'Administration de l'Octroi; ci . . . . 222 fr. »

TITRE IV.

RECETTES D'ORDRE.

PRODUITS DE LA FILATURE (1).

FAIT RECETTE L'ADMINISTRATION, de la somme de Cent trente-huit mille cent-quatre-vingt-treize francs soixante centimes, provenant de l'établissement de la Filature, pour ventes de Fil fabriqué, faites à divers; ci. (2) 138,193 60

(1) Etablie rue du Foin, près la Place des Vosges.

(2) Voyez le Compte de la Dépense, ci-après.

CAISSE DES BUREAUX DE BIENFAISANCE.

FAIT RECETTE L'ADMINISTRATION, de la somme de Six cents francs, restituée par les Bureaux de Bienfaisance; ci. . . . . 600 fr. »

RENTRÉES EN CAISSE.

FAIT RECETTE L'ADMINISTRATION, de la somme de Mille soixante-six francs quarante centimes, montant des Restitutions faites à la Caisse, par divers; ci. . . . 1,066 40

RÉCAPITULATION GÉNÉRALE

DES REVENUS DES INDIGENS.

SITUATION au 1.er Vendémiaire an XIII.

		REVENUS.		Sommes recouvrées en l'an XI et en l'an XII.		Reste à recouvrer au 1er. vendémiaire an XIII.	
		fr.	c.	fr.	c.	fr.	c.
TITRE Ier. — Revenus fixes.	Loyers de Maisons.	31,023	86	29,840	46	1,183	40
	Fermages.	1,538	76	»	»	1,538	76
	Rentes sur particuliers.	2,556	16	282	50	2,273	66
	Créances sur particuliers.	138	28	»	»	138	28
	Rentes sur l'État.	94,503	»	94,503	»	»	»
		129,760	06	124,625	96	5,134	10
TITRE II. — Revenus variables.	Octroi.	720,000	»	648,964	45	71,035	55
	Spectacles.	463,800	»	439,681	48	24,118	52
		1,183,800	»	1,08,8645	93	95,154	07
TITRE III. — Dépôts et Fonds de Remplacement.	Loyers d'avance.	79 967	50	79,967	50	»	»
	Intérêts de fonds pcés. au M-Pté.	20,101	37	20,101	37	»	»
	Remboursement de capitaux.	79	01	79	01	»	»
	Dons et Legs.	12,139	72	12,139	72	»	»
	Amendes.	222	»	222	»	»	»
		112,509	60	112,509	60	»	»
TITRE IV. — Recettes d'ordre.	Caisse part. de Bur. de bienf.	600	»	600	»	»	»
	Rentrées en caisse.	1,066	40	1,066	40	»	»
	Filature.	138,193	60	138,193	60	»	»
		139,860	»	139,860	»	»	»

RÉSUMÉ

RÉSUMÉ.

	REVENUS.	SOMMES recouvrées en l'an XI et en l'an XII.	RESTE à recouvrer au 1er. vendémiaire an XIII.
	fr. c.	fr. c.	fr. c.
TITRE 1er. REVENUS FIXES.	129,760 06	124,625 96	5,134 10
—— 2e. —— VARIABLES.	1,183,800 »	1,088,645 93	95,154 07
	1,313,560 06	1,213,271 89	100,288 17
—— 3e. DÉPÔTS ET FONDS DE REMPLACEMENT.	112,509 60	112,509 60	» »
TOTAL.	1,426,069 66	1,325,781 49	100,288 17
—— 4e. RECETTES D'ORDRE.	139,860 »	139,860 »	» »
TOTAL GÉNÉRAL.	1,565,929 66	1,465,641 49	100,288 17

DEUXIÈME PARTIE.

DÉPENSE.

CHAPITRE PREMIER.

CONSTRUCTIONS ET RÉPARATIONS.

FAIT DÉPENSE L'ADMINISTRATION, de la somme de Douze mille vingt-quatre francs soixante deux centimes, montant des Constructions et Réparations d'entretien, faites en l'an XI, dans les maisons urbaines et propriétés rurales appartenant aux Indigens; le tout conformément aux autorisations, devis et soumissions, et suivant Mémoires vérifiés et réglés;

SAVOIR:

	fr.	c.
Maçonnerie	9,537	20
Couverture	1,388	82
Menuiserie	176	»
Serrurerie	36	»
Plomberie	135	70
Vitrerie	20	75
Vidange	730	15
	12,024	62

CHAPITRE DEUXIÈME.

IMPOSITIONS FONCIÈRES.

FAIT DÉPENSE L'ADMINISTRATION, de la somme de Quatre mille sept cent-soixante-dix-sept francs soixante-dix-sept centimes, montant des Contributions foncières, mises en l'an XI, sur les Propriétés appartenant aux Indigens de la ville de Paris ; ci. 4,777 77

CHAPITRE TROISIÈME.

FRAIS DE PROCÉDURES, ET D'ACTES CONSERVATOIRES.

FAIT DÉPENSE L'ADMINISTRATION, de la somme de Cent-soixante-quatorze francs cinquante centimes, montant des frais de Procédures et d'Actes conservatoires, faits en l'an XI; ci. 174 50

CHAPITRE QUATRIÈME.

RENTES.

FAIT DÉPENSE L'ADMINISTRATION, de la somme de Cinq mille huit cent soixante-treize francs quarante-cinq centimes, montant des Rentes dues à divers ci-après dénommés, suivant titres visés et approuvés par qui de droit;

SAVOIR:

		fr.	c.
Gousset	(Marie-Olive)	225	»
Gousset	(Marie-Geneviève)	225	»
Lefebvre	(Armand-Bernardin)	366	64
Gomin	(Nicolas)	100	»
Lalouette	(Louise-Angélique)	200	»
Bourgeois	(Pierre-Jean)	72	»
Dufeu, Ve. Sebellery	(Marie-Jeanne)	300	»
Gosse et Consorts	(Marc-Antoine)	240	»
Aubry	(Louise-Marguerite)	296	30
Thomas	(Edmée-Jeanne)	366	66
Bouchet, Fe. Leclaire	(Marie-Jeanne)	366	66
Menard, Ve. Poulet	(Marie-Elisabeth)	200	»
Broux, Ve. Servais	(Antoinette-Marie)	180	»
Courtault, Fe. Leclerc	(Marie-Françoise)	333	32
		3,471	58

		fr.	c.
	Ci-contre	3,471	58
Questier	(Marie-Françoise)	356	50
Jacob, Ve. Roussel	(Christine)	350	»
Tellier	(Joseph)	60	»
Roche	(Jacques-Antoine)	145	20
Vildieu, Fe. Vasseur	(Anne)	100	»
Dalpuget	(Marthe-Jeanne)	80	»
Esser	(Marie-Antoinette)	21	»
Leroux	(Angélique)	90	»
Duplan	(Sacré)	50	»
Prion	(Marie-Madelaine)	65	84
Jacquin	(Charl.-François-Marie)	500	»
Scolar	(Anne-Louise)	200	»
Delcussot	(Anne-Cécile)	383	33
»	«	»	»
		5,873	45

CHAPITRE CINQUIÈME.

PENSIONS.

FAIT DEPENSE L'ADMINISTRATION, de la somme de Trois mille trois cent cinquante-quatre francs, montant des Pensions accordées à divers Maîtres Boutonniers, Rubaniers et autres individus indigens, d'après les intentions des fondateurs Lejay et Crozat.

SAVOIR:

		fr.	c.
Ouvrier, Ve. Chanvaux.	(Françoise-Joséphine). .	42	»
Mansard.	(Philippe-Barthelemy).	36	»
Watelet.	(Jean-Baptiste-Antoine).	48	»
L'homme.	(Nicolas).	24	»
Bignon, Ve. Destrez. .	(Anne-Thérèse). . . .	30	»
Longueville, Ve. Boursier.	(Marie-Jeanne). . .	27	»
Villain.	(Jean-Baptiste-André).	30	»
Rousseau.	(Agnès-Elisabeth). . . .	72	»
Rousseau.	(Henriette-Jeanne). . .	60	»
Lenoir, Ve. Desenne.	(Me.-Margte.-Adrienne).	24	»
Lerondeau.	(Jean-Louis).	42	»
Regué.	(Jean-François).	36	»
Merville, Ve. Chapillon.	(Marie-Marguerite) . .	21	»
Longueville, Ve. Pinson.	(Anne-Elisabeth). . . .	24	»
Levasseur, Ve. Bacot Delatour.	(Louise-Françoise).	36	»
		552	»

		fr.	c.
	Ci-contre.	552	»
Hubié, Ve. Warnis. .	(Jeanne).	30	»
Deschateaux.	(Gilles-François). . . .	24	»
Dupuis.	(Charles-Antoine). . .	48	»
Gibert, Ve. Cartin. . .	(Marguerite).	27	»
Lalbetier, Ve. Damien.	(Adrienne-Charlotte). .	24	»
Durieux, Ve. Dupont.	(Marie-Jeanne.).	25	»
Poche.	(Jean-Baptiste).	36	»
Lemol, Ve. Delatre. . .	(Catherine-Suzanne). .	27	»
Adam, Ve. Dailly. . .	(Catherine).	36	»
Monseignat.	(Jacques-François). . .	18	»
Rachart.	(Jean-Baptiste).	27	»
Girard, Ve. Limousin.	(Marie-Antoinette). . .	24	»
Marcin, Ve. Geoffroy.	(Marie-Geneviève). . .	48	»
Fournier, Ve. Pacot. .	(Marie).	27	»
Fontaine.	(Jean-Pierre).	27	»
		1,000	»

		fr.	c.
	De l'autre part. . . .	1,000	»
Tilentin, Ve. Jané. . .	(Jeanne-Victoire). . . .	36	»
Husson, Ve. Collet. .	(Antoinette-Elisabeth).	24	»
Coutan.	(Jean-François).	48	»
Duchesne.	(Nicolas-Germain). . .	36	»
Ledoux.	(Jean-Baptiste-Nicolas).	36	»
Desvoyes.	(Michel).	24	»
Milon, Ve. Hangard. .	(Françoise).	24	»
Lamy.	(Eustache).	30	»
Cailleux.	(Jean-Pierre).	30	»
Bondin.	(Louis).	24	»
Audry, Ve. Leloup. .	(Claude-Gabrielle). . .	36	»
Compoint, Ve. Baton.	(Marie-Claude).	9	»
Suard.	(Jean-Baptiste).	27	»
Poupard, Ve. Thibaut.	(Catherine).	9	»
Dufresne.	(Pierre-François). . . .	18	»
Tessier.	(Jean-Baptiste).	12	50
		1,423	50

		fr.	c.
	Ci-contre. . . .	1,423	50
Lepere.	(Charles-Antoine). . .	7	50
Angard, Ve. Imbert. .	(Marguerite).	27	»
Marlet.	(Jacques-Louis).	36	»
Gillot, Ve. Lambert. .	(Marie-Jacqueline). . .	140	»
Lesueur.	(Angélique-Rose). . . .	140	»
Bardel.	(Anne-Marie).	200	»
Bainon.	(Marie-Cathe.-Victoire).	140	»
Reynaud, Ve. Rivolle.	(Françoise).	200	»
Robineau, Ve. Duchesnois	(Me.-Christ.-Thér.).	140	»
Bolkmann.	(Anne).	200	»
Jouvet, Ve. Damilaville	(Anne-Marguerite). . .	140	»
Jaubert, Ve. Scheffer.	(Elisabeth).	140	»
Larchey.	(Anne-Thérèse). . . .	140	»
Villaine, Ve. Grignon.	(Marie-Geneviève). . .	140	»
Benoist, Ve. Lacornière	(Catherine).	140	»
»	»	»	»
		3,354	»

CHAPITRE SIXIÈME.

TRAITEMENS,

APPOINTEMENS ET GAGES.

FAIT DÉPENSE L'ADMINISTRATION, de la somme de Vingt-cinq mille huit cents francs, montant des Traitemens et Appointemens des Agents et Employés; ainsi qu'il suit :

SAVOIR :

		fr. c.
3 Agens . . . (1) . . à 3,600 fr. chacun		10,800 »
1 Secrétaire général		3,000 »
2 Commis, 2 Expéditionnaires, 1 Garçon de Bureau		7,000 »
1 Architecte	400 »	
Caissier général (Remise allouée au)	4,000 »	5,000 »
Contrôleur . . . (id. au)	600 »	
TOTAL		25,800 »

(1) Le traitement des Membres de l'Agence a été porté à 5,000 fr., à compter du 1er. Vendémiaire an XII.

CHAPITRE SEPTIÈME.

FRAIS DE BUREAU, PAPETERIE, etc.

FAIT DÉPENSE L'ADMINISTRATION, de la somme de Soixante mille trois cent soixante-douze francs soixante-cinq centimes; montant des Frais de bureau, de voiture, impressions, etc. faits en l'an XI, ainsi qu'il suit;

SAVOIR :

	fr. c.	fr. c.
Frais de Bureau de l'Agence	1,572 65	2,772 65
Frais de voitures id.	1,200 »	
Frais de Bureau des 48 Bureaux de Bienfaisance, à raison de 1,200 fr. chaque		57,600 »
TOTAL		60,372 65

CHAPITRE HUITIÈME.

DISTRIBUTION AUX BUREAUX DE BIENFAISANCE.

FAIT DÉPENSE L'ADMINISTRATION, de la somme de Huit cent vingt mille huit cent douze francs; montant des sommes payées aux quarante-huit Bureaux de Bienfaisance, pour être distribués ainsi qu'il suit;

SAVOIR:

PAIN, VIANDE, VIN..	Pour mettre les Bureaux de Bienfaisance à même de distribuer des Secours en Pain, Viande et Vin, on leur a fait, comme dans les années précédentes, pendant les mois de Vendémiaire, Brumaire, Frimaire et Nivose, trois distributions par mois, de 27,000 francs chacune; ci....	324,000 f. »	756,000 »
	Et pendant les huit autres mois de l'année, deux distributions de 27,000 fr. chacune, par mois; ci..................	432,000 »	
FARINE AUX NOURRICES.	Pour remplacer la distribution en Farine, qui se faisait aux Nourrices, et pour qu'elles puissent substituer à la farine de froment celle d'orge, de la crême de pain, ou tout autre aliment; ci....................................		40,812 »
BOIS..........	Il a été fait, en l'an XI, deux répartitions de chacune 12,000 fr., pour être employés en achat et distribution de bois; ci............		24,000 »
	TOTAL.............		820,812 »

CHAPITRE NEUVIÈME.

SECOURS EN ARGENT AUX VIEILLARDS ET AVEUGLES.

FAIT DÉPENSE L'ADMINISTRATION, de la somme de Cent quarante-huit mille six cent cinquante-six francs, montant des Secours en argent, distribués, en l'an XI, aux Vieillards et Aveugles, ainsi qu'il suit :

SAVOIR :

à 917 Octogénaires	à 6 fr. par mois, pour	11,015 mois	66,090 »
à 1943 Vieillards de 75 ans.	à 3 fr. par mois, pour	23,323 mois	69,969 »
à 349 Aveugles	à 3 fr. par mois, pour	4,199 mois	12,597 »
3,209 Indigens.			148,656 »

CHAPITRE DIXIÈME.

DISTRIBUTION
DE PAPIER - TIMBRÉ.

FAIT DÉPENSE L'ADMINISTRATION, de la somme de Trois mille trois cent seize francs cinquante centimes, montant de la distribution de 4,020 feuilles de Papier-timbré, délivrées en l'an XI, aux Indigens, pour qu'ils puissent se procurer les actes de Naissance, de Mariage et Décès, qui leur sont nécessaires; ci. 3,316 50

CHAPITRE ONZIÈME.

ENTRETIEN DE L'ÉTABLISSEMENT, PASSAGE SAINT-PIERRE.

FAIT DÉPENSE L'ADMINISTRATION, de la somme de Onze mille six cent quatorze francs cinquante-neuf centimes, montant des dépenses faites en l'an XI, pour l'entretien de l'établissement, rue St.-Antoine, consacré à l'éducation de 48 Jeunes-Filles; ci. . . 11,614 59

CHAPITRE DOUZIÈME.

FILATURE.

FAIT DÉPENSE L'ADMINISTRATION, de la somme de Cinquante-quatre mille cent quatre-vingt-dix-sept francs quatre-vingt-cinq centimes, pour perte résultante de l'Etablissement de la Filature, place des Vosges, ainsi qu'il suit;

SAVOIR :

		fr. c.	fr. c.
15,091 kil. 82 hecto.	Filasse existant en Magasin, le 1er. Vendémiaire an XI, évalués . .	24,664 »	
72,363 kil. »	id. achats faits dans le cours de l'an XI et 1er. mois an XII, à divers prix	128,465 85	153,129 85
Main-d'œuvre sur l'emploi de 71,325 kil. 73 hecto, Filasse à divers prix		71,560 69	
Traitement, Frais d'administration et bénéfice du Régisseur		14,569 45	86,130 14
	Total		239,259 99

A DÉDUIRE :

1,273 kil. »	Fils œuvrés restant en Magasin, au 1er. Brumaire an XII, évalués . .	3,219 23	
16,129 kil. 09	Filasse existant en Magasin, au 1er. Brumaire id. évalués . .	31,133 42	
		34,352 65	
	DÉPENSE D'ORDRE.		
65,529 kil. 02	Fils œuvrés, vendus à divers prix	150,709 49	185,062 14
	Perte en l'an xi		54,197 85

CHAPITRE TREIZIÈME.

ÉCOLES DE CHARITÉ.

FAIT DÉPENSE L'ADMINISTRATION, de la somme de Cinq mille six cents fr. montant des frais occasionnés, tant pour l'entretien que pour l'Etablissement des Ecoles de Charité; ci. . . . . 5,600 fr. »

CHAPITRE QUATORZIÈME.

SECOURS EXTRAORDINAIRES.

FAIT DÉPENSE L'ADMINISTRATION, de la somme de Trois mille deux cent cinquante francs, montant des Secours extraordinaires accordés, en l'an XI, à divers, ainsi qu'il suit ;

SAVOIR:

	fr.	c.
Pour Secours à divers, victimes d'événemens extraordinaires, ou circonstances imprévues et urgentes, il a été accordé par les Membres de la 4e. Division, la somme de	600	»
Pour Secours accordés à divers individus, par arrêté du Conseil général	2,650	»
	3,250	»

CHAPITRE QUINZIÈME.

DÉPENSES DIVERSES.

FAIT DÉPENSE L'ADMINISTRATION, de la somme de Vingt-huit mille huit cent douze francs vingt-huit centimes, montant des Dépenses diverses, faites dans le cours de l'an XI, ainsi qu'il suit;

SAVOIR:

Indemnité au sieur Valdajou, Officier de Santé, d'après une décision du Ministre de l'Intérieur.	2,000 »
Pour Travaux extraordinaires, Gages de Portier, Loyer de l'Agence, etc.	2,812 28
Remise accordée aux Srs. Cottereau et Thierry, à titre d'indemnité, sur la Ferme des Spectacles et Fêtes, an XI.	24,000 »
	28,812 28

RÉCAPITULATION GÉNÉRALE

DE LA DÉPENSE.

		fr.	c.
CHAPITRES..	1. — Constructions et réparations d'entretien	12,024	62
	2. — Impositions foncières	4,777	77
	3. — Frais de procédures et d'actes conservatoires	174	50
	4. — Rentes	5,873	45
	5. — Pensions	3,354	»
	6. — Traitemens et Appointemens	25,800	»
	7. — Frais de Bureau, Voitures. etc.	60,372	65
	8. — Distribution en nature	820,812	»
	9. — Secours en argent	148,656	»
	10. — Distribution de Papier-timbré	3,316	50
	11. — Entretien de l'Etablissement, passage Saint-Pierre	11,614	59
	12. — Filature (perte sur la)	54,197	85
	13. — Ecoles de Charité	5,600	»
	14. — Secours extraordinaires	3,250	»
	15. — Dépenses diverses	28,812	28
	TOTAL	1,188,636	21

TABLEAU RÉCAPITULATIF DE LA DÉPENSE *des Secours à Domicile*, en l'an XI; divisée par Arrondissement;

SAVOIR :

	DISTRIBUTIONS En Argent.	En remplacement de Farine.	En Bois.	SECOURS aux VIELLARDS et AVEUGLES.	TOTAL.	NOMBRE des INDIGENS.	SECOURS par TÊTE.
	fr. c.	fr. c.	fr. c.	fr. c.	fr. c.		fr. c. m.
1er. ARRONDISSEMENT. .	43,120 »	1,704 »	1,536 »	7,185 »	53,545 »	3,471	15 71,44
2e. Idem	45,920 »	2,424 »	1,536 »	10,185 »	60,065 »	4,877	15 49,26
3e. Idem	35,000 »	1,990 80	1,296 »	7,593 »	45,879 80	2,225	20 62,01
4e. Idem	44,240 »	1,781 40	1,440 »	6,987 »	54,448 40	3,200	17 01,51
5e. Idem	56,840 »	2,005 80	1,824 »	8,169 »	68,838 80	5,905	11 65,77
6e. Idem	66,640 »	6,213 »	1,968 »	13,539 »	88,360 »	8,344	10 58,96
7e. Idem	59,360 »	2,879 40	1,920 »	10,587 »	74,746 40	6,182	12 09,09
8e. Idem	99,400 »	5,258 40	2,928 »	20,247 »	127,833 40	14,034	9 10,88
9e. Idem	73,920 »	3,429 60	2,256 »	14,154 »	93,759 60	8,092	11 58,67
10e. Idem	62,720 »	3,226 20	2,016 »	12,720 »	80,682 20	6,358	12 68,97
11e. Idem	52,640 »	3,161 40	1,824 »	11,329 »	68,954 40	7,230	9 53,72
12e. Idem	116,200 »	6,738 »	3,456 »	25,961 »	152,355 »	17,018	8 95,25
Total de la dépense des 12 Arrondissem.	756,000 »	40,812 »	24,000 »	148,656 »	969,468 »	86,936	11 15,15

		fr. c.	
DÉPENSES relatives à la Percept. des Revenus.	Constructions et Réparations.	12,024 62	26,204 34
	Impositions	4,777 77	
	Frais de Procédures.	174 50	
	Rentes.	5,873 45	
	Pensions.	3,354 »	
FRAIS d'administration.	Traitemens, Apppointemens.	25,800 »	114,984 93
	Frais de Bureau.	60,372 65	
	Dépenses diverses.	28,812 28	
DÉPENSES extraordinaires.	Filature (perte sur la)	54,197 85	77,978 94
	Écoles de Charité	5,600 »	
	Secours extraordinaires.	3,250 »	
	Distribution de Papier-timbré.	3,316 50	
	Entretien de l'Etablissement, passage St.-Pierre.	11,614 59	
TOTAL GÉNÉRAL de la Dépense.			1,188,636 21

MAISONS DE BIENFAISANCE établies dans Paris.

1er. ARRONDISSEMENT.	Rue de la Ville-Lévêque..........	Cette Maison contient une Pharmacie. 1 Marmite à bouillon. 1 Fourneau de Soupes économiques.
2e. Idem	Rue Neuve-Saint-Roch...........	1 Pharmacie. 1 Marmite à Bouillon.
	Rue du Faub. Montmartre, n°. 783 et 784.	Le Bureau de Bienfaisance y tient ses Séances.
3e. Idem	Rue Montmartre, n°. 188...........	1 Pharmacie. 1 Marmite à Bouillon. 1 Fourneau pour les Soupes économiques. 2 Écoles de Charité.
4e. Idem	Rue des Poulies................	1 Pharmacie. 1 Marmite à Bouillon. 1 Fourneau de Soupes économiques. 1 Ecole de Filles.
5e. Idem	Rue de la Lune, n°. 118..........	1 Fourneau de Soupes économiques ; on y fait en outre du Bouillon pour les Malades.
	Rue du Faubourg Saint-Denis........	1 Fourneau de Soupes économiques. 1 Ecole de Filles indigentes.
	Rue Saint-Sauveur..............	1 Pharmacie. 1 Marmite à bouillon.
6e. Idem	Rue Saint-Denis................	1 Marmite à bouillon. 1 École de Charité.
7e. Idem	Rue du Crucifix-Saint-Jacques-la-Boucherie.	1 Marmite à bouillon. 1 Fourneau de Soupes économiques. 1 Pharmacie. 1 Ecole de Charité.
	Rue Cloître Saint-Merry..........	Cette Maison, appelée hospice SAINT-MERRY, contient 6 lits pour les Femmes malades et 6 lits pour les Hommes. 1 Ecole de Charité. 1 Pharmacie bien tenue (on y panse les plaies). 1 Marmite à Bouillon. Le Bureau de Bienfaisance y tient ses Séances. (Nota) Cet Établissement a été formé par M. VIENNET, Curé de Saint-Merry, décédé le 17 Germinal an 11.

8e. Arrondissement.	Rue Saint-Bernard	Cette Maison contient des Fourneaux pour les Bouillons des Malades et pour les Soupes économiques. 1 Pharmacie. 1 Ecole de Charité.
9e. Idem	Rue Poultier	On distribue, dans cette Maison, du Bouillon aux Malades. Le Bureau de Bienfaisance y tient ses Séances.
	Passage Saint-Paul	1 Marmite pour le bouillon des Malades. 1 Fourneau pour Soupes économiqnes. 1 Petite Pharmacie. Et l'Etablissement d'éducation, connu sous le nom de Passage Saint-Pierre et Saint-Paul.
10e. Idem	Rue Saint-Dominique	1 Fourneau de Soupes économiques. 1 Ecole de Charité 1 Atelier de travail.
	Rue des Saints-Pères	2 Écoles de Charité, pour les Filles et les Garçons. 1 Pensionnat pour 14 jeunes Filles. 1 Consultation gratuite pour les Malades. 1 Fourneau pour les Soupes économiques. 1 Manufacture de Bonneterie, où grand nombre de jeunes Enfans indigens de l'Arrondissement sont placés en apprentissage.
11e. Idem	Rue des Prêtres-Saint-Severin	On distribue, dans cette Maison, du bouillon aux Malades. Il a été établi une École de Filles et une de Garçons, dans l'ancien Cimetière.
	Impasse Ferrou	Cette Maison est occupée par un Bureau de Bienfaisance.
	Rue des Poitevins, n°. 14	Cette Maison est occupée par un Bureau de Bienfaisance.
12e. Idem	Rue des Fossés-Saint-Victor	Cette Maison est occupée par un Bureau de Bienfaisance. Elle contient une Pharmacie. 1 Marmite à Bouillon.
	Rue du Faubourg Saint-Jacques	1 École de charité pour les Filles.
	Rue des Francs-Bourgeois-Saint-Michel	Cette Maison contient des Fourneaux pour le bouillon des Malades ; Et une Pharmacie bien approvisionnée.

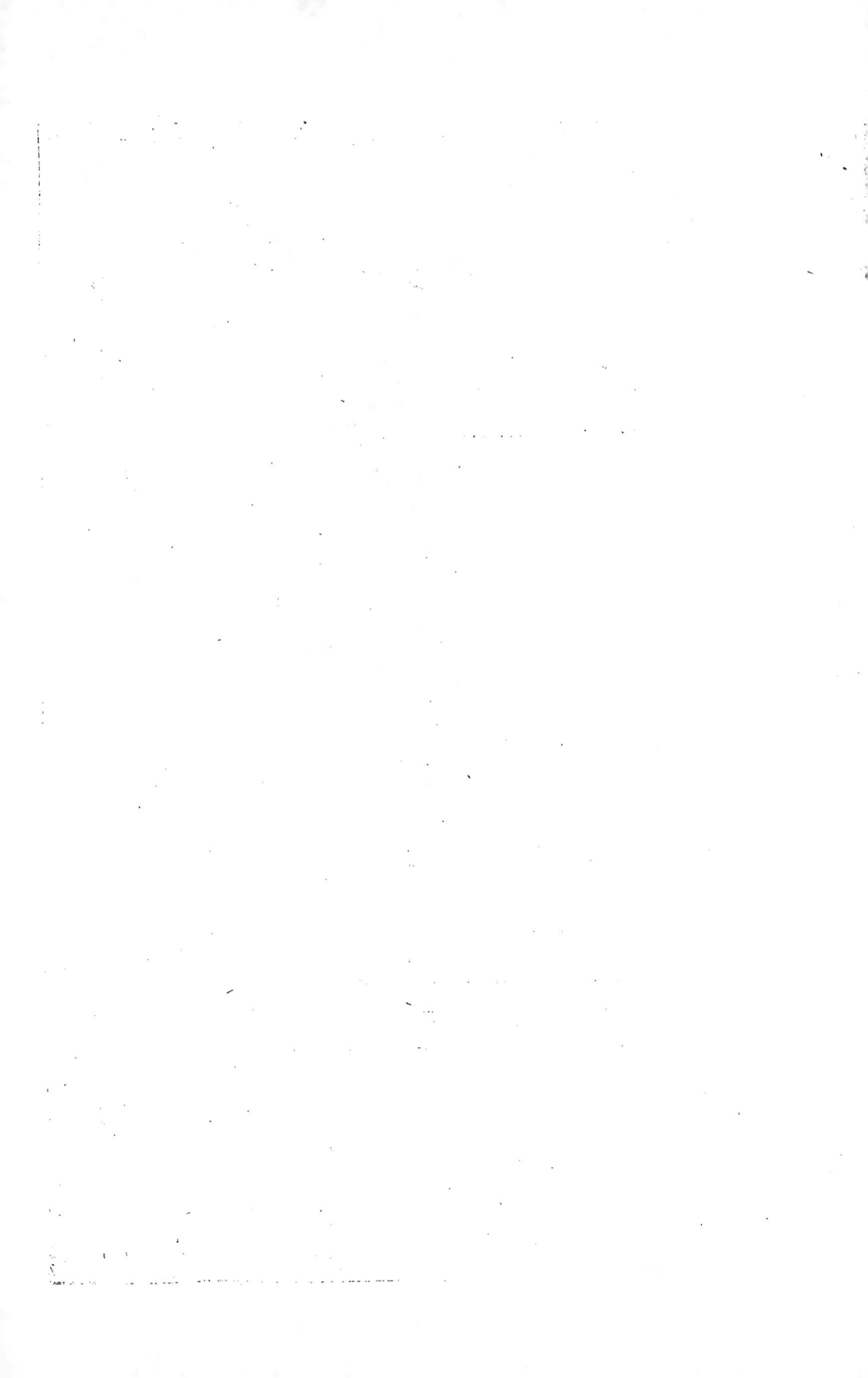

LIVRE TROISIÈME.

DIRECTION DES NOURRICES.

SOMMAIRE DU LIVRE TROISIEME.

Ce Livre est divisé en deux Parties : *RECETTE, DÉPENSE.*

La Recette a été de 524,726 fr. 93 centimes.

La Dépense, de . . 488,713 fr. 47 centimes.

Le nombre des Enfans enregistrés a été, en l'an II, de 4,944.

RECETTE.

FAIT RECETTE L'ADMINISTRATION, de la somme de Cinq cent vingt-quatre mille sept cent vingt-six francs quatre-vingt-treize centimes, montant des dépôts, avances, produits et secours, faits et reçus, en l'an 11, à la Caisse de la Direction des Nourrices, ainsi qu'il suit :

SAVOIR :

		fr.	c.	fr.	c.
DÉPÔTS	Faits par les Pères et Mères	86,492	35	414,315	75
	Faits par les Meneurs	327,823	40		
AVANCES	Versemens faits par le Produit	19,490	62	24,731	40
	Rentrées d'avances faites par les Pères et Mères	4,311	80		
	Idem par les Meneurs	928	98		
PRODUITS	5 centimes par franc des Dépôts	21,258	70	85,604	78
	5 Idem. des Remboursements d'avances	244	23		
	2 francs de droits d'immatricule, perçus pour chaque Enfant	9,786	»		
	Remboursemens de ports de lettres	406	90		
	Versemens faits par la Caisse de l'Octroi	53,908	95		
SECOURS	Intérêts d'un capital de 3,000 francs placés au Mont-de-Piété			75	»
				524,726	93

DÉPENSE.

FAIT DÉPENSE L'ADMINISTRATION, de la somme de Quatre cent quatre-vingt-huit mille sept cent treize francs quarante-sept centimes, montant des Payemens, Restitutions et Remboursemens, faits en l'an 11, par la Caisse de la Direction des Nourrices, ainsi qu'il suit :

SAVOIR :

		fr. c.	fr. c.
DÉPÔTS.....	Sommes payées aux Meneurs	403,783 05	403,783 05
	Restitutions aux pères et mères dont les enfans sont décédés en nourrice.	» »	
AVANCES....	Remboursemens d'Emprunts sur particuliers, et Remboursemens. .	» »	24,731 40
	Placement du Capital des cautionnements au Mont-de-Piété	» »	
	Aux Meneurs, pour les pères et mères.	24,731 40	
PRODUITS...	Intérêts des Emprunts et des cautionnemens	1,087 70	60,199 02
	Prêts faits à la Caisse des avances.	19,490 62	
	5 cent. par fr. restitués aux pères et mères des enf. décédés en nour.	» »	
	Frais de ports de lettres.	2,086 10	
	Dépense d'administration intérieure.	8,476 10	
	Appointemens des Employés et salaires.	29,058 50	
SECOURS....	Aux Nourrices qui ont contracté des maladies, en allaitant des enfans malsains.	» »	» »
	TOTAL.....................		488,713 47

NOTES.

MONT-DE-PIÉTÉ.

LE Mont-de-Piété, créé en faveur de l'Hopital général, par lettres-patentes du 9 décembre 1777, fut établi dans des maisons appartenant audit hopital ; il est devenu une propriété des Hospices de Paris, par la loi du 16 vendémiaire an 5, qui remit aux hospices la jouissance des biens non aliénés. Le 8 ventose an 5, la Commission administrative arrêta de réorganiser le Mont-de-Piété, sur les bases suivantes.

1°. Que le Mont-de-Piété serait administré par la Commission des Hospices.

2°. Qu'elle s'adjoindrait Cinq Administrateurs faisant chacun cent mille francs de fonds, représentant 10 actions.

3°. Qu'il serait créé Mille actions de 10,000 francs chaque, ou bien 5,000 de 2,000 francs.

4°. Que les actions produiraient 5 pour cent d'intérêt, et qu'en outre les actionnaires jouiraient de la moitié des bénéfices.

5°. Que les Hospices auraient l'autre moitié du bénéfice net.

Ces bases, approuvées le 3 prairial an 5, par le Directoire exécutif, furent passées en acte de société, le 2 messidor an 5. Un des articles du traité portait, qu'il serait alloué à tous les administrateurs un droit de présence, de 15 francs par jour ; ce qui, jusqu'au 1er. fructidor an 12, a formé le traitement des cinq Membres de la Commission des Hospices.

Une délibération du 12 prairial an 7, porte que les arrérages de la dette constituée du Mont-de-Piété, montant à 1,142 fr. 85 c. au principal de 653,907 fr. seront payés sur les produits de l'établissement, avant aucun partage de bénéfice.

L'Administration des Hospices, depuis le rétablissement du Mont-de-Piété, y a fait porter les sommes qui lui sont déposées, telles que les cautionnemens, les loyers d'avance, etc. ; et les sommes qui peuvent être considérées comme faisant fonds, telles que les remboursemens de capitaux, les sommes versées pour admission dans les hospices, les ventes d'effets, les dons, legs et aumônes.

L'intérêt en est perçu au profit des Hospices, et indépendant des bénéfices du Mont-de-Piété. Ces sommes montaient, le 5e. jour complémentaire an 11, en capital, à 1,029,145 fr. qui avaient produit 72,179 fr. 66 c. d'intérêts.

SAVOIR :

	Capital.	Intérêts.
Hopitaux.......	744,266 fr.	52,078 fr. 29 c.
Secours à Domicile.	284,879 fr.	20,101 fr. 37 c.
	1,029,145 fr.	72,179 fr. 66 (1).

L'Administration n'a pu placer qu'une petite portion de ses actions (en l'an 11, il n'y en avait qu'environ 700 de 2,000 f.) ; mais elle s'est procuré des fonds par voie d'emprunt, contre ses billets (environ 21 millions en l'an 11) ; ces emprunts se firent, d'abord en payant un intérêt de 18 pour cent par an ; à mesure que cet établissement prit du crédit, l'intérêt tomba successivement à 15, 12, 10, 8, 7 et 6 ½ pour cent, taux où il est actuellement (an 13).

Par contre, les sommes prêtées au public contre nantissement, le furent d'abord à 30 pour cent par an ; ensuite à 24, à 18, à 15, et à présent à 12 pour cent.

(1) On trouvera, page 44, le détail des sommes placées en l'an 11, montant, pour les Hopitaux, à .... 80,552 f. 68 c.
Et page 341, les Secours à Domicile, montant à .....112,509 f. 60 c.

TOTAL.... 193,062 f. 28 c.

Dans l'an 11, le montant des sommes prêtées de cette manière n'excéda pas 4 millions, contre 120 mille articles de dépôt.

L'excédant de fonds est employé par l'Administration, à faire des prêts sur des billets de commerce et autres effets cautionnés par des dépôts d'obligations et de rentes.

La moitié des bénéfices du Mont-de-Piété, pendant l'an 11, appartenant aux Hospices, a été (voyez p. 22) de	214,358 50
A quoi il faut ajouter le droit de présence des Cinq Membres de la Commission administrative, qui est payé par le Mont-de-Piété.	27,395 »
TOTAL.	241,733 50

La loi du 14 Pluviose an 12, qui porte qu'aucune Maison de Prêt sur nantissement ne pourra être établie qu'au profit des Pauvres et avec l'autorisation du Gouvernement, a nécessité des changemens dans la nouvelle administration du Mont-de-Piété, qui est actuellement composée des deux Préfets, de quatre Membres du Conseil général, nommés par le Ministre; et de trois des anciens Administrateurs faisant fonds.

D'après les dispositions de la loi précitée, il est probable que les bénéfices du Mont-de-Piété ne pourront qu'augmenter.

Il est à désirer que la nouvelle Administration établisse une Caisse d'épargnes et de prévoyance, où l'on recevrait, à intérêts, les plus petites sommes; où l'on engagerait le peuple, par tous les appâts possibles des chances combinées de l'accumulation des intérêts et des probabilités de la vie, à se ménager, dans la force de l'âge, des secours pour la vieillesse, et où l'on présenterait sans cesse à la classe laborieuse, les ressources et les bienfaits de l'économie.

Un tel Etablissement serait sans doute plus utile au peuple, par ses EMPRUNTS que par ses PRÊTS.

BUREAU CENTRAL D'ADMISSION DANS LES HOPITAUX.

LE Bureau Central d'Admission a été créé par un arrêté du Conseil, du 13 frimaire an 10; le but que s'est proposé le Conseil était d'empêcher que l'on ne reçût dans les hopitaux les individus qui ne sont pas malades, ou qui ne le sont pas assez gravement; une foule de fainéans, sur-tout à l'entrée de l'hiver, se faisait admettre dans les hopitaux, non pour se faire traiter, mais pour y vivre sans rien faire; refusés quelquefois à la porte d'un hopital, ils en trouvaient presque toujours un plus facile. Suivant le même arrêté du 13 frimaire, tout individu est tenu de se présenter au Bureau Central, qui le visite et lui remet, s'il y a lieu, le bulletin d'admission pour l'hopital consacré à son genre de maladie; lorsque cette maladie n'est pas assez grave, il est renvoyé au traitement à domicile des Bureaux de Bienfaisance, ou bien on lui donne une consultation écrite. Les personnes attaquées de maladies graves, ou qui viennent de recevoir quelques blessures, sont admises sur-le-champ dans les hopitaux, sans être tenues de se présenter au Bureau Central; mais le médecin ou chirurgien de l'hopital doit être consulté par urgence.

Le Bureau Central, placé à la proximité de l'Hôtel-Dieu et du Chef-lieu de l'Administration, est composé de deux médecins et deux chirurgiens (1); il est chargé en outre de la visite de tous les individus reçus dans les hospices pour cause d'infirmité, de l'admission dans les maisons d'aliénés, et en outre de la distribution des bandages aux indigens.

Le Conseil général a fait imprimer le Rapport des opérations du Bureau Central, pendant 18 mois, dont voici le résumé général pendant l'an 11.

14,251	Individus auxquels on a délivré des bulletins d'admission dans les divers hopitaux.
288	Ayant besoin de légers pansemens, ont été renvoyés à des traitemens externes, à la suite de quelques hopitaux.
1,088	N'ayant besoin que de secours à domicile, ont été renvoyés à leurs Bureaux de Bienfaisance.
1,422	Auxquels on a délivré des bandages et des pessaires.
5,477	Renvoyés sans bulletins, dont 1984 comme n'étant point malades; les 3,493 autres se plaignant d'indispositions plus ou moins graves, mais pouvant se passer de l'assistance accordée aux indigens, ont reçu des conseils verbaux ou par écrit, selon l'exigence des cas.
22,526	

(1) Voyez, page 263, sa composition.

Le nombre des individus visités par le Bureau Central, pendant l'an 11, a donc été de 22,526, dont 14,251 admis, et 8,275 non admis.

En ajoutant à ce nombre de malades entrés par le Bureau Central, montant à . . . . . (1). 14,251
celui des malades reçus par urgence, qui a été de ;

SAVOIR :

Hopitaux.	11,836	20,005
Maternité.	8,169	

Le nombre des individus admis dans les Hopitaux, en l'an 11, sera, comme la Récapitulation (page 409) le prouve, de. 34,256

On ne peut se dissimuler que la grande diminution dans la population des Hopitaux, et par suite dans les dépenses, ne soit due en partie à l'établissement du Bureau Central, qui a pu écarter les individus n'ayant aucun droit aux secours publics.

HALLE-AU-VIN.

Cet Établissement, situé à Paris, quai Saint-Bernard, au coin de la rue des Fossés-Saint-Bernard, fut construit en vertu de lettres-patentes du mois de mai 1656, régistrées au Parlement, le 21 août 1662, pour servir à enchanteler les vins, qui, avant cette époque se vendaient dans des bateaux, sur la rivière, et étaient conséquemment exposés à beaucoup d'avaries.

Afin de dédommager les propriétaires, des sommes considérables qu'ils devaient avancer pour l'achat du terrain, la construction des caves, hangards, etc., ces mêmes lettres leur permirent de lever un droit de 10 sols sur chaque muid de vin déposé volontairement par les marchands dans ladite Halle.

Les SS. De Chamerande et De Buas, auxquels Louis XIV accorda le privilége que l'on vient d'analyser, éprouvant quelques difficultés dans l'établissement de la Halle, et voulant les faire disparaître, firent cession, le 2 août 1662, à l'Hopital général de la moitié de leur privilége, sous la condition expresse, que le terrain serait acheté par moitié, et les constructions faites à frais communs ; ce qui fut accepté et exécuté. Une transaction passée, le 11 mars 1728, entre les Directeurs de l'Hopital général et les ayans-cause de MM. De Chamerande et De Buas, fixa aux 9 seizièmes la part revenant à l'Hopital général, et rendit la famille de M. De Chamerande propriétaire des 7 autres seizièmes.

Plusieurs ordonnances de la ville, entr'autres celle du 14 mars 1705, portant défense à tout marchand de faire aborder, descendre, décharger ou laisser leurs marchandises sur le port situé en face de ladite Halle, prouvent que ce terrain appartient aux propriétaires de cet Établissement, qui le firent paver et entretenir, jusqu'à l'époque de la révolution.

Les marchands, attirés par la position avantageuse de la Halle, jointe à la facilité d'y faire aborder en tout temps leurs marchandises, ayant d'ailleurs obtenu, des fermiers généraux, l'avantage de ne payer les DROITS D'ENTRÉES QU'A LA SORTIE DE LA HALLE, c'est-à-dire à l'époque de la vente; dédommagèrent bientôt les propriétaires de leurs avances. En effet, suivant les comptes de l'Hopital général, la Halle rapporta de 70 à 80,000 francs par an, notamment pendant les années 1786, 1787 et 1788.

Les droits d'entrées ayant été supprimés en 1789, les marchands n'eurent plus le même intérêt à garnir la Halle, et préférèrent déposer leurs vins dans des caves particulières et voisines du port, où le ministère public ne pouvait pas surveiller leur manutention, comme il l'a toujours fait sur les vins déposés dans la Halle ; les produits se fixèrent alors, de 40 à 45,000 francs par an, jusqu'à l'époque de l'établissement de l'Octroi, en l'an 7, qu'ils diminuèrent d'une manière encore plus sensible.

Pour assurer et faciliter la perception du droit de l'Octroi, le port fut fermé de tous côtés avec des barres de fer ; la Commission des Hospices réclama en vain, pour la Halle, la facilité qui lui avait été accordée par les anciens fermiers généraux : on n'y eut aucun égard, et l'on força le marchand qui voulait déposer ses vins dans la Halle, d'acquitter les DROITS D'ENTRÉE AVANT LE DÉPOT ; il est aisé de concevoir que les marchands préférèrent laisser leurs marchandises sur le port ou dans les

(1) On observe aux personnes qui compareront la Récapitulation de la Population des Hopitaux, pag. 309, avec les Tableaux du Rapport imprimé du Bureau Central, que, dans cette Récapitulation, on a compris la Maternité, dont toutes les admissions, tant des femmes que des enfans, se font de suite, sans l'intermédiaire du Bureau Central.

entrepôts de Bercy et autres lieux environnans, plutôt que d'avancer le montant des droits.

Dès-lors, les produits de la Halle diminuèrent chaque année, dans les proportions suivantes.

An	7	36,000 fr.
An	8	32,000 fr.
An	9	32,000 fr.
An	10	29,000 fr.
An	11	24,000 fr.
An	12	22,000 fr.

Les charges montant à 14,300 francs, restèrent cependant toujours les mêmes : elles se composaient :

	fr.	c.
1°. Des Contributions.	7,000	»
2°. Des Réparations.	2,000	»
3°. Des Appointemens des Employés.	5,300	»
	14,300	»

Dans cet état de choses, l'Administration craignant qu'enfin les produits ne puissent pas suffire au paiement des charges, et ne pouvant se livrer à des spéculations permises à des particuliers, arrêta, conjointement avec les héritiers De Talaru, successeurs de M. De Chaumerande, d'affermer cet établissement.

L'adjudication eut lieu, le 21 brumaire an 13, pardevant le Conseiller d'Etat, Préfet du département de la Seine, pour 9 ans, moyennant QUARANTE-QUATRE MILLE FRANCS PAR AN, LES IMPOSITIONS ET RÉPARATIONS LOCATIVES A LA CHARGE DE L'ADJUDICATAIRE ; ce qui présente un bénéfice annuel de 36,300 francs, comparativement avec l'an 12 ; et pour les 9 ans. 328,700 francs dont les neuf seizièmes appartenant aux Hospices, sont de 184,900 francs.

ENTREPRISES.

LE Directoire Exécutif, sur le rapport du Ministre de l'Intérieur, arrêta, le 19 frimaire an 7, entr'autres dispositions relatives aux Hospices civils de Paris, que les fournitures nécessaires à l'entretien, subsistance et traitement des Indigens retirés dans ces établissemens, seraient mises et divisées en cinq Entreprises. L'exécution de cet arrêté fut confiée au Ministre de l'Intérieur, qui, le 9 ventose de la même année, régla les charges, clauses et conditions convenables à chaque Entreprise, et accepta les soumissions des Compagnies PAFIE et PRUDHOMME, pour les Hopitaux de malades et la Maternité (1) ; DELAROUE, pour Bicêtre et Montrouge, RIVIÈRE et DESPLASSES, pour la Salpêtrière : MARTIN et PASROURE, pour les Incurables, Vieillards et Infirmerie des Petites Maisons, et enfin, VESTAND et Compagnie, pour les Hospices d'Enfans.

La durée du service de ces cinq Compagnies fut fixée à trois années, commençant au 1er. germinal an 7, et finissant à pareille époque de l'an 10.

Les motifs qui engagèrent à adopter ce système d'administration pour les Hopitaux, sont clairement exprimés dans le CONSIDÉRANT de l'arrêté du Ministre de l'Intérieur, du 9 ventose an 7, constatant que les Maisons Hospitalières étaient dans un état de dégradation totale, les magasins dénués de linge et d'effets d'habillement, et les approvisionnemens des denrées les plus indispensables, à chaque instant compromis, etc.

Les causes de ces désordres provenaient alors de la pénurie des fonds et du renouvellement continuel des Commissions administratives ; le Ministre espéra les faire cesser, en appellant des adjudicataires, qui, dirigés par des vues d'ordre et de philanthropie, seconderaient par leur fortune, leur zèle et leur crédit, les améliorations que le Gouvernement voulait apporter dans les Etablissemens hospitaliers.

Les Entrepreneurs, entrés en exercice, ne répondirent pas à cette attente ; sans rappeller ici les plaintes portées contre eux et celles qu'ils élevèrent de leur côté, on dira seulement, que leur service fut mal fait dans presque toutes les parties, et que l'insuffisance des fonds et quelques dispositions du Gouvernement, empêchèrent de tenir, à leur égard, les conditions convenues pour le paiement des Etats de journées.

Les 12 brumaire et 8 frimaire an 10, le Conseil, déterminé par les mêmes motifs qui avaient, en l'an 7, engagé à mettre les Hospices en Entreprises, adopta trois manières différentes pour administrer, ces Etablissemens. Les Véné-

(1) Par un arrangement particulier, qui fut accepté dans le tems, les Compagnies PAFIE et PRUDHOMME se divisèrent ; la Compagnie PAFIE conserva l'Hotel-Dieu, et la Compagnie PRUDHOMME, les autres Hopitaux de malades et la Maternité.

riens,

riens, Saint-Antoine, Necker, Cochin, Beaujon, la Salpêtrière et Montrouge, ont été mis au RÉGIME DIRECT.

L'Hotel-Dieu, la Charité, les Incurables-Hommes et Femmes, et l'Infirmerie des Petites-Maisons, ont été mis en RÉGIE INTÉRESSÉE. (Voyez la note qui suit).

Saint-Louis, Bicêtre, les Orphelins, les Orphelines et les Enfans Malades, ont été conservés en Entreprises, mais confiés à de nouveaux Entrepreneurs: la durée de la Régie et des nouvelles Entreprises a été fixée à 18 mois; et le 1er. vendre. an 12, on les a remplacées totalement par le RÉGIME DIRECT.

Les Entrepreneurs de l'an 7 et l'an 10 étoient chargés, par le Cabier des charges, de fournir aux Indigens la Viande, le Vin et les autres Comestibles, les Combustibles, les Objets d'Habillemens, Coucher, et Meubles d'entretien, le Blanchissage, et les Appointemens des gens de service; l'Administration faisait les Frais nécessaires pour l'entretien des bâtimens, payait les Contributions, fournissait le Pain et les Médicamens.

Si les Entrepreneurs de l'an 7 avoient été bien payés, et si l'on avoit alloué le même prix de journées à ceux de l'an 10, leurs bénéfices auraient été très-considérables, comparés avec la dépense faite par l'Administration pour remplacer leur service. On va établir ce que les Hospices régis directement auraient coûté, en l'an 11, dans le cas où le Conseil aurait continué de les laisser en entreprise.

PREMIÈRE COMPARAISON.

Les Établissemens régis directement par l'Administration, en l'an 11, sont, comme nous l'avons dit plus haut, les Vénériens, Saint-Antoine, Necker, Cochin, Beaujon, Maternité, Salpêtrière et Montrouge, qui ont coûté, pour dépenses précédemment à la charge de l'Entreprise; 1,073,156 fr. 67 c.

SAVOIR:

	fr. c.
Viande	326,934 09
Vin	131,582 35
Comestibles divers	139,560 40
	598,076 84

	fr. c.
Ci-contre	598,076 84
Combustibles	102,111 74
Objets d'habillement et de Coucher	220,984 06
Buanderie	36,104 28
Achat de meubles et ustensiles	34,876 96
Frais d'écurie	12,845 60
Gages des gens de Service	68,157 19
TOTAL	1,073,156 67

Le nombre des journées qui auraient été allouées aux Entrepreneurs, et pour lesquelles l'Administration payait les prix ci-après, s'est élevé à 1,737,231 formant une dépense de 1,269,614 francs 02 centimes;

SAVOIR:

		Journées.		fr. c.	fr. c.
Vénériens		166,144	à	1 »	166,144 »
Saint-Antoine		45,520	à	1 »	45,520 »
Necker		44,674	à	1 »	44,674 »
Cochin		31,716	à	1 »	31,716 »
Beaujon		29,572	à	1 »	29,572 »
Maternité	108,759	60,110	à	1 20	72,132 »
		48,649	à	» 35	17,027 15
Salpêtrière	1,274,509	108,844	à	» 95	103,401 80
		1,165,665	à	» 62 ½	728,540 62
Montrouge		36,337	à	» 85	30,886 45
		1,737,231 (1)			1,269,614 02

A quoi il faut ajouter les sommes que payait l'Administration pour nourriture des Officiers de santé, dont la dépense est comprise, sans division, dans les 1,073,156 f. 67 cent.; lesdites sommes, relevées sur les états de journées des anciens Entrepreneurs, montant, par année, à 15,213 45

TOTAL 1,284,827 47

(1) Ces Journées sont relevées sur les feuilles de population qui précèdent, pag. 295, 297, 298, 299, 302, 306, 314 et 318.

Il est donc évident, d'après ces deux comptes, que les huit Hopitaux ou Hospices ci-dessus auraient coûté, si l'on avait continué de les confier à des Entrepreneurs, la somme de 1,284,827 47

Et qu'administrés directement, leur dépense ne s'est élevée qu'à celle de 1,073,156 67

Ce qui produit un bénéfice incontestable d'un 6e. ou de 211,670 80

Si l'on ajoute encore à ce bénéfice, comme

fr. c.

Bénéfice ci-contre. . 211,670 80

cela doit être rigoureusement, les sommes que l'Administration a été obligée de dépenser pour renouveler les objets de literies, lingeries, meubles et ustensiles, laissés dans un état de dégradation totale; lesdites sommes s'élèvent à 255,861 02

On aura la différence de 467,531 82

SECONDE COMPARAISON.

Après avoir établi la différence en bénéfice résultante du régime direct, comparé avec celui des Entreprises, on va indiquer dans le Tableau qui suit, quels sont les Établissemens sur lesquels porte cette différence.

NOMS des ÉTABLISSEMENS.	DÉPENSES faites par l'Administ on.	SOMMES qui auraient été allouées aux Entrepreneurs.	DIFFÉRENCE en plus.	DIFFÉRENCE en moins.
	fr. c.	fr. c.	fr. c.	fr. c.
VÉNÉRIENS . . .	100,120 01	166,144 »	»	66,023 99
SAINT-ANTOINE.	45,787 32	45,520 »	267 32	»
NECKER. . . .	20,705 80	44,674 »	»	23,968 20
COCHIN.	32,265 22	31,716 »	549 22	»
BEAUJON	27,918 09	29,572 »	»	1,653 91
MATERNITÉ. . .	137,141 29	89,159 15	(1) 47,982 14	»
SALPÊTRIÈRE . .	673,717 53	831,942 42	»	158,224 89
MONTROUGE . .	35,501 41	30,886 45	4,614 96	»
TOTAUX. . .	1,073,156 67	1,269,614 02	53,413 64	249,870 99
A quoi, ajouter la dépense des Officiers de santé. .				15,213 45
				265,084 44
A déduire la différence en plus. .				53,413 64
Somme pareille au bénéfice.				211,670 80

(1) Cette différence provient de ce que l'on n'a rien épargné pour le traitement des Enfans abandonnés, dont la mortalité est diminuée depuis l'établissement du Régime Direct.

On terminera cet article par une réflexion déjà faite dans les rapports de l'an 10, mais que l'on ne saurait trop répéter, quand on compare l'avantage du SERVICE DIRECT, avec celui de L'ENTREPRISE; c'est que « la loi étant faite à l'Entrepreneur » par le Cahier des charges, il ne lui est jamais permis de s'en » écarter, de distribuer tels alimens au lieu de tels autres; on ne » souffrirait pas qu'il mît une portion de moins dans la marmite. » Cependant le bien-être des Indigens autant que l'économie, » conseilleraient ces changemens, en nombre de circonstances. » On ne les permet pas, dans la crainte de donner aux Entre- » preneurs une latitude dangereuse, sur l'exécution de leurs » engagemens. Les mêmes opérations n'éprouvent aucune diffi- » culté dans l'administration paternelle, qui n'a d'autre devoir » à remplir, comme elle ne se propose d'autre but, que de » bien traiter les Indigens, et qui fait son profit direct de tout » ce qu'elle économise. »

RÉGIE INTÉRESSÉE.

UNE RÉGIE INTÉRESSÉE a été chargée, en l'an 11, du service de l'HOTEL-DIEU, de la CHARITÉ, des INCURABLES-HOMMES, des INCURABLES-FEMMES et de L'INFIRMERIE DES MÉNAGES.

Cette Régie, créée le 1er. Germinal an 10, pour remplacer en partie les Entreprises, a terminé son service le 1er. Vendémiaire an 12.

Le Traité passé, le 21 ventose an 10, avec MM. Lavauverte et Compagnie, qui composèrent cette Régie, portait :

1°. Que les Régisseurs seraient tenus de faire toutes les avances, paiemens et achats nécessaires pour le service, de fournir les cautions exigées et se conformer à la stricte exécution des clauses imposées aux nouveaux Entrepreneurs par le Cahier des charges.

2°. Qu'ils ne pourraient faire aucun changement, soit dans le régime, soit dans le nombre et le traitement de leurs Employés, sans l'approbation expresse et par écrit de la Commission Administrative, qui préalablement en ferait un Rapport au Conseil général.

3°. Qu'ils seraient tenus de soumettre à l'approbation de la Commission, l'état détaillé de tous leurs Employés, et des traitemens qu'ils leur accorderaient.

4°. Qu'ils seraient pareillement tenus de soumettre à l'approbation de la Commission administrative tous les marchés de comestibles, combustibles, vêtemens, linge, étoffe, blanchissage et autres objets de toute espèce ; que la Commission pourrait refuser son approbation et exiger d'autres marchés, si elle trouvait ceux proposés trop onéreux.

5°. Que les livres, journaux, lettres, reçus, comptes, états et pièces relatives à la Régie, seraient exhibés à la Commission et aux Membres du Conseil, et examinés par eux toutes les fois qu'ils le jugeraient convenable.

6°. Que si la dépense totale de l'année excédait la somme fixée pour maximum, l'excédant serait supporté par les Régisseurs seuls.

7°. Que dans la dépense, on comprendrait l'achat des comestibles (excepté le pain des malades), les combustibles, les objets d'habillement et de coucher, et tous les effets nécessaires au service ; le blanchissage, les réparations, l'entretien, et généralement tout ce qui était à la charge de l'Entreprise : en outre, la nourriture, l'habillement, le traitement et l'entretien des Employés de tout genre, également à la charge de l'Entreprise, même des préposés et commis ; qu'il ne serait excepté de cette disposition que l'intérêt qu'ils pourraient débourser pour se procurer des fonds.

8°. Que les termes de paiement, la durée de la Régie, et les autres conditions, seraient absolument les mêmes que celles portées dans ledit Cahier des charges, pour les Entreprises générales.

9°. Qu'à la fin de chaque 6 mois suivant, il serait fait un compte exact de toutes les dépenses de la Régie, lequel serait examiné et vérifié par la Commission.

10. Que s'il résultait de ces comptes, que le prix de la journée, dans le cours des six mois précédens, eût excédé le prix fixé pour maximum, l'excédant serait entièrement à la charge des Régisseurs.

11°. Que si, par contre, il résultait une diminution sur le prix du maximum, le bénéfice serait partagé, par portions égales, entre les Régisseurs et les Hospices.

Conformément à l'article VII du Traité ci-dessus, le maximum des Journées fut fixé à 94 cent., pour l'Hotel-Dieu et la Charité ; et à 79 centimes, pour les Incurables et l'Infirmerie des Ménages.

Les Regisseurs ont rendu deux comptes de leur gestion ; le 1er., relatif aux six derniers mois an 10, présentant un bénéfice de . . . . 33,719 fr. 83 c.

Et le second, contenant l'an 11, présentant une perte de 37,520 30

On a donné, à la suite du compte général de chaque établissement en régie, le détail du compte présenté par les Régisseurs.

IMPRIMERIE.

L'adoption du Régime direct nécessitant un grand nombre d'impressions nouvelles, pour organiser le service sur un plan régulier ; le Conseil ayant d'ailleurs l'intention de faire connaître toutes ses opérations par la publication de ses Rapports et de ses Comptes, arrêta, le 2 germinal an 11, qu'il serait établi une imprimerie pour le service des Hopitaux, Hospices et Etablissemens y relatifs, dans les bâtimens de la Pharmacie centrale. Avant cette époque, les impressions nécessaires pour le service de ces Etablissemens, étaient faites par divers Imprimeurs, dont les mémoires s'élevaient, chaque année, à des sommes considérables ; en effet, les comptes de l'Administration prouvent, qu'en l'an 5, cette dépense a été de 33,000 fr., en l'an 6, de 25,000 fr. ; en l'an 7, de 20,000 fr. ; en l'an 8 et l'an 9, de 10,000 fr. ; et en l'an 10, de 15,000 fr., quoique dans ces dernières années, les impressions nécessaires au service des Hopitaux et Hospices, ayent été à la charge des Entrepreneurs généraux.

Depuis l'établissement de l'Imprimerie, dont les frais d'achats ont été de 8,000 francs environ, cette dépense est beaucoup diminuée. Suivant les comptes arrêtés, de M. Lucas, Prote-Directeur de cet Etablissement, les impressions des 6 derniers mois an 11, sont évaluées à . . . . 8,931 [illegible]
et celles de l'an 12 . . . à 10,768 30

Au total. 19,699 30

qui n'ont coûté réellement à l'Administration, y compris 3,454 francs pour renouvellement de caractères, etc., que 10,686 02

Savoir { 6 derniers mois an 11 . . . 4,121 83 ; An 12 . . . . 6,564 19 } 10,686 02

Ce qui présente un bénéfice de. 9,013 28

Il faudrait, pour avoir une idée complette de l'avantage de cet Etablissement, être à même de compulser les Tableaux de Consommation, les Feuilles de Mouvement ; les impressions des Registres, Bordereaux de Meneurs, Relevés de Visites, Bons de toutes espèces, etc., qui en sont sortis en l'an 11 et 12.

FIN DES NOTES.

DE L'IMPRIMERIE DES HOSPICES CIVILS,
Rue Saint-Christophe, N°. 11, Parvis Notre-Dame.

Administ.ⁿ des hôpitaux — Comptes généraux de l'an XII
(In 4°. an XIII)

[illegible] des hôpitaux et hospices étoit partagée, avant la révolution entre les [illegible] l'hôpital général, l'hôtel-Dieu, le grand Bureau des Pauvres, [illegible]

[illegible] l'an II, et le [illegible] de l'Intérieur en l'an IV, [illegible] chargé de l'administration [illegible] les établissemens [illegible] [illegible] le [illegible] 16 [illegible] an V [illegible] direction [illegible] l'arrêté du Consulat du [illegible] 9, [illegible] général d'administration des hospices civils de Paris [illegible] une [illegible] de administration [illegible]

[illegible] attributions du [illegible] Bureau de la [illegible] des [illegible] [illegible] tous les établissemens hospitaliers de Paris [illegible] hospices [illegible]

[illegible] les hôpitaux et hospices et les [illegible] attributions [illegible], il [illegible] 11 hôpitaux et 8 hospices [illegible] :

Hôpitaux.	Hospices
Hôtel-Dieu.	Bicêtre — hommes, 70 ans ou infirmes
Charité.	Salpêtrière — id. femmes.
[illegible]	Incurables — hommes.
[illegible]	Incurables — femmes
[illegible]	Hospice des ménages
Beaujon	Orphelins.
[illegible]	Orphelines.
[illegible]	Maison de retraite à Montrouge, pour les [illegible] et les [illegible] payant pension.
[illegible]	
[illegible]	
[illegible]	

[illegible] ; le Bureau central d'admission [illegible] hôpitaux.

[illegible] qui [illegible] point [illegible] ayant diminué les [illegible] l'état des hôpitaux ; [illegible] à deux [illegible] consulter :

1° Tenon, Mémoires sur les hôpitaux de Paris, 1788.
2° [illegible] du Comité de Mendicité de l'assemblée constituante, 1790, par [illegible].
3° [illegible] du Conseil général des hôpitaux en fructidor an XI, par [illegible] ; [illegible] in 4° [illegible] in folio.

www.ingramcontent.com/pod-product-compliance
Lightning Source LLC
Chambersburg PA
CBHW072007270326
41928CB00009B/1572